本书获河南省社会科学院青年学者学术著作出版资助

International Cooperation of
Financial Supervision in the Context of Financial Crisis

金融危机背景下的
金融监管国际合作

赵然 著

河南人民出版社

图书在版编目(CIP)数据

金融危机背景下的金融监管国际合作 / 赵然著 . —
郑州：河南人民出版社，2013.11
ISBN 978 – 7 – 215 – 08663 – 0

Ⅰ.①金… Ⅱ.①赵… Ⅲ.①金融监管 – 国际合作 –
研究 Ⅳ.①F830.2

中国版本图书馆 CIP 数据核字(2013)第 251900 号

河南人民出版社出版发行
(地址：郑州市经五路 66 号 邮政编码：450002 电话：65788068)
新华书店经销 河南龙华印务有限公司印刷
开本 710 毫米×1040 毫米 1/16 印张 16.25
字数 240 千字
2013 年 11 月第 1 版 2013 年 11 月第 1 次印刷

定价：36.00 元

内容提要

金融监管国际合作的问题一直存在着不同观点的争执。此次金融危机给予金融监管一个强有力的外部冲击，加速了金融监管乃至金融监管国际合作方面的研究发展。本书以观测到的金融危机现实状况为切入点，进行金融监管国际合作的研究。在金融监管和金融监管国际合作的理论基石上，联系现实社会对参加国际合作的主体，包括金融监管当局和各主要国际机构进行研究。在比较次贷危机前后金融监管国际合作的不同和发展之上，使用博弈论为工具分析金融监管国际合作。最后，将这些研究成果应用到中国，考察次贷危机对中国的影响和波及，提出中国必须加入到金融监管的国际合作中去，结合中国目前参与国际合作的情况提出中国的战略规划以及实现的策略。

通过反复争论和外因刺激，金融监管国际合作在理论和实证方面的成果阐明了金融监管国际合作的必要性。由于背景和发展历程的不同，金融监管当局形成了差异化的各种体制，在不同体制下合作的困难是显而易见的。金融监管国际合作仅仅依靠国与国之间的协议是不足以稳固在合作策略上的；在这种情况下，各国金融监管当局和政府本着不同的目的，逐渐成立了品目繁多的金融监管国际机构。目前国际上发挥金融监管职能的主要国际机构包括巴塞尔银行监管委员会、国际证监会组织、国际保险监督官协会、联合论坛、金融稳定理事会（由金融稳定论坛发展而来）、国际货币基金组织和世界银行等。

在理论的基础上，本书使用计量经济学的方法从国内生产总值的增长、财政政策和货币政策三方面考察了英、美两国是否存在关联性，发现数据分析支持理论上的推演，这两个国家存在显著的互相联动。在经济和金融互相渗透和关联作用之下，单一国家的金融监管是无法"独善其身"的。金融监管的目标实施是可以通过加强本国宏观审慎监管，达成本国金融体系的稳定；在联系紧密的区域中，实现区域合作；最后达成国际间的整体合作。通过对次贷危机发生前金融监管国际合作的状况、危机中各国和国际组织的应急措施，以及危机后的金融监管实践变革的研究发现,无论是危机中的应急措施还是危机后的实践变革都需要金融监管国际合作的支持。

金融监管的国际间关系源于监管竞争,博弈论是一种分析相互影响的选择策略的工具。鉴于此,博弈论被引入金融监管国际合作的分析。博弈模型的构建从基础的静态两国一次博弈到动态博弈,从参与的两国扩展到包含国际金融监管组织的多国博弈。在两国静态博弈的分析中,假设博弈双方为两个独立的、没有强弱之分和资源可以自由流动的国家。当两国从理性出发,都以"本国福利最大化"为唯一目的时,博弈结果为"竞争,竞争"的"囚徒困境"格局。在两国长期动态博弈中,虽然博弈的结果趋于达成"合作,合作"的最优解,但是要经历漫长的试错过程。

金融危机可以看作是外界给予博弈双方的一个刺激,当某个国家在遭受严重创伤之后,主动采取合作策略,引发"触发战略";另外一国在确认了对方的合作策略之后,出于理性也会选择"合作"。这样,博弈的结果在外力作用下演变为"合作,合作"的格局,从而获取了较好的博弈解。但是这种合作的策略格局不是长期动态博弈的结果,存在外部诱因。一旦某国淡忘了危机的破坏或者迫于某些力量的压力,为了获取当期利润的最大化率而移至"竞争"时,另外一个国家会立即以报复的形式采取"竞争"策略。

当国际组织被引入金融监管国际合作的博弈中之后,原先简单的两国博弈就演变为可能存在联盟的多方博弈。结合实际的社会状况,在多国博弈中,国际组织可以提供金融监管国际合作策略达成的平台,可以促使博弈各方选择合作策略;同时国际组织可以发挥对达成的合作策略起到维护和制约作用,使博弈各方保持合作的策略。

研究总是要"落地生根",中国作为一个发展中的大国,虽然目前资本市场和金融体系没有完全对外开放,但是开放的步伐在继续迈进。在中国金融严厉的管制之下,次贷危机虽然对中国的金融体系伤害不大,但是却对实体经济造成了不小的冲击,尤其是通过金融的横向联动作用对中国实体经济的影响不容忽视。从中国的对外出口减少、失业率增加、国民消费水平下降和通货膨胀凸显等方面,次贷危机的阴影几乎随处可见。因此，无论从未来的发展趋势还是现实的收益和损失看，参与金融监管国际合作对中国都是必然的。

从中国自身来说，应该加强对跨境金融机构的监管，建立信息网络和外国的金融监管当局互通信息。完善中国金融体系，建立宏观审视监管。从微观和宏观两个方面对金融业的系统风险进行控制。考虑混业经营和分业监管之间的矛盾，加强各金融监管部门之间的合作，发挥"一行"的宏观统筹和"三会"之间的协调与分工，促进市场约束的良性补充，首先达到"善其身"的目标。在此基础上，在与中国联系紧密的经济圈和金融圈里构建区域合作模式，目前可以提到日程上来的是发挥大国优势，采取谨慎主导的策略在东亚实施获取领导权的战略。然后在考虑本国利益博弈的基础上，本着全面参与的态度广泛开展国际合作。在国际上保持一个稳定和安全的金融体系，需要在存在紧密金融联系的国与国之间、区域之内和国际上建立金融监管合作关系。中国的金融监管当局，以证监会、银监会和保监会为代表，正广泛参加国际金融监管协会，并与多个国家金融监管当局签订了备忘录。中国政府应该以博弈为出发点，利用G20集团的成员国身份参与金融监管国际合作，思考如何在主要由西方国家把持的金融监管国际组织中维护本国利益，并在国际社会中为中国争取合理和应得的地位。

Abstract

The arguments on whether implementing the international cooperation of financial supervision have been argued for a long time. Recently, the financial supervision has been shocked by the subprime crisis; and in addition, the subprime crisis encouraged something on the international cooperation of financial supervision. So far, the international cooperation of financial supervision has been recognized and admired by the most of scholars. The actual players in the international cooperation of financial supervision are each country's financial supervisory authorities. From various backgrounds, i. e. culture and developing approaches, there are quite different modes or styles of the financial supervisory authorities; therefore, the embarrassments of coming to cooperation are obvious. Since there is no uniform criterion, it is not reliable that only depending on agreements among counties; therefore, the central banks of the countries and the supervisory authorities together, built a number of organizations and institutions in dealing with admiring the international cooperation. Some famous organizations are Basel Committee on Banking Supervision, International Organization of Securities Commissions, International Association of Insurance Supervisors, the Joint Forum, Financial Stability Forum (as the successor of Financial Stability Forum), International Monetary Fund and World Bank.

Under the processes of the internationalization or globalization on financial system, the increasing realization that any of the single country's financial supervisory authorities cannot operate in isolation from the rest of the world, therefore, the international cooperation is needed indeed. By the event studies on the subprime crisis, analyzing on before the event, in the event and the situation and the responses by the financial supervisory authorities after the event, we could result that the international cooperation of the financial supervision is an important approach to keep finance and economic stable.

The original framework of the international relationship among the countries is the supervision competition. Game theory is a valuable and useful tool in analyzing and dealing with this conundrum. Therefore, Game theory has been introduced into discussing analyzing the international cooperation of financial supervision. The conduction of the theory is begun with a simple two-country model in this book, and it is developed to specified infinitely repeated model, and continued to a N-players game model when more players are added. In the simple two-country model, we assume that the two players (countries) are independent countries. By nature, the two countries are only interested in "maximize its payoff" in the beginning. Under rational analyses, both two countries admire at "competition", hence, the game is ended at "competition, competition", which is a typical "Prisoner's Dilemma". In the long and dynamic game, i. e. the infinitely repeated game, one country may motive to cooperate within the game, the country receives a large hurt from the finance crisis. Hence, the country tries to cooperate with another country by a trigger strategy; if another country considers carefully and under rational analyses, it certainly is going to cooperate than compete. Then, the result of game is concluded at "cooperation, cooperation", the total payoff (includes both countries) of the game is at the most. However, when time goes and the crisis is not the hot topic, some countries may forget the destruction of the crisis, or cannot carry all the suffered pressures, the financial supervisory authority may shift the strategy from "cooperation" to "competition", in seeking a better payoff for its country. When the shift is discovered by another country, it shifts its strategy to "competition" immediately. The result of infinitely repeated game may not be stabilized at the strategy of "cooperation, cooperation" for long. When the international organization or institution is introduced into the Game, the original two-player game developed to N-players Game. In this Game, the international institutions or organizations can supply a better framework for cooperation and promote the countries to stay at the strategy of "cooperation" in the Game.

As a developing country, China's capital market and financial system are under protection, but the process of opening is continued. In fact, China is openning its capital market in steps. At the same time, even though the financial system is protected, the subprime crisis shocked China, especially it gave hurts to China's economy. The hurts include the reducing of exports, increasing the unemployment rate, declining the total national consumption and increasing inflation. Hence, China should join the international cooperation of financial supervision; actually, China does so. In benefit to itself, China should strengthen supervision in cross – border financial multinational companies, establishing an information network with other supervisory authorities in different countries. Improving and restructuring China's financial system, and building macro – prudential supervision. Pay attention to the communication and cooperation among the domestic financial regulatory authorities; the central bank should play as a coordinator with China Securities Regulatory Commission (CSRC), the China Banking Regulatory Commission (CBRC) and China Insurance Regulatory Commission (CIRC). In addition, China should focus on cooperating with other surrounding countries which may connect closely to China's economy. At the same time, China cooperates with other countries' financial supervisory authorities and the international institutions in order to reach a stable financial system. Meanwhile, China's financial supervisory authorities, including the CSRC, the CBRC and the CIRC, take part in international financial supervisory organization and institutions; China signed a number of memorandum of understanding with many other financial supervisory authorities. Chinese government should keep the Game theory analysis in mind, use the membership of the G20 to participate in the international cooperation of financial supervision. China should try to protect its own interests firstly, and then find a right room in the international financial supervisory institutions and organizations which are controlled mainly by Westerns.

目 录

第1章　绪论 …………………………………………………………… 1
　1.1　选题背景和意义 ……………………………………………… 1
　　1.1.1　选题背景 ………………………………………………… 1
　　1.1.2　选题的意义 ……………………………………………… 5
　1.2　研究界定 ……………………………………………………… 7
　1.3　文献综述 ……………………………………………………… 9
　　1.3.1　国际化和全球化下的金融监管国际合作研究
　　　　　………………………………………………………… 10
　　1.3.2　金融监管国际合作在地域范围上的争论和研究
　　　　　………………………………………………………… 11
　　1.3.3　金融监管国际合作的实践研究 ……………………… 13
　　1.3.4　以博弈论为工具的金融监管国际合作研究 ………… 14
　　1.3.5　文献综述的总结 ……………………………………… 14
　1.4　研究方法和创新 ……………………………………………… 15
　　1.4.1　研究方法 ……………………………………………… 15
　　1.4.2　研究创新 ……………………………………………… 16
　1.5　本书框架和内容 ……………………………………………… 18
第2章　金融监管国际合作的理论基础和前沿发展 ……………… 21
　2.1　金融监管的理论基础和前沿发展 …………………………… 21
　　2.1.1　经典理论之下的监管与不监管 ……………………… 22
　　2.1.2　实践性和操作性兼顾的金融监管理论 ……………… 30
　　2.1.3　以行为学为补充的金融监管理论 …………………… 33

2.2 国际合作的理论基础和前沿发展 ········· 37
2.2.1 国与国的监管竞争 ············· 37
2.2.2 金融监管的协调论 ············· 39
2.2.3 金融监管国际合作的理论确立 ········ 39
2.3 本章小结 ····················· 49

第3章 金融监管国际合作的主体行为研究 ········ 51
3.1 各国金融监管当局架构 ·············· 52
3.1.1 差异化的金融监管当局 ············ 52
3.1.2 金融监管当局的行为决策偏差 ········ 63
3.1.3 各国金融监管当局加入金融监管国际合作的动因 ··· 67
3.1.4 金融监管当局的目标和分层规划 ······· 76
3.2 各国对国际金融新秩序的构思 ··········· 79
3.2.1 美国 ····················· 80
3.2.2 欧洲 ····················· 82
3.2.3 日本 ····················· 83
3.2.4 中国 ····················· 84
3.2.5 其他新兴经济体 ··············· 90
3.2.6 各国建立金融新秩序构思的总结 ······· 90
3.3 相关国际机构及其在金融监管中的作用 ······ 92
3.3.1 巴塞尔银行监管委员会 ············ 93
3.3.2 国际证监会组织 ··············· 97
3.3.3 国际保险监督官协会 ············· 100
3.3.4 联合论坛 ·················· 102
3.3.5 金融稳定论坛和后继的金融稳定理事会 ···· 104
3.3.6 国际货币基金组织和世界银行 ········ 106
3.3.7 欧盟金融监管建设 ·············· 109
3.4 金融监管国际合作的主要形式 ··········· 110
3.5 本章小结 ····················· 111

第4章　金融监管国际合作改革 …………………………… 114
4.1　危机前金融监管国际合作存在的主要问题 ………… 114
4.2　危机背景下金融监管国际合作的应急措施和成效 … 116
4.3　危机背景下各国金融实践变革与金融监管国际合作 …………………………………………………………… 121
4.3.1　宏观审慎监管的实践变革 ………………… 122
1. 宏观审慎监管的含义 ……………………… 122
2. 宏观审慎监管的时间维度 ………………… 124
3. 宏观审慎监管的横截面维度 ……………… 125
4. "大而不能倒"的监管策略 ……………… 127
5. 宏观审慎监管的实施 ……………………… 129
4.3.2　资本充足率和杠杆率的实践变革 ………… 132
1. 杠杆率对金融资产的作用 ………………… 133
2. 资本充足率和杠杆率监管存在的问题 …… 135
3. 资本充足率和杠杆率的改革 ……………… 137
4.3.3　危机背景下的薪酬监管实践变革 ………… 137
1. 金融高管薪酬组成 ………………………… 138
2. 委托代理模型 ……………………………… 139
3. 金融机构内的行为人特征 ………………… 141
4. 薪酬监管的实施 …………………………… 143
4.3.4　危机背景下的信用证券化及其衍生品实践变革 …………………………………………… 144
4.4　本章小结 ………………………………………………… 145

第5章　金融监管国际合作的博弈分析 …………………… 147
5.1　危机前金融监管国际合作的博弈 …………………… 147
5.1.1　两国一次博弈 ……………………………… 148
5.1.2　多次博弈的实验 …………………………… 153
5.2　金融危机为金融监管国际合作博弈加入的新元素 … 155
5.3　金融监管国际合作的多国博弈 ……………………… 157
5.3.1　多国博弈中的联盟 ………………………… 158

5.3.2 存在联盟的三方博弈模型 ·············· 159
5.4 包含国际组织的金融监管国际合作多国博弈 ·········· 161
5.4.1 包含国际组织的三方博弈 ·············· 162
5.4.2 金融监管国际合作的超可加性 ············ 163
5.5 本章小结 ························ 165

第6章 金融危机背景下中国的金融监管国际合作········ 167
6.1 次贷危机与中国加入金融监管国际合作的必要性 ··· 167
6.1.1 次贷危机对中国金融体系的直接冲击 ········ 167
6.1.2 次贷危机对中国实体经济的横向影响 ········ 169
6.1.3 次贷危机下的世界经济重心转移 ·········· 172
6.1.4 次贷危机对中国影响评价和中国的应对 ······ 180
6.2 中国参与金融监管国际合作的现状与问题 ·········· 183
6.2.1 中国参与金融监管国际合作的现状 ·········· 184
6.2.2 中国在金融监管国际合作中存在的问题 ······ 185
6.2.3 中国在国际金融新秩序重建中的立场 ········ 186
6.3 金融监管国际合作与中国战略选择 ·············· 190
6.3.1 国际社会金融监管的实践变革与中国金融监管
··· 190
6.3.2 中国金融监管的目标与金融监管国际合作 ··· 192
6.3.3 中国金融监管国际合作的战略规划及实现策略
··· 196

第7章 结论及研究展望·················· 202
7.1 本书脉络及内容回顾·················· 202
7.2 主要结论梗概···················· 206
7.3 研究展望······················ 207

参考文献··························· 209
主要数据来源························ 230
附录1 计量检验结果····················· 231
单位根检验结果······················ 231
滞后阶数的确定······················ 236

Johansen 协整检验结果 ································· 236
　　VAR 模型参数估计值 ································· 237
　　DGDP1、DG1、DI1 对于 DGDP2 标准差新息的脉冲响应 ··· 239
附录2　中国银监会签署的双边监管合作谅解备忘录和监管合
　　　　作协议一览表 ································· 241
附录3　中国证监会双边监管合作谅解备忘录 ················ 244
跋 ··· 246

第1章 绪　　论

1.1 选题背景和意义

1.1.1 选题背景

次贷危机给世界经济带来重创，以美国为代表的若干国家到目前为止，还残留着一系列问题，没有完全从金融危机中走出。危机爆发之后，英国女王伊丽莎白二世访问伦敦经济学院的时候提出了一个问题（辛乔利．2010.3-4；改革视野．2009[①]）：

"为什么没有人预测金融危机的到来？"

鉴于对女王问题的尊重，这个看起来简单的问题使英国社会科学院邀请了全球顶级的经济学家和知名教授齐聚一堂进行研讨，最后以集体的名义给出了书面的答复：

"人们没能把系统性风险视为一个整体。"

这个答案听起来很玄妙，美国滨州大学沃顿商学院教授 Franklin Allen（2010）从监管缺失方面给出了一个更直接的答案："包括众多大牌经济学家和监管当局在内的许多专业人士忽视了影子银行与信用衍生品（可能）产生的巨大危害。"信用衍生品是近几年出现并被广泛使用的新型金融产品。通过信用衍生品，影子银行和商业银行形成了相互关联、错综复杂的广泛联系。影子银行和信用衍生品在虚拟经济中占据了很重要的地位，但是它们所蕴含的风险被"忽视"了。这种"忽视"是金融危机前，金融监管当局的一个监管盲点。从金融监

---

① 英国女王问此问题的时间在2008年11月。

管角度来说，金融危机也是监管缺失和监管不当间接造成的。它从正面指出了作为世界上金融最为发达的地区——美国，存在严重的监管不当。随着金融危机的爆发，影子银行和信用衍生品像是脱缰的野马一般在脆弱的金融体系内横冲直撞，使整个金融体系陷入混乱，并千疮百孔。

随着近年来金融体系发生的一系列变化，原先的金融监管职能在危机面前显得那么脆弱无力。首先，在宏观上，随着经济全球化的进程，金融全球一体化的趋势已经越来越明显；随着金融业的发展，金融全球化的脚步早已经冲破经济的制约，金融产品越过国界的能力比各种实体产品具有大然的优越性。其次，从微观来看，金融体系也发生很多变化。传统的商业银行借贷的获利模式越来越不受到重视，与之相对应的是各种衍生品交易在金融体系里却越来越重要。而且令人激动的是衍生品的各种组合，可以在不改变货币供应量的情况下给社会提供更多的信用，也带来更多的投资利润。金融危机发生后，2009年1月G20通过了《金融改革：金融稳定框架》的方案（苗永旺，2011.4）；英国于2009年2月通过了《2009年银行法案》，同年7月又通过了《改革金融市场》方案（陈四清，2010.15）；2009年6月，欧盟理事会通过《欧盟金融监管体系改革》（陈四清，2010.17）；美国在2009年7月签署了《金融监管改革——新基础：重新建立金融监管》的法案；德国联邦议会通过2009年7月《加强金融市场及保险业监管法》草案和2010年1月1日生效的《风险管理最低要求》。（陈四清，2010.155）2010年6月，美国参众两院通过《美国金融监管改革》（陈四清，2010.14）等等。一时间，几乎所有和金融监管相关的机构和部门都在起草改革方案。近百年来，金融监管似乎从来没有被各个国家如此重视，也从来没有如此多的国家在几乎同一时刻推出改革方案。虽然任何监管都不可能是完美的，而且根据历史的原因和发展的需要，金融监管的形式和内容都会存在一些这样和那样的问题。但是如此大规模的金融监管改革，在体现了金融危机对于各个国家金融监管当局冲击的同时，也在某种程度上体现了金融监管当局的反应过度。

纵观这些改革方案，加强宏观审慎监管，解决经济的顺周期问题，维护金融体系稳定，更深层次地保护消费者权益是改革的核心内容。正如英国社会科学院对英国女王问题的答复，"系统性风险是一个整体"的概念在金融危机之前并没有被完全认识到。当时，各金融监管当局的工作重点是微观审慎监管，并且一致认为：如果微观监管足够谨慎和严格，每个金融机构都处于安全之下，那么宏观层面上也不会有什么风险。在微观审慎监管的原则下，世界主要国家和各金融国际组织对于金融监管的原则都反映在单个金融机构上，着重点也放在防范单个金融机构的风险暴露上。但是由于金融活动的外部性，存在合成谬误的问题。金融活动不可直接相加，微观活动的数量并不能直接相加以得出宏观活动的数量。也就是说即使单个金融机构都是安全的，宏观层面也不一定能够达到稳定安全。

重新回想一下本书开头的问题，问题的提问者为什么是英国女王呢？因为次贷危机的扩散，使英国虚拟及实体经济均受到严重的冲击。根据英国国家统计局（2012）的资料，英国自次贷危机全面爆发以后，代表英国整体经济状况的 GDP 同比增长迅速下跌，直到 2009 年 1 月才有触底回弹的迹象，如图 1-1。

英国有世界上最成熟和最有竞争力的金融市场（陈四清，2010.71），金融服务业是英国的经济支柱产业之一。在金融系统联动性的作用下，美国金融市场危机的味道很快弥漫了英国金融市场。受金融危机的影响，借款人违约的风险上升，各个银行紧缩银根，整体经济出现了信贷紧缩的现象，经济活动随之骤减。伴随着经济活动的骤减，英国的失业率不断攀升，从 2009 年中期到 2011 年中期的两年间，英国的失业率一直高居在 7.7 到 8.0 之间，2011 年第四季度，更是上升到 8.4[①]（英国国家统计局，2012）。失业率的上升，造成个人可支配收入的下降，影响消费支出，经济没有内需的拉动，缺乏上升动力。整体经济水平的下行，会进一步造成各行各业的裁员，失业率

[①] ONS. 英国国家统计局. 2012. http：//www.ons.gov.uk/ons/rel/elmr/gdp-and-the-labour-market/2011-q4——january-gdp-update/sum-gdp-and-the-labour-market-gdp-update.html. 2012.1.10

进一步提高。国家整体经济和失业率水平相互作用，恶性循环。在英国经济遭受这种打击之下，英国女王提出的这个问题是不足为怪的。

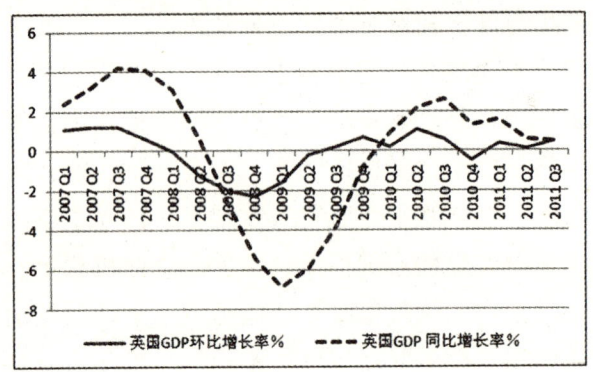

图-1　次贷危机发生前后的英国宏观经济（2007-2011）

数据来源：英国国家统计局，2012.①

一个类似英国的开放国家，金融体系的安全平稳是不可能"独善其身"的。在《改革金融市场》白皮书中，英国着重提出要"加强国际和欧洲的金融监管合作"。英国深刻感受到金融体系的联动性，认为本国金融体系的稳定安全是不能跳出国际整体金融体系平稳安全的。通常经济上升期所创造的泡沫，在经济下行的时候破灭。一旦金融市场连续出现财务问题，就表现为流动性上严重的不足。紧接着恐慌情绪扩散出去，产生羊群效应，很快就会波及到实体经济。由于贸易等实体经济的传播，地区间的危机扩散继续演变反过来又影响金融市场。

目前的金融监管职权主要以国别为界，而各种金融产品，包括传统金融产品和各种金融衍生品早已越过国界，甚至洲界进行着广泛的和频繁的交易。考虑金融产品和金融机构具有广泛的外部性和扩散性，各个国家达成的共识是：在一个开放国家中，无论一个监管当局如何努力，也不能使其国家"独善其身"。因此，以跨国界以及全球

---

① 英国国家统计局. 2012. http://www.ons.gov.uk/ons/rel/elmr/gdp-and-the-labour-market/2011-q3——november-gdp-update/gdp-and-labour-market.html. 2012.1.10

为视角，以金融监管国际合作为基础，以金融和经济联系为纽带研究构建一个稳定的金融体系和金融监管的某种统一是解决金融危机频繁发作的重要途径。

1.1.2 选题的意义

本书选题的核心立意在于研究金融监管国际合作的原因以及合作平台即如何合作。因此，本书所要针对的问题有两个：第一，金融监管是否有必要进行国际合作？对这一问题的回答，本书以金融监管的理论基础为依托，构建金融监管国际合作的理论基础，在以前学者的研究基础上归纳总结并根据时间序列的数据分析从实证上给予回答。第二，为金融监管寻求更好的合作方案和策略，就如何进行国际合作做出回答。首先对金融监管的主体进行阐明，讨论金融监管的国际合作是必须建立在对主体的研究之上的；然后以次贷危机作为事件对金融监管进行事件分析。次贷危机的发生可以说给现有金融监管国际合作体系一个冲击，同时也是金融监管国际合作发展上的一个重要事件。它给予金融监管国际合作一个外在的激励，各国监管当局普遍设定了新的改革目标，国际金融监管组织也积极开展各项工作。在现实社会的背景下，利用博弈论建立模型，从简单到复杂，从基础到前沿对金融监管国际合作的策略进行分析。

金融监管国际合作是否具有必要性在学术界是存在长期争论的，金融监管国际合作的推行困难重重，究其主要原因，除了各国体制和认识的不同外，其背后隐藏着复杂的国际关系和国际利益博弈，因此推行金融监管国际合作的首要一步是必须从理论上建立基础。本书在总结和应用这方面的研究成果的同时，在一定程度上扩展了现有理论的思路，进行了必要的推演。随着经济社会的发展和全球一体化的加快，金融危机对全球经济的影响也越来越大。次贷金融危机给了各国政府一次重新审视金融监管国际合作的契机，并在这一基础上讨论在一定程度上如何预防和避免金融危机的发生。根据宏观审慎监管的研究成果，金融体系是具有联动性的，金融监管的国际合作势在必行。金融监管的合作之所以困难是因为各个监管当局都是从自身利益出发，追求自己国家的利润最大化。次贷危机提供了一个良机，使各个国家的金融监管当局发现"独善其身"是不现实的。只有在认识到国际间的金融风险传播将会威胁到本国的金融体系安全和平稳时，各个监管当局才会积极行动起来去构建一个完善的国际金融监管的合作体系，使各国金融监管当局在这个体系下能够分工合作，减少金融市场中的违规行为，从而尽量避免金融危机的发生。

以行为金融学为工具，建立金融监管国际合作的理论基础。通过应用行为金融学的理论基础对金融业高管的行为研究，发现金融业的高管不具备理性人特征；同时金融市场的普通消费者也不具备辨别的能力，因此监管是具有内生性的。金融监管成为金融业的内生变量，具有不可替代性，金融监管的必要性与社会制度和法律制度无关。同时，从行为金融学的理论视角分析各国监管当局如何避免监管行为中的行为偏差和缺失，为更有效的金融监管提供行为金融学方面的理论基础，也为更好地构建金融监管的模式和合作架构提供支持。本书先建立理论基础后应用计量模型论证国际金融监管的合作体系构建的重要性是具有指导意义的。

以金融外部性理论为依据，通过博弈分析工具，印证金融监管国际组织存在的意义，同时也为金融监管国际组织设计协议提供一定的参考策略。本书通过构建"动态两国博弈分析"，发现即使通过外在激励因素，动态博弈形成的"合作，合作"的博弈结果也不是非常稳定的。而金融监管国际组织可以作为第三方加入博弈，将博弈演化为"三方博弈"，从而提供一个比较有效的博弈平台，引导博弈的结果稳定在"合作，合作"之上。从这一理论意义上，可以考虑应用。金融监管国际组织在督促各国签订多方协议、进行评估等工作时常常遇到各种困难。金融监管国际组织可以考虑更好地利用其平台作用促进工作。

因为中国资本市场并未完全开放，所以在金融部门上，次贷危机并没有对中国产生严重的直接打击。考虑到资本市场开放的趋势，中国的金融监管当局必须从其他国家监管不当中得到启示，同时参考各国在应对危机时的处理方法，接受和吸取各国的改革经验教训，这对完善中国的金融监管具有重要的实践意义。

另外，伴随着金融监管国际合作组织的发展，中国作为 G20 集团中的一员，同时也是一个发展大国，成为金融监管国际组织的重要一员是发展的必然。在实现国内的有效监管的同时，应该考虑如何在发达国家占据主导地位的金融监管国际组织内维护自己的利益，在未来国际金融监管体系中谋取更合理的地位和更重要的位置，本书的研究对中国在金融危机背景下参与国际合作的策略提供一定的参考意义。

1.2 研究界定

为了有一个清晰的概念和避免理解上的偏差，本书首先对题目涉及的关键术语进行定义，并以此对研究的课题进行界定。金融监管在国内的大多数书籍和教科书中采取英文 Financial Supervision 的定义（陈四清，2010.1）：

> 国家政府根据经济金融体系稳定、有效运行的客观需要以及经济主体的共同利益要求，通过一定的金融机关，依据法律准则和法定程序，对金融体系中各金融主体和金融市场实行的检查、稽核、组织和协调。

因此，从定义上看，金融监管是一种政府规制行为，一般都包含有特定的行为目的。根据 Glaeser 和 Shleifer（2003）对市场约束、私人诉讼、公共监管和国有化的研究，论证了"在市场经济下，选择公共监管是更有效率的"[①]。当然在国有计划经济体制内，不存在金融监管（所有的企业行为是按照计划执行的）。由于金融系统的天生缺陷，实行市场经济体制的国家，无不客观存在着政府对金融体系的监管行为。

查阅英文文献的时候，"Financial Regulation"和"Financial Super-

[①] Glaeser, Edward L. and Shleifer, Andrei. 2003. The Rise of the Regulatory State. *Journal of Economic Literature*. Vol. 41, No. 2, Jun., 2003 pp. 442

vision"使用上的区分并不明显,在使用上存在着一定混淆;同时还有一些为数不少的文章将这两个词组联合使用,来表达金融监管的意思。根据牛津词典的词义解释,从英文本意上来讲,金融管制[1]有政府制定法律、法规或指引的含义,而金融监管[2]则侧重于在某人指导下的行为。在谈到两者之间的区别的时候,一个比较普遍的认识,如Stolz(2002)认为:金融管制涉及合成规则;金融监管涉及强制执行(regulation deals with the formation of rules; supervision deals with the enforcement of rules both ex ante (control) and ex post (sanctions))。但是通过查阅OECD、IMF和其他大量英文学术文章来看,使用两者的区别应该主要集中在使用习惯和视角的略微不同,"Regulation"一般更多地使用在政府报告中,但是这一特征也不是绝对的。总体来看,在英文文献中,这两者之间的区别并不是很大,而且在很多著作里都是相通和互换的。鉴于本书并不对宏观政策性规划讨论涉及过多,因此本书除非特殊说明,统一使用中文"金融监管"一词,对文中使用参考资料涉及"Financial Regulation"的地方不加区分地翻译为"金融监管"。

国际合作是指两个或者两个以上的国家之间为实现各自的或者共同的利益而在政策与行动上的相互协调行为(林俊国,2007.19)。在此基础上,金融监管国际合作是指各国金融监管当局之间或者各国金融监管当局与国际金融监管组织之间进行的为了实现各自利益或者共同利益的磋商、协调及其他合作活动。在金融监管国际合作中,金融监管当局通常都以本国的利益为前提原则,博弈结果必然是朝着更利于本国的理性选择方向移动的,国家利己主义是理性存在的,参与国家的共同利益是国际合作的必要条件。

金融监管国际合作和国际金融监管是两个不同的概念,但是存在着紧密的联系。国际金融监管强调的是监管,是对国际金融业务和国

---

[1] A Rule or Directive Made and Maintained by an Authority. http://english.oxforddictionaries.com/definition/regulation. 2012.2.7

[2] The Action of Observe and Direct Execution of Someone or Something. http://english.oxforddictionaries.com/definition/supervision. 2012.2.7

际金融活动进行的监督管理；而金融监管国际合作的重心在于国际间的合作，是考虑以金融监管为基础跨越国界的合作。考虑到现实的情况，本书考察的对象是金融监管国际合作，即研究的重心在于国际间的合作。当然国际间的合作是建立在各国金融监管上的。金融监管所要监管的内容是"金融体系"。因此，本书对金融体系做一个简单的阐明。金融体系最基本的功能是引导储蓄向投资的转化（陈雨露、汪昌云，2006.365）。因此通过国家储蓄和金融资产的结构不同，就有了以美国为代表的资本市场融资的金融体系和以德国为代表的依赖于银行主导融资的银行主导型金融体系。在某种习惯上，对于金融体系的界定，常常伴随着国界。考虑到不断扩张的国际金融特征和金融趋于全球化的客观事实，金融体系已经成为一个跨国界的概念。如果若干国家具有紧密的经济上的联系或者经济上存在一体化的程度，那么这若干个国家就是一个金融体系（例如斯堪的那维亚经济体系和以欧元为统一货币的欧元经济体系）。同时金融体系的定义还应该参考立法和监管的体制，例如欧盟的监管条例不断发展已经具备超主权特征。因此，在考察作为一个经济体中资金流动的基本框架的金融体系时，涉及各金融部门、融资模式、监管体制和经济部门的一体化程度。

1.3 文献综述

金融监管国际合作的基础在于金融监管。由于金融监管在学术和实践上存在着监管与不监管的争论，就造成了金融监管国际合作的争论。在金融监管国际合作的问题上，Edward Kane（1991，2002）是"强调市场出清，认为市场力量是实现利润最大化的途径"的最具代表性人物。这一派的言论认为，金融监管的国际竞争可以更有效地对金融资源进行配置，金融监管的国际合作是干扰金融主体之间的有效资源配置，影响各国的公平竞争，造成较低的效率和低配置（Amel，1997；Berger，Demsetz 和 Strahan，1999；Boyd 和 Graham，1998；Lawrence，1996）。在亚洲金融危机之后，IMF 等国际组织致力于研究国际间的金融监管合作，金融监管去合作的研究逐渐处于下降；以Hellmann，Murdock 和 Stiglitz（2000），Acharya（2003）为代表的学者认为资本充足率的统一设定，减少了银行的审慎行为，伤害银行自己的评估机制，激励赌博性业务的产生；造成效率低下，削弱了经济体的竞争力。不过，次贷危机之后，从事实和实证方面提供了金融监管国际合作必要性证明，学术界在要不要进行金融监管国际合作上基本给予了肯定的意见。

国内对于金融监管国际合作的大量研究开始于亚洲金融危机之后，次贷危机之后在研究的数量和质量上都有了突破。研究重点也从原先的偏于政策研究转为开始进行理论上的研究（谢平和邹传伟，2010；刘东民，2009）。获取金融监管国际合作必要性的肯定论证，奠定了金融监管国际合作范畴内其他研究工作的基础。对于如何开展和更好地进行金融监管国际合作的研究都是建立在这一基础之上的。为了比较清晰地梳理现有文献，我们对研究成果进行分类阐述。

1.3.1　国际化和全球化下的金融监管国际合作研究

对应于要求完全依靠市场力量的非合作研究，认为金融监管国际合作必须加强的研究日益受到认可。Trachtman（1993）是较早进行国与国之间监管合作研究的学者，他的研究是针对美国的。他认为，美国不可能孤立于世界其他国家而单独存在，通过横向和纵向两个纬度的监管竞争研究，他认为杜绝监管套利的途径就是通过监管合作。Eatwell 和 Taylor（2000）对跨国界金融风险存在的原因、背景和性质进行了实证研究，从微观和宏观两个角度提出了金融监管国际合作的重要性。

在全球化的背景中，全球的金融市场趋于一体化，各国的金融市场通过各种金融产品以及金融机构的交错业务混合在一起，逐渐形成全球统一的金融市场。关于金融监管国际合作的很多研究是建立在金融全球一体化背景下的。在这一背景下，由于金融体系具有向外溢出的效应和传染能力①,所以金融监管的国际合作成为必要。Morris 和 Shin(2008)贡献了研究银行间传导效应的模型;在他们的基础上,Brunnermeier 等(2009)对其模型进行了横向的扩展,应用到国际层面上,论证了银行体系的外部性对整体经济体系具有传导作用。而防止这种传导扩散的途径就是依靠金融监管的国际合作。

Peek 和 Rosengrer(1996,2000)通过对日本银行危机对美国经济的影响的实证分析,认为在经济的国际化的背景下,美国和日本监管当局应该进行合作。Picciotto 和 Haines(1999)从国际化角度,阐明了国际合作的必要性。Jordan 和 Majnoni(2000)认为金融监管的全球一体化,远远落后于金融体系的一体化,各国必须通力合作,以便避免监管套利带来的风险。

国内学者孟龙(1999)和朱孟楠(2003)在先后的研究中从金融一体化加剧了金融危机扩散的角度出发,认为金融监管国际合作具有必要意义。同时朱孟楠还认为如果国际合作之后的收益高于合作之前,那么合作自然容易促成。张建华和张春梅(2008)认为不同国家金融监管当局之间的协调有助于监管机构更加准确地进行监管和控制金融风险。总体来看,从金融体系的外部性和金融全球一体化的趋势这两个角度出发的观点普遍认为:为了防止系统性的风险,各国监管当局有必要进行合作。

1.3.2 金融监管国际合作在地域范围上的争论和研究

在认同金融监管国际合作必要性的基础上,很多学者对于监管合作的范围有比较大的分歧。观点的争论焦点在于部分学者在区域性的特性和金融监管合作优势的基础上认为应该放弃建立全球性监管合作的最优选择,建立区域性监管合作的策略。而另外一些学者则认为目前金融监管国际组织的机制非常灵活,没有必要再建立区域性的监管合作组织,以前的组织也可以逐步取消。

对于区域性监管合作的优越性,Herring & Litan(1995)和

---

① Eatwell 和 Taylor(2000)认为,作为银行体系建立基础的业务性质的中介化和杠杆化是银行体系脆弱的主要原因,这两种性质的结合使得金融系统风险成为潜在的可能。

Dell'Ariccia & Marquez（2001）做出了比较详细的阐述。Herring 和 Litan（1995）认为在促成国际合作的难易程度上，当国家的目标越趋于一致、监管机制越相似就越容易达成国际合作。Dell'Ariccia 和 Marquez（2001）从金融监管国际合作的内在动因出发进行分析，认为差异越大的国家达成合作的难度越大；而差异越小的国家达成合作的难度也越小。他们建议在金融一体化的国家中各金融监管当局进行合作，实行监管力度一致的监管策略。同时，他们还认为监管制度的竞争将导致监管权力的衰退，提出金融监管制度的建立应该采取合作的态度，以达成一致。如果金融监管的制度选择上合作各国可以统一，那么合作的难度也就降低了。他们的研究为国际合作的目标建立和实施等提供了一定的参考价值。在金融全球化进程中，某些区域因为语言、文化、风俗等的相近常常有更紧密的经济和金融往来，这些区域在金融监管的合作方面存在一定的优势。在金融监管的国际合作中，如果首先开展区域性合作然后扩展到更大范围的模式具有实践的意义。

但是也有一些反对建立区域性监管组织的，例如巴塞尔委员会的一些研究（BIS，2006）指出，鉴于巴塞尔委员会灵活的机制，正式的区域性合作组织没有存在的必要，同时伴随经济和金融体制的发展，先前建立的区域性机构应该淘汰。

在合作的地域范围上，还有一些重要的研究成果。例如，Acharya（2001）认为在设定统一的银行资本充足率的背景下，银行之间的竞争会导致不同国家实际的银行竞争存在不同，资本将会外溢到竞争薄弱的国家去，因此新兴市场国家应该纳入金融监管国际合作的范畴之内。Narain 和 Ghosh（2003）在考虑了银行系统和监管能力不同之后，认为发展中国家对于整体金融体系的安全存在重要作用，金融监管合作的地区应该扩大到 G10 之外，即包括发展中国家。Achara 和 Narain & Ghosh 的主张简单来说就是扩大金融监管国际合作范围。

潘金生（2010）从国际金融监管面临的新形势方面入手支持建立金融监管区域性的国际机构，认为应该加强区域性金融监管合作。邓大鸣（2006）从法学和制度经济学角度指出，国际性金融监管合作之所以困难是因为国家之间、区域之间存在严重的利益冲突,因此,"应该退而求其次,选取次优方案"在区域上建立监管合作。从区域性合作的建立上来说,潘金生和邓大鸣支持了 Dell'Ariccia 等人的观点。

1.3.3 金融监管国际合作的实践研究

对于国际合作的实践研究主要集中在几个方面:国际合作的组织架构、国际监管标准和监管合作的具体内容。在金融监管国际合作的架构上,Eatwell 和 Taylor(2000)认为目前金融监管的发展还不能解决金融风险的全部问题,而解决金融风险的唯一途径是建立超主权的、并拥有决策、监督和实施权的全球金融监管机构。Alexander(2001)认为,国际金融监管组织实际上在金融市场的监管上打破了传统的国家权力机制,赞成 Eatwell 和 Taylor 的建议,也认为应该顺应金融全球化,成立世界金融监管当局,该机构应该设立最低的监管标准。

Giorgio 和 Noia(1999)在针对欧元区的金融监管研究中建议在国家层次和欧盟层次上重新组合欧元区内各监管机构,依据金融监管目标的不同将金融监管的职责分配给不同的机构。Alexander(1997,2001)对现有的国际性监管组织进行细致的研究,为未来国际性监管组织的改革提供一些参考建议。Jordan 和 Majnoni(2002)则是对这些金融监管国际组织制定的监管标准进行研究,探讨标准的缺憾和改进,试图研究最佳的国际金融监管标准。

在金融监管合作的具体内容上,Aspachs,Nier 和 Tiesset(2005)在研究英国央行利率政策对流动性影响的时候发现,英国银行业的流动性受到别的国家的显著影响,认为金融监管应该在流动性上进行合作。Chaillous 等(2008)在他们的 IMF 工作报告中支持了 Aspachs,Nier 和 Tiesset 的观点,指出依据 2007 年到 2008 年金融市场的动荡来看,各国银行应该在流动性管理上进行合作。Acharya(2001,2003)鉴于国际化趋势,银行的跨国经营的实际情况,对最低资本充足率的要求各国必须达成政策上的一致。

国内学者刘宇飞(1999)针对金融机构日常监管的合作提出一些

看法，讨论的内容包括对有国际业务的大型银行的监督权限划分和国家间信息交换的方式等方面。

1.3.4 以博弈论为工具的金融监管国际合作研究

博弈论是一种适用于讨论合作和竞争选择问题的分析工具。以博弈的观点来看，金融监管就是金融监管当局和被监管机构之间的博弈；金融监管国际合作就是国家和国家之间的博弈。博弈论对于研究包含两方以上的相互牵连的策略选择上有独到之处。关于国际合作的主要研究成果为：Licht（1997）使用简单的双方博弈在证券监管的国际合作上讨论信息披露、反欺诈、内部交易等问题，认为金融监管套利是造成"囚徒困境"的主要原因。Holthausen 和 Roende（2004）在欧洲中央银行工作文件（第316期，2004年2月）应用了廉价谈话的博弈模型讨论国际银行的监管问题中指出，国际银行倾向于在监管相对不严格的国家开设分支机构，以便逃避监管。因此，从金融监管政策的有效性出发，金融监管国际合作也是在所难免的。

陈启清（2008）以两个国家为例，演示了一次博弈和无限次重复博弈。在仅仅存在一次博弈的假设下，两个国家金融监管当局的博弈结果是形成"竞争，竞争"的格局；而在与现实生活更为类似的无限次重复博弈中，两个金融监管方的合作博弈结果是无限次重复博弈的子博弈完美纳什均衡。因此在长期博弈中，博弈双方将达成合作策略。

1.3.5 文献综述的总结

纵观中外学者对于金融监管国际合作的观点和成果，通过学者们的理论和实证研究，金融监管的行为不应该局限于一个国家之内，这种拘泥于国界的监管在金融机构跨境经营的当代社会无疑是效率低下，甚至是无效用的。就合作的范围来说，支持达成全球间合作的和倾向于区域合作的都为数不少。当然，就实现的难易程度上来说，实现全球性的监管合作明显难于区域性监管合作。区域性金融监管合作在合作个体的数量上相对较少，意见纷争上一般也不像全球性的合作那么复杂。同时，区域内部在地域和文化等方面一般具有较小差别。Dell'Ariccia 等人通过对现实的观测，支持了具有相同背景国家达成金融监管的合作困难相对较小。但是拘泥于区域的合作和拘泥于国界的合作在金融风险的控制上并没有绝对区别，只不过是控制的范围扩大了一些。这并不是说区域性监管合作的成果没有意义，可以考虑将区域合作规划为全球性合作的一个阶段或者是一个基石。

就合作方法和途径上来说，不少学者提出建立超主权的世界金融监管机构。由于存在政治等各方面力量，这种超主权的金融监管机构的构思和远景比较诱人，但是实现起来的难度比较大。关于这方面的研究还没有形成完善的框架，就如何构建这种世界金融监管机构，及机构的运营模式、决议产生和执行决议等问题都需要进一步的研究和讨论。在短时期内，实现建立超主权的世界金融监管机构的难度比较大。依靠现有的国际金融监管组织，通过会议、协议、备忘录和论坛的方式完成监管合作是短期内的主要途径。

1.4 研究方法和创新

1.4.1 研究方法

本书主要使用归纳演绎法。涉及金融学、经济学、行为金融学和制度经济学等学科，同时使用数据分析研究、比较分析法和历史回顾法等方法来研究问题。研究的模式为首先阐明需要使用的模型或者理论，然后根据所要研究的主体应用模型和理论，同时结合客观事实。主要数据来源为次级数据资料收集，为了力求数据的真实准确，本书首选专业数据收集、官方公布的数据以及官方机构和组织的数据，并根据文章需要进行实证分析，使用数据阐述事实。

金融学的方法是本书不可缺少的方法之一，用来了解金融监管国际合作的原理和演变。从金融监管的理论演变中可以看到，金融自由化和金融干预的思想交替直接导致了金融监管当局的政策措施，市场也因此做出了不同的发展和反应。因为只有真正了解到金融监管的内涵，才能掌握金融监管国际合作的本质问题，才有可能设计金融监管国际合作的更好模型。

在探讨金融监管国际合作方面的问题时，本书采纳的主要方法是博弈论，设定某些金融监管当局为博弈方，同时引入金融监管国际组织作为博弈的参与方，利用数学公式的推导方法，研究各国金融监管当局之间的竞争与合作，金融国际组织与各国监管当局之间的制衡关系以及以国家为个体加入国际金融监管组织的效用。

影子银行和信用衍生品一直以来都被监管当局"忽视"。监管当局错误地认为这些新衍生品的操作机构具有较强的专业技能，而且市场可以出清这些金融产品。事实证明，金融监管当局必须放弃市场有效的假设，对衍生品进行监管。自次贷危机以来，金融监管的理论和实践都产生了很多新思想、新方法。其中，应对市场的非理性而引入的包含心理、情感等因素的行为金融学成为一种解释市场异动的有力工具。因此，本书使用行为金融学作为研究的工具之一。

本书归纳中外学者对金融危机的反思、评论和金融监管的一些理论和实证，并将这些内容穿插在文中，用来阐述各国在金融监管模式、金融产品监管等方面的实施效果和作用。在金融全球化和一体化的大环境之下，金融危机的影响和波及早已突破了国界的限制。虽然统一的监管模式在短期内不可能应用到所有国家，但是在金融一体化的情况下，各国金融监管体制在技术和标准上是可以相互借鉴的，例如：宏观审慎监管、分业与混业经营的金融监管和对大型金融集团的风险控制等。因此，作为本书的研究方法之一，比较分析法具有揭示事物特性的作用。同时，本书回顾和追溯研究主体的发展渊源，以便获取更加清晰的了解，从中捕捉到其发展的规律。

1.4.2 研究创新

从现有的研究成果出发，本书的创新点集中在五个方面。第一，在金融监管国际合作的理论构建上，拟借用目前宏观审慎监管的研究模型和成果，讨论金融监管国际合作存在的内部动因。Morris & Shin 以及他们模型的发展者 Brunnermeier 等通过对银行之间的传导作用进行研究，构建从微观审慎监管角度出发，却导致了宏观上的金融波动，以致可能发生金融危机的模型。本书在这一理论的基础上，将思路扩展至国界之外，金融体系通过直接和间接的联系，其稳定程度是被互相牵连的，从而使用模型说明了金融危机在国家之间的传导。

第二，将金融监管的目标——"实现金融体系的平稳和安全"——在实现上分为三层：本国金融体系的稳定、区域内的金融稳定和全球金融体系的稳定。本国金融体系的稳定是实现金融监管目标的基础。就金融监管国际合作的地域来说，区域金融监管国际合作和全球金融监管国际合作各执一词。Dell'Ariccia 等人的论点支持建立区域性金融监管合作，认为全球金融监管合作的目标过于宏大，存在理想主义和不实际；而 BIS 的一些研究认为区域性金融监管没有存在的必要，应该被淘汰。本书从国别角度出发，认为在金融信息化和金融网络的整体联动性下，区域性金融监管合作不足以解决金融体系的传染和波动效应。明显的，从紧密联系程度上看，区域合作更为迫切，而且区域金融监管的合作执行起来相对容易。因此，区域性金融监管合作应该和全球金融监管合作并存，从而在目标实现上设计了金融监管国际合作层级化。

第三，将博弈论针对理性人的分析工具扩展到金融监管当局和金融监管国际组织的研究上，从而对金融监管国际合作参与方的选择策略进行分析。从现有文献看，博弈论在这方面的应用成果支持一次博弈的"囚徒困境"格局和在动态博弈中达成合作策略。本书认为金融监管国际组织可以为参加博弈的国家提供平台和外力保障，以真正实现合作策略，从博弈理论上论证了金融监管国际组织存在的作用。

第四，行为人的特征在金融活动中日益受到重视，次贷危机之后的改革也对这方面给予了一定的考虑。本书拟应用行为金融学的研究成果在金融监管当局和被监管对象上，讨论金融监管当局的行为偏差和金融从业人员的薪酬组合激励等，以期提高对监管策略的认识，并对监管行为中应该顾及的问题予以补充。

第五，也是第二点创新在中国的具体应用。将中国金融监管的目标实现分为三个层次，增强中国金融实力，确保国内金融稳定；发挥大国优势，改变"不作为"和"少作为"的策略，获取东亚区域合作的领导权；本着推动者和建设者的态度全面参与国际社会的合作。中国国内的金融稳定是迈向金融监管国际合作的基础。中国的市场容量巨大，不仅对以出口导向为发展模式的东亚各国存在重要意义，对西方大国也是具有极高吸引力的。通过良好的策划，可以提高中国的国际地位和增加话语权。

1.5 本书框架和内容

本书以金融危机的时代为背景，围绕金融监管国际合作这一主题来策划研究进程。本书依托于理论基础，考虑客观存在的事实，逐步展开研究。本书架构上的思路是，从基础理论出发，联系客观事实。因此，本书可以分为五部分：第一部分为绪论，从繁杂的现实社会中找到研究的兴趣，并对本书总体的内容、方法和结构做出总述，对中外学者和专家关于金融监管国际合作的主要观点和研究成果进行回顾。第二部分为理论部分，以金融监管的理论基础为基石，扩展到金融监管国际合作上。第三部分从现实社会出发，首先阐述参加国际合作的主体方，分为金融监管当局和各主要国际机构两部分；然后对次贷危机前后金融监管国际合作进行比较，在此基础上，使用博弈论分析金融监管国际合作。第四部分讨论次贷危机对中国的影响，以此中国也必须加入到金融监管的合作中去，对中国目前参与的国际合作进行评述而后提出中国的策略。第五部分对全书进行总结，并对未来研究进行展望。在这一框架基础上，全书分为7章，见图1-2。

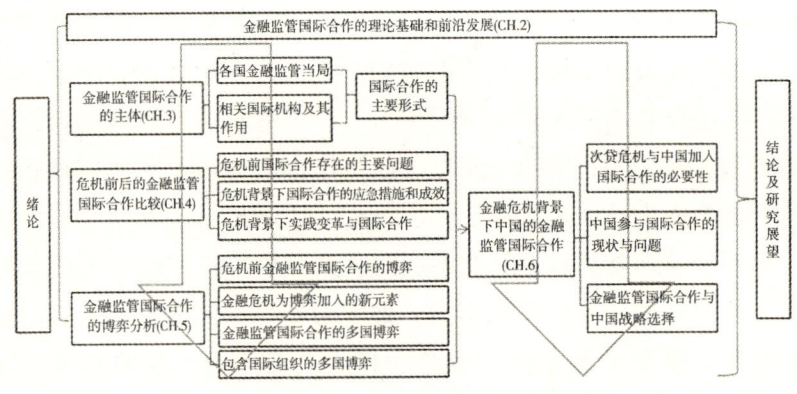

图1-2 全书逻辑关系架构

第一章为绪论，对本书提纲挈领地进行了介绍，首先阐述了本选题的选择背景和意义以及研究的界定；然后对已有的研究成果进行总结和简评；在此基础上对全书的研究方法和书中的拟创新点进行规划；最后为全书勾勒出研究的框架和拟讨论的主要内容。

第二章是理论基础的研究。首先以时间为脉络，从金融监管和金融监管国际合作两个层面进行探讨。以经济学对于监管的两种对立观点：监管和不监管为线索，对这一领域的理论基础进行推演，由不监管到监管，从局限于国内的监管和监管竞争到国际上的监管合作。金融监管自"大萧条"后被学术界开始重视，其理论基础也是从这个时候开始发展的。但是金融监管国际合作一直存在着两种观点即强调监管竞争、依靠市场出清的去监管化和从金融体系内部特性出发的要求强调监管合作的观点。要求加强监管的呼声总是在金融危机之后特别强烈，次贷危机之后也不例外。而且，鉴于这次危机的波动性，加强金融监管国际合作的呼吁已经被多个国家正式列入改革计划。此章节奠定了全书的理论基础，并从已有的理论研究成果上讨论金融监管国际合作的必然性。

第三章是对金融监管国际合作的主体进行研究。金融监管国际合作的个体主要是各国金融监管当局，以及各金融监管当局构建的各类金融监管国际机构。由于各国的不同特征和发展历程的不同，金融监管当局形成了差异化的各种体制。由于体制的不同各国合作起来的困难是显而易见的，运用行为金融学的一些知识，可以对金融监管当局存在的行为偏差进行分析。在金融危机的冲击下，各国普遍采取各种改革方案，以期达到新的金融监管目标。由于仅仅依靠国与国之间的合作存在一些缺憾，同时国家间的监管缺乏统一的标准，各国央行、监管当局和政府在各种形式之下，逐渐成立了品目繁多的金融监管国际机构。本书依据这些金融机构发挥的作用，选取巴塞尔银行监管委员会、国际证监会组织、国际保险监督官协会、联合论坛、金融稳定理事会（金融稳定论坛）、国际货币基金组织和世界银行进行对国际监管组织的研究，并把欧盟作为一个研究的特殊案例进行阐述。

第四章是对金融危机前和金融危机后的国际合作进行比较，从而指出改革的具体项目。以金融危机为事件点，讨论危机前金融监管国际合作存在的主要问题；危机中各国监管当局、政府和国际金融组织的应对措施和成效；以及危机后各国政府的改革及对宏观审慎监管、资本充足率和杠杆率、金融高管的薪酬监管和信用证券化及其衍生品进行研究。

第五章对金融监管国际合作进行了博弈分析。从危机前两国一次博弈入手，得出"竞争，竞争"的博弈结果；经过长期动态博弈的反复试错，"合作，合作"的博弈格局是有可能达成的，但是耗费时间太长，存在不经济因素。金融危机为博弈推演加入了新元素，当其中一个博弈方首先采取"触发战略"，那么"合作，合作"的博弈结果就可以在短时间内形成。由于存在外部诱因，而且合作策略也不是长期试错的结果，合作的博弈格局存在不稳定因素。因此，国际组织作为第三方加入博弈，形成多方博弈的局势。在国际组织的努力和平台下，最终博弈的结果可以稳定在"合作，合作"上。

第六章是前几章研究成果在中国的应用。首先对次贷危机对中国的影响从金融体系和实体经济两方面作了一个简单的回顾，以此阐明中国加入金融监管国际合作的必要性。在理清中国参与国际合作的现状与问题的基础上，对中国参与国际合作的策略进行讨论。

最后对全书进行一个内容回顾，并在总结全书内容的基础上对未来的研究进行展望。

第 2 章　金融监管国际合作的理论基础和前沿发展

金融监管国际合作的理论基础包括金融监管的理论基础和金融监管国际合作的理论基础。金融监管理论是金融监管国际合作理论的前置理论。只有在金融监管理论的基础上，也就是说理清金融监管的必要性之后才能讨论金融监管国际合作的理论基础。因此，本章的理论研究是从对金融监管的理论基础开始的，然后切入金融监管国际合作的理论研究。次贷危机使各国金融监管当局、金融监管相关的国际组织，以及学者们对于金融监管国际合作的研究都积极起来，涌现出不少研究成果。在对理论发展的回顾上，本书也试图追踪这些最近的研究成果，并在后面文章用于进一步的研究。

2.1　金融监管的理论基础和前沿发展

金融监管理论发展是以经济学的发展为依托的，政府是否应该监管金融市场经历过反复争论。因此金融监管的必要性也在不同的经济理论的支撑下进行着反复的辩论。鉴于金融危机的频繁发作，以及金融危机的巨大破坏力，建立一个稳定的金融体系已经成为主流的共识。[①]

---

① 在次贷危机爆发之后，仍然有些学者对政府加强监管持一定的保留态度，如 Meltzer（2009），Wallison（2008），Reinhart（2008），但是主流金融学者认为金融监管是有其必要性的。

随着学术界的发展和频繁爆发的金融危机使传统的金融理论假设"理性"受到了越来越多的质疑,行为金融学通过研究非理性(包括有限理性)的现象对研究范围做出了扩展,使人们对于层出不穷的"非理性"不再感到无所适从。本节总结描述金融监管在经典经济学之中的反复争论以及以新兴的行为经济学为代表的前沿经济学对于监管理论的补充。

2.1.1 经典理论之下的监管与不监管

本书使用经典经济学来代表主流的、经典的经济学理论体系,包含古典经济学、新古典经济学、凯恩斯主义等以来的主流经济流派,反映了现代西方主流经济学的研究成果。简单的,经典经济学可以被划分为两大阵营:以市场调节、自由放任为基本准则的自由主义和以市场失灵、保护公共利益为准则的干预主义。而金融监管在这两个截然不同的阵营影响下,也衍生对应的两种监管思想。为了对金融监管的理论作出明晰的梳理,本节以金融监管理论体系的产生时间为脉络对其进行回顾和总结。监管的发展总是伴随着经济的历史事件,那么金融的大事件自然成为梳理的节点,他们是1929—1933年的大萧条、20世纪70年代的滞胀,亚洲金融危机和次贷危机。

在经济学的历史中,从1776年亚当·斯密(Adam Smith)出版标志性的著作《国富论》一直到20世纪30年代的大萧条爆发之前,自由主义经济学始终占据统治地位。亚当·斯密推崇自由市场,市场调节由"看不见的手"(invisible hand)执行。在此学术思潮的指导下,反对政府干预、依靠市场自行调节,要求自由放任,政府只充当"守夜人"是当时资本主义国家政治体制的选择。

古典自由主义经济学派"市场本身是有效"的观点也在随后的理论发展中得到证明,尤其是作为一般均衡理论的创建者和代表者的瓦尔拉斯(Walras Leon)首次引入数学的方法对于"看不见的手"的作用进行了证明,使得自由主义理论更加严谨,从而在此基础上创建了新古典经济学。新古典经济学和古典经济学在对待市场经济的看法上基本相似,认为市场可以自发形成最优配置,因而反对政府干预是那个世纪里的中心思想。(陈雨露、汪昌云,2006H.571)

随着 1797 年巴林（Baring）首次提出"苏格兰银行应该扮演最终贷款人的角色"，以及之后桑顿（Thornton，1802）和巴杰特（Bagehot，1873）的努力，设立"实施部分信用管理和承担最后贷款人职责的中央银行"在各方的争论中，最后得以确立。同期的其他金融监管基本不存在。这种中央银行的确定虽然在一定程度上给出了某种类型政府的安全体系的雏形，但是和我们今天学术界的监管理论相错甚远，还不能称之为监管。这种由市场机制调节的、无政府干预的自由主义的经济理论占据着统治地位，直到遭遇 1929 到 1933 年大萧条。

大萧条在某种程度上讲是国际金融系统崩溃的结果（多恩布什、费希尔和斯塔兹，2000.395）。经济危机无法通过市场机制自动调节而恢复，"看不见的手"作用无法发挥，因此凯恩斯的干预主义思想迅速地被各国政府奉为珍宝，其主导地位一直延续到 20 世纪 70 年代。

在凯恩斯的干预主义思想下，金融监管也为各国政府所接受，直到滞胀现象对此提出了质疑。自 20 世纪 80 年代以来，以有效市场假说（Efficient Markets Hypothesis，EMH）为基石的自由主义经济学再次受到了普遍的青睐，获得主流经济学的地位，直到此次次贷危机席卷全球。有效市场假说理论的突出代表是芝加哥大学的 Fama（法玛）。Fama（1969.383）定义有效市场为：在有效市场中，价格完全充分地反映了资源配置上的市场信息。同时法玛指出："但是这并不是说在市场上，股票在任何时候都完全反映了所有有效的信息。"[①] 由于有效市场假设可以找出市场是否存在套利机会[②]，这对于金融学的应用和实践具有重大的意义。有效市场假设理论存在一些基本假设（Fama，1991.1575），比如市场参与者是理性的；价格充分反映所有

[①] 法玛定义有效市场为："The prices provide accurate signals for resource allocation." This does mean that "a market in which firms can make production – investment decisions, and investors can choose among the securities that represent ownership of firms' activities under the assumption that security prices at any time 'fully reflect' all available information."

[②] 金融市场的价格变化，如有有效市场假设通过，说明市场不存在套利机会，投资者只能采取保守的投资策略；但是如果有效市场假设没有通过，那么根据该理论市场存在套利机会，市场价格在一定程度上是可以预期的，投资者就有相对更好的积极投资策略选择。

有效信息，并且信息促使价格的变动的成本为零；市场是不存在泡沫的，即使有泡沫的存在也不会持久，因为精明的投资者会戳破泡沫。基于这种假设，市场的不均衡和偏离是短暂的，可以自动修复的，即"看不见的手"使市场具有自我修复的功能，价格总是能将资产的真实价值体现的，或者价格处于资产真实价值的附近。由此可见，在这一理论思想的基础上，金融监管是不具备很强的必要性的。政府应该保障自由竞争，政府干预应该降到最低。

20世纪60年代之后出现了讨论政府干预的合理性和有效性的监管经济学，其主要的两个流派为"公共利益学派"和"芝加哥学派"，见表2-1。两个学派对于金融监管的争论在于其必要性上。"公共利益学派"接受金融监管，而"芝加哥学派"则认为监管行为是一种资源的浪费。

表2-1 监管经济学的两个流派简表

学派	代表人物	主要观点
公共利益学派	Franz, Buchanan, Stiglitz	强调监管竞争和市场的力量，只有在存在市场缺陷时监管才会有益
芝加哥学派	Stlgler, Posner	经济自由主义思想，强调完全竞争的市场机制，监管的危害性和成本

资料来源：刘明志，2003.

金融脆弱性理论从金融行业内部特征出发，考虑金融行业的风险问题。公共利益学派认为市场失灵是金融脆弱性的具体表现；金融市场存在市场失灵，因此金融市场是脆弱的。市场失灵是自由主义经济学的"看不见的手"失去市场效应时的状况。该理论认为金融市场的失灵是自由市场的常态，而这种失灵的持续会给社会福利带来巨大的损失。同时由于市场失灵带来的金融资源的分配不公和金融体系运转的低下效率将会损坏健康的金融体系。政府应当在金融体系中充当监管角色，对这种失灵进行有力的干预。市场失灵理论依据金融行业的特征分为三个方面，见表2-2。

表 2-2 市场失灵理论的三个方面

金融行业的特征	代表人物	简要观点
金融外部性	Meade, Kareken & Neil	金融行为向无关联的其他经济主体的溢出效应
自然垄断	Meltzer, Stiglitz	市场准入资金壁垒强，对市场内的既有经营者具有保护作用；造成社会福利的损失
信息不完全	Stiglitz, Weiss	逆向选择问题，导致银行资产质量下降，引起金融体系不稳定

资料来源：陈雨露、汪昌云，2006 H.580-1

金融外部性是指"金融活动中某金融主体的私人成本或私人收益向与该金融行为无关联的其他经济主体的溢出效应"[①]（主父海英、白钦先，2000.22）。若金融行为直接地或者间接地产生了社会收益就是金融正外部性，此时金融行为为社会提供了无偿的贡献；若是金融机构带来直接的或者间接的社会成本就是金融负外部性，此时金融行为的成本向社会溢出。由于金融行业在市场经济的特殊地位，金融机构的个体行为常常会对整个经济体系产生严重的负外部性。负外部性的金融监管理论认为，不能对金融机构放任自流，不管不顾，自由竞争和市场自律是无法校正金融机构的负外部性的。以最典型的金融机构银行为例，由于存在负外部性，银行机构的破产成本远远大于银行的成本；当单个银行发生危机时，常常引起整个金融体系的危机，造成社会恐慌。

因此，现在的通行做法是政府设立专门的金融监管部门对金融机构可能存在的负外部性进行监管，以防止金融危机的发生。而对于发生危机的金融机构，监管部门不得不进行"大而不能倒"模式的救助。通过对金融机构的负外部性的分析，从理论上奠定了金融监管的必要性。市场失灵理论论证了金融监管在日常经济活动中存在的必要

---

① 主父海英，白钦先. 国际金融危机中的金融负外部性考察. 上海金融. 2010（1）：21-21

性。

自然垄断的金融监管理论从金融行业的本身垄断特征出发。因为金融行业存在很强的规模经济效应,通过金融机构的自由竞争之后,金融行业自然形成集中垄断的行业模式。作为垄断行业,金融行业也具备垄断的基本特征,有较高的市场准入壁垒,从而形成金融部门的"价格歧视、寻租等不良影响,从而影响金融机构的运转效率和消费者利益,造成社会福利的损失"[1](Meltzer,1967)。由此可见,金融市场自然形成的垄断特征是社会福利损失的根源,自然垄断金融监管理论的拥护者呼吁政府通过监管手段消除金融市场的垄断性,维护市场的公平竞争,提高行业的运转效率,保护金融行业消费者的利益。但是,在最近的研究中,Stiglitz(2008)认为政府对银行的监管相当于一种准入许可或者说是垄断保护。政府为银行业的业务开始设置前置许可和要求,银行如果达不到要求则不能开展业务,一旦银行开展业务,政府对其实施监管。当银行出现问题的时候,政府当然不能坐视不理。金融监管作为金融市场的公共产品提供者和维护者试图维护金融市场的稳定。那么这个时候,金融监管成为既定行业内部的积极需求的产品,它可以保护行业内成员的现有利益,减少竞争者,监管是可以带来利益的。

由于在金融市场中,金融契约各方的当事人获得的信息是不相同、不对称的(Stiglitz,Weiss,1981)。一般来说,在具体项目的回报和风险上,使用资金的一方(借款方)总是掌握着比实际资金拥有者(贷款方)更多的信息。这种信息的不对称造成"劣币驱逐良币"的现象,最终造成投资质量的整体下降,引起金融体系的不稳定。Davis(1995)运用"羊群行为"特征解释金融市场的投资行为。投资者的这种跟涨跟跌行为,加剧了金融市场的不稳定因素。

信息不对称是指参与市场交易的各方对于信息的掌握程度存在明显的偏差。金融市场存在典型的信息不对称现象。以金融机构最简单

---

[1] Meltzer, A. H. 1967. Major Issues in the Regulation of Financial Institutions. *The Journal of Political Economy*. Vol. 75, No. 4, 1976.

的存贷款业务为例，金融交易的双方的信息是不对称的。以银行的贷款业务为例，从银行贷款的企业和个人的真实经济情况和还款意愿通常不为银行所知，使银行承担了高风险。扩展于整个银行和保险行业，金融服务的供给方往往是信息不对称的弱势；而在资本和衍生品市场中，通常是金融产品的购买方处于信息不对称的劣势。例如，股票的购买方对于上市公司的了解通常少于企业的内部人员。这种信息的不对称导致了资源配置的效率低下，增加了市场的风险。斯蒂格勒（Stigler，1961）以信息不对称为切入点对金融市场的失灵问题进行研究，他认为信息不对称将导致金融机构风险增加，而金融监管是挽救金融市场信息不对称的最佳办法。Greenwald 和 Stiglitz（1986）指出，"市场中的信息不对称将永远存在，市场不会处于帕累托最优状态，而金融监管必须为此起到协调作用"[1]。由于信息不对称的经常存在，政府的监管行为不仅在金融危机时期需要，在平时也是不可缺少的。

"金融不稳定假说"[2]（Minsky，1982）从金融系统的内在属性上论证了金融监管的必要性。Minsky 认为，一方面，由一些利好推动经济的繁荣而使金融交易双方偏好当前的利益，完全遗忘了上次金融危机的恐惧；另一方面，在经济上升期，借贷需求扩大，当银行不提供充足的贷款时，顾客将会流失。作为追求利润最大化的银行通常是不能忍受这种利益的损失，而选择发放大量贷款。这种累计造成了金融危机爆发的隐患。Kregel（1997）发展了 Minsky 的研究，产生了"安全边界说"，认为金融市场脆弱产生的原因在于银行不恰当的评估方法。

在 Minsky 的追随者中，Diamond 和 Dybvig（1983）的银行挤兑理论是具有代表意义的。Diamond 和 Dybvig 认为，银行的功能是"将不具备流动性的资产转化为具备流动性的资产"；商业银行的吸收存款和发放贷款是两种反方向的资金流动，而且一般来说，贷款的回收具有可预期的固定期限，存款人是随时或者预先通知就可以提取存款的。鉴于这

---

[1] Greenwald, Bruce and Stiglitz, J. E. 1986. Externalities in Economies with Imperfect Information and Incomplete Markets. *Journal of Economics*, 1986, Vol. 101. No. 2 (May). pp. 229–64

[2] The Financial Instability Hypothesis

种信息的不对称，银行无法事先掌握存款变现的信息。当存款人变为提款人的数量达到足够多，银行就无法应对所有人的提款要求，这时挤兑开始了。而且无论银行是否是健康的，挤兑对银行的打击都是致命的，会造成贷款的被迫提前回收，以致优良项目投资的被迫中断。一旦挤兑开始，公众对所有银行的信心都会急剧下降，这种信心的下降具有典型的传染效应，使得挤兑会最终波及到整个银行系统，此时同业拆解市场也无法满足提款的需求，形成严重的金融系统性风险。该模型提出，这种系统性风险的解决途径就是通过政府行为——金融监管。

近年来，对于金融机构的"顺周期性"（Gorton, 1988；Borio, Furfine & Lowe, 2001；董裕平，2009）研究有了不少发展。在经济上升期或者说是繁荣期，企业可用于抵押的资产价值随之上升，借贷需求增加，银行放出贷款的数量增加；当经济下行时，资产价格下跌，企业却缺乏流动性，希望增加贷款，银行意愿的新增贷款减少。银行的这种顺周期性在很大程度上加剧了经济运转的变化。作为监管理论的代表人物，Stiglitz（2009）认为，和其他类型的企业相比，金融机构天生具有系统性。例如，一家银行的业务常常连接着若干其他银行。银行主要的金融服务就是将非流动性资产变为流动性资产，因此银行对于经济的繁荣和衰退有放大传导功能。无论从哪个角度来考察金融脆弱性都论证了金融监管的必要性。金融脆弱性理论研究的中心论题是金融危机，对于此理论的解决问题也是使用金融监管的政府手段对于金融危机起到预防和挽救的目的。

"滞胀"发生之后，金融监管的必要性遭到质疑，对金融监管有效性分析逐渐取代需求理论成为研究重点，这一时期的主要研究成果为集团利益理论，见表2-3。监管的有效性理论对金融监管虽然提出了各种批判，但也没有提出有效的解决办法。管制成本学说并未直接提出否定金融监管，但认为管制过程中消耗的成本可能大于管制的收益。总之，新古典经济学认为市场参与者是理性的，市场是有效的和有能力自我调节的，金融监管的目标是剔除妨碍市场的非有效因素。

表 2-3 集团利益理论简表

理论	代表人物	主要观点
政府掠夺论	Roe, Wolf	政府对金融业进行管制,是因为自身收益;监管本身是政治家的工具。政府以及政治家的行为模式在很大程度上解释金融监管的出现。
特殊利益论和多元利益论	Pehzman, Stockman, Mixon	政府是由各党派和利益集团组成的,金融监管是各利益集团通过博弈而形成的产物。
管制供求说	Stigler, Posner, Peltzman	管制是借助政府强制力量向特定集团提供的利益产品,也受到供求关系的支配。
管制寻租说	Krueger	管制增加市场的寻租机会,造成市场的不公平和竞争不完全。依靠政府管制去纠正市场失灵是无效用的。
管制俘获说	Posner	刚建立的管制存在一定的效果;但是随着被管制者对管制的法律和程序熟悉之后,管制会被它所要管制的行业控制,管制趋于无效。
监管成本说	Stigler, Posner	监管存在成本和收益,监管的成本除了包含直接成本之外,还包括间接效率损失。

资料来源:陈雨露、汪昌云,2006H.583-6

纵观自由主义和金融监管之间的抉择,经济学家主要有三种观点(陈雨露、汪昌云,2006H.578),见图 2-1。第一种是以自由主义为基础理论,认为金融机构可以依靠市场出清的市场配置机制,监管完全没有必要;第二种观点对金融自由化持反对意见,认为金融自由化是一种理论错误,并对进行过金融自由化的国家进行实证分析,得出应该重新审慎金融自由化,实行金融监管;第三种观点综合考虑金融监管和金融机构的市场发展,从金融危机分析着手,提出应该在自由化的进程中加入金融监管的元素。该观点认为,没有监管的自由化会造成市场失灵,从而诱发金融危机;而没有自由化的监管,将造成金融机构过度压抑,影响金融体系的发展,从而危害宏观经济的运行状况。所以自由化和金融监管两者应该并重,促进良性发展。

简单地说,金融监管理论是在经济运行状况的影响下而发展的。在经济周期的影响下,从去监管,到加强监管、到监管放松。当金融危机发生的时候监管就显得重要起来,在需要发展经济的时候,监管就被要求放松。

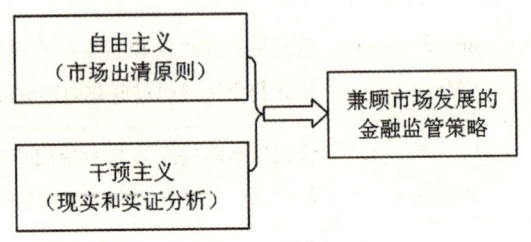

图 2-1 自由主义和金融监管的抉择

资料来源:陈雨露,汪昌云,2006.578

伴随着金融危机以及人们对于金融危机破坏力的震撼,金融监管的必要性逐渐受到政府和学者的广泛重视。同时,次贷危机之后,金融监管的理论有了突破性的发展,在经典经济学理论体系上大致可分为两个流派:应对市场失灵的金融监管理论和金融脆弱性监管理论。前者研究市场的失灵,政府从公共利益角度出发而干预市场成为需求,使金融监管的必要性昭然若揭;后者以金融系统内部的属性为研究点,阐述了金融监管的必要。

2.1.2 实践性和操作性兼顾的金融监管理论

继20世纪80年代之后主要新兴经济体对金融监管的放松,90年代后全球化的趋势明显加快,金融业的混业经营也越来越明显。在这两种力量的推动下,金融业高度发展,同时也加剧了风险的传播范围和破坏力度。维持金融行业的稳定和发展逐渐成为金融监管的目标。

由于各国金融发展的历程的不同各国金融监管的体制也展现千姿百态。以 Gustave (1998) 为代表的学者提出金融监管的体制对于金融监管的有效性就有突出意义。以各国金融监管体制存在的差异结合各自的优缺点,考虑金融混业经营的事实,在机构型监管体制上,又发展了功能型监管和目标型监管,见图 2-2。

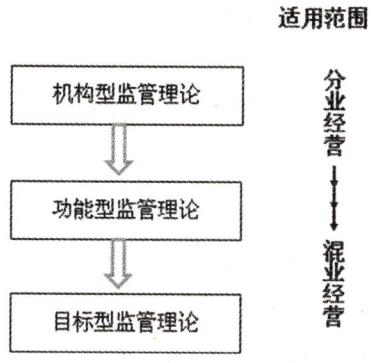

图 2-2 监管体制的理论发展

资料来源：王广谦，2010.443-9

机构型监管按照金融机构的类型设置监管机构，一般来说不同的监管机构分别对不同类型的监管机构进行管理。在分业经营的情况下，这种管理模式具有分工明确、专业化强的优势。但是伴随着金融的混业经营，这一管理模式显然不能有效、节约地进行管理。应该说，机构型监管模式更适应于分业经营的金融体系。当一家大型金融机构从事不同的业务，归属不同的监管机构，这在形态上会出现交叉管理和重复管理。导致管理效用低下的同时，可能出现监管缺失和盲点。

90 年代之后，在重新审视金融监管体制时，Morton（1998）提出了金融体系的功能观点，从而形成了功能型监管理论。功能型监管理论支持功能比组织结构更重要。金融机构的形式依据功能的不同而存在多样性，金融系统功能和效率可以通过创新和竞争提高，基于机构比基于功能的监管在实施上更加便利。金融体系的功能在本质上不会改变，但是外在的机构形式是可以包装改变的，从功能角度进行监管是更稳定和有效的。功能型监管在一定程度上解决了机构型监管处理混业经营时的困难。但是由于在操作上存在精确分类的问题，出现了一定的滥用。例如，监管当局以功能为出发点将原本不属于的管辖范围归于己下，扩大了监管范围；而金融机构以功能为依据，寻找监管放松和限制较少的领域开展业务。

在对功能型金融监管的批判上，Taylor（1995）和 Gustave（1998）

提出了目标监管的理论。目标监管以监管目标为监管体系，首先明确定义监管目标，并且将监管目标准确地委托给监管机构，监管才能有效地进行。监管职责有效透明，避免监管目标的冲突。为了实现金融体系的稳定和保护投资者，Taylor认为应该建立两个相应的监管部门：金融稳定委员会和消费者保护委员会。两者的监管对象都涉及各个金融机构，但是金融稳定委员会从审视监管的角度进行监管，防止系统性金融危机；而消费者保护委员会从防止金融欺诈等危害投资者权益的方面进行监管。这就是Taylor的双峰式的金融监管体制。1998年澳大利亚的金融监管体制改革的主要理论依据是Taylor的双峰式金融监管体制。

Gustave认为中央银行是最后贷款人，其承担审慎监管者的角色显然存在不适宜，因此提出了矩阵式监管体制，包括六个监管部门：对存贷业务进行监管的系统监管部门，对非银行金融机构保持经营能力进行监管的审慎监管部门，对批发金融业务进行监管的合规监管部门，对零售金融业无进行监管的合规监管部门，对交易所的自我监管和保证公平竞争的监管部门。这种监管体制依据目标划分得比较明确，但是对于大型金融机构来说会发生金融重叠和交叉，增加监管成本。

伴随着金融全球化和自由化的发展，区域性金融危机的爆发，如何提高金融监管的有效性成为金融监管理论研究的热点。这部分的理论研究主要是围绕银行资本监管的有效性和运用市场机制改造金融监管的问题。资本监管包括对银行资产业务的限制和最低资本充足率的要求。Kane（2000）等对基于存款保险的期权定价模型的资本监管研究中发现，商业银行资本监管不能很好地控制风险，反而由于风险的补贴，诱发了激励。另外通过Keeley（1990），Hellmann（2000）等人对于以银行特许权价值模型为基础的资本性监管的研究发现，如果不对存款利率进行监管，银行将会选择高风险的投机性的投资。Kane（1983）在其对存款保险改革的建议中提出市场纪律的作用之后市场纪律逐渐受到大家的重视。市场纪律理论的发展为市场纪律成为《新巴塞尔协议》中三大支柱的其中之一奠定了基础。

对存款保险制度的研究表明，存款保险制度激励了存款机构将资产配置到高风险行业；同时，将这些风险转嫁给保险机构，产生了巨额的政府补贴。解决这一问题的途径是运用市场机制约束存款机构。金融监管体系和金融安全网可能造成银行存款的利益相关人并不关心银行到底从事了什么业务和承担了哪些风险,从而无法使资金流向那些经营状况好的银行。(王广谦,2010.443-9)

随着金融活动的日益重要,金融监管理论逐渐由理论向操作性发展。维护金融体系的安全和在金融一体化趋势下探讨金融监管的国际合作是金融监管理论发展的方向。

2.1.3 以行为学为补充的金融监管理论

与经典金融学相比,行为金融学容忍非理性、非均衡和非线性;在这一基础下,以行为金融学为补充的研究拓宽了研究的领域。2002年,心理学家卡尼曼(Kahneman)成为了诺贝尔经济学奖获奖者之一[①],以表彰他把心理学的研究应用于经济学科并成为完整的体系(史树中,2005.8)。卡尼曼和另一位心理学家特维斯基(Tversky)被公认为是行为经济学的倡导人,"他们研究的问题是人们在不确定环境下的判断和决策"[②]。对于不确定情况下的决策,行为经济学从"人的行为特征、心理倾向和主观预期"[③] 出发,"认为决策是一个复杂的交替过程"。他们在这方面的研究成果"小数法则"和"前景理论"取代了原先传统理论下的期望效用函数理论[④]的地位。但是行为经济学的理论并不是与期望效用函数理论对立,而是考虑问题的出发点的不同。期望效用函数理论是人们在完全理性的情况下,面对不确定情况作出的决策;行为经济学讨论人们可能存在的"非理性"行为。可以说行为经济学扩宽了考察的样本。由此可见,在金融市场里,经典金融学描述的是作为一个理性经济人"应该怎么行动";而行为金融学讨论的正是市场参与者"实际做了什么"。行为金融学相对于经典金融学而言尚处于发展阶段,本节在此简单地把它的发展阶段进行回顾,这一回顾是通过时间线索穿连

---

① 另外一位经济学奖的得主是美国经济学家史密斯(V. L. Smith)。
② 史树中. 金融经济学十讲. 世纪出版集团上海人民出版社,2005.
③ 董志勇. 行为金融学. 北京大学出版社. 2009.
④ 期望效用函数理论用数学的方法证明,每个人在不确定的环境下的决策可以通过他的效用函数的平均值的最大值来描述。

起来的。

在卡尼曼获得诺贝尔经济学奖之前，行为金融学还没有形成一个完整的体系，我们称之为行为金融学的萌芽阶段。行为金融学的萌芽可以追溯到20世纪初凯恩斯以投资者的动物精神（Animal Spirit）为出发点而研究股市的"乐队效应"和以心理预期视角提出的股市"选美竞赛"理论。现代意义上的行为金融学理论的开山之作被认为是1951年Burrell发表于《金融杂志》[①]的《以实验方法进行投资研究的可能》[②]。该文首次使用实验的方法将投资模型与人类的心理活动和行为结合在一起，开拓了一种新的思考方式。

行为金融学是在卡尼曼和特维斯基的推动、发展下逐渐形成的一门系统科学。前文所提到的"小数法则"是卡尼曼的重要成果。他论证了在不确定情况下，人们的判断会依照小样本的观察结果。这样，人们会对自己比较容易接触到的熟悉事物的主观概率作出自信判断。"前景理论"是卡尼曼和特维斯基共同的成果。

20世纪80年代以来，市场不断被学者发现的"异常现象"引起重视。在实证技术的发展下，大量证据表明经典金融学存在不严谨之处。这个时期的行为金融学得到了突破性的发展。Shiller（1981，1990a，1990b）作为这个行为金融学发展的主要推动者之一主要研究股票价格的异常波动、股市中的"羊群效应"、投机价格和心态的关系。Thaler（1987，1999）作为另外一个代表学者主要的成果集中在股票回报率的时间序列和投资者心理账户。还有很多其他的研究成果不胜枚举。虽然行为金融学的研究得以壮大，研究成果也很多，主要包括对于股票价格的异动解释，股票市场的异动，个人投资者的非理性行为和公司决策的非理性行为。但是这些都集中在微观层面上。这一阶段可以称之为行为金融学的微观应用阶段。

行为金融学对金融监管的理论贡献不容忽视，金融市场里广泛存在的非理性已经得到行为金融学的论证。而且这种非理性的行为偏差不是

---

① 《金融杂志》的原文为：*The Journal of Finance*
② 原文题目：Possibility of an Experimental Approach to Investment Studies

随机的,是依据市场参与者的某种行为特征和主观预期表现出一定的规律性和系统性。这种非理性作用于金融市场,导致金融产品的价格和资源配置功能不能发挥其在自由市场的机理。这种固有的非理性偏差将导致市场配置的低效率,而无法通过市场出清来完成市场的自我调节能力。

不同于其他企业机构,市场无法约束金融机构。首先,金融机构不受破产的约束。由于金融机构的资本占资产的量很小,破产的外部效应大大大于其破产的成本。而且,政府一般都会在关键时刻给予救助,以便保护存款人。这种救助的预期,使得金融机构更加勇于投入到高风险行业中去。对于银行来说,其资金来源的存款人是完全无法约束其行为的。首先,在实力方面,单个存款人无法对银行进行约束。其次,如果大量存款人"用脚投票",形成集体行为,选择取出自己的资金,那么将造成非理性的挤兑,即使是健康的银行也会出现严重的财务问题。在这个层面上来说,存款人是没有能力也无法约束银行的。同时,金融机构的高管有着追求本身利润最大化的驱动,为了个人的利益,他们也敢于投资于高风险的产品。他们是为了实现个人期权价格的最高化,会产生非理性的投资。至此,行为金融学的研究大多停留在解析个人在金融体系中的作用。

近年来,尤其是次贷危机之后,行为金融学的研究逐渐扩张到宏观层面上来。在宏观层面上,应用行为金融学目前的研究尚处于开始阶段。研究的成果集中在货币政策研究(Akerlof,2002、2007;Ball,1999;Evans & Honkapohja,2001;肖本华,2009)。

次贷危机的导火索是各种衍生品和影子银行,监管部门的缺失被认为是这次危机的主要原因之一。而危机发生的初期,监管策略上的失误造成了挽救上的错失良机。总之,政府的监管问题直接造成了危机的隐患,后期的应对方法在某种程度上放任了危机的扩散。金融监管当局的监管者根据自己掌握的信息而采取有目的性的理性行为和对策;因此在金融监管过程中,不可避免地存在行为偏差的可能性。

所有这些国际组织或者金融监管当局的举措都是人制定的,因此对于人的主体行为研究是可以应用在金融监管当局或者国际组织的决策上的。金融危机后,世界主要金融监管当局连同国际金融组织开展了一系列的改革,而且这些改革的频率和重视程度都很高。金融危机中几乎所有的国际会议、国际组织、国际性的论坛讨论的都是改革和应对危机问题。这从某种程度上来说,可能存在反应过度。

对于反应过度的研究,行为金融学的研究模型为:DHS(Daniel, Hirshleifer and Subrahmanyam,1998)模型。这一模型原本是研究信息对股票价格的脉冲影响的。DHS 模型认为,当存在反应过度现象时,股票价格受到信息的冲击在短时间内会朝着信息的方向有所放大,然后产生修正(Forbes,2011.170 - 3)。也就是说,当信息是一个利好消息的时候,股票价格会超涨,高出利好应该推高的水平;而当一个利空消息投放市场的时候,股票下跌的值超过了应该下跌的值。但是在长期中,市场将会对短期出现的放大偏移进行修正,或者说是事件的反转。这里我们考察金融监管对于金融危机做出的应对。

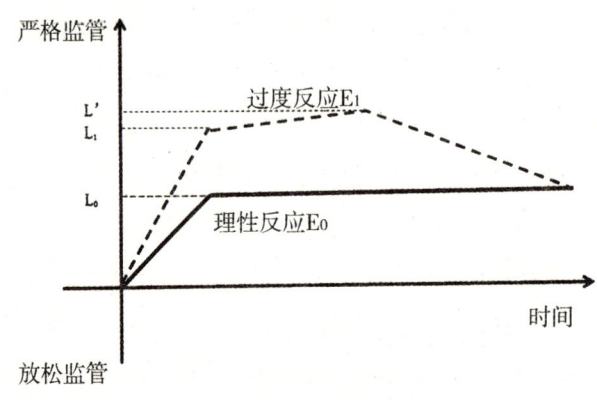

图 2 - 3 金融危机对金融监管的脉冲影响

资料来源:DHS 模型的原型来源于董志勇(2009,179)

如图 2 - 3,模型考察的是金融危机发生之后的金融监管的变动,图上的原点位置假设为金融危机的发生,金融监管的水平未发生变化时处于"0"轴。金融危机发生一般都归结为金融监管的松懈,所以金融监管具有明显的趋于严格的走向。假设不存在过度反应,那么加强监管的结果应该为实线 E_0,监管的水平提高并停留在一个新的水平 L_0。但是过度的反应造成了监管严格的程度加强,从而形成图上的虚线 E_1。

金融监管的严格程度迅速提高直到 L_1，然后监管加强的速度有所减慢，增加至 L' 之后开始缓慢回转，在长期内达到 L_0 的水平。从理论上说，在长期中反应过度的监管策略将会反转到正常的监管水平。由于金融危机常常和经济衰退相伴，当经济衰退信号反映到金融监管当局，金融监管当局又会迫于各种压力而放松金融管制。同时，在严格的金融监管之下，金融体系安全平稳，在理性方面的需求也对于金融监管有放松要求。对应经济周期，监管的严格和放松呈现反转现象。

2.2 国际合作的理论基础和前沿发展

金融监管理论的发展奠定了强制金融监管存在的依据，而且论证了金融监管是具有内生性的，是金融体系的必然产物，有不可替代性。也就是阐明了，无论是否发生金融危机，金融监管都必然存在于金融体系中。金融监管的存在不是社会资源的浪费，而是金融体系内本该有的一个部门。

金融监管的国际合作执行的难度很大，除了各国政府各自追求本国的利润最大化的原因之外，另外一个原因就是其理论基础的不完善。虽然理论发展不是一蹴而就的，但是次贷危机给金融监管体系飞速发展和改革带来了一个重要的历史契机。本节在总结已有的理论研究基础上，讨论建立金融监管国际合作的理论基础。

2.2.1 国与国的监管竞争

国家与国家在监管上的相处之道在合作之前是竞争。随着经济的开放，跨国之间的联系逐渐频繁起来，为了获取相对有限的资源和生产要素，国家与国家间开展广泛的竞争活动。一国政府或监管当局出于本国利益最大化的目的，在提高国内相关产业的竞争力的同时，努力提供最优惠的监管策略，以便吸引各类拥有生产要素的机构。

在经济学的发展中，崇尚"自由主义"的新古典经济学认为，市场的完全竞争以及人们出于个人利益最大化的选择结果将会导致效益的最大化。在这一理论的基础下，Tiebout（1956）认为政府之间的相互竞争也会促使其提供公共产品和服务，在这一基础上产生了"Tiebout 模型"。Oates和Schwab（1991）应用"Tiebout模型"研究资本的流动，认为资本的流入将会提高本国居民的收益，从而利好本国；因此，政府采取降低税收等方式提高对资本的吸引。降低税收等方式的成本和获取的收益相比较可以得出政府行为的收益。

另外一个研究政府间竞争的是西伯特政府间竞争模型（孙飞和刘春成，2004）。该模型假设国民产出只包括一种公共产品和私人品。当制度竞争存在时，国民产出不仅依赖于公共物品和私人品，而且和国外的政策选择具有很大的联系。例如，当国外的监管更为宽松，更利于企业的盈利，那么企业流失，国内产出下降。Holthausen和Roende（2004）利用廉价谈话的博弈模型，指出银行倾向于选择监管力度较为宽松的国家设立新的分支机构。Vogel（1996）认为，当企业通过监管套利来寻求进入监管更为宽松的国家之后，为了防止资本的外逃，各国会争相放松监管，这样的后果是所有的国家都进行了宽松的演变，考虑竞争行为存在的主要原因就是竞争可以为本国带来福利。这也是金融监管国际合作推行的困难之处。

由于观测到的市场失灵现象，导致竞争实施者常常不能完成预期效应。监管失灵现象除了前文阐述的外部性和信息不完全外，在国与国之间的竞争上还存在流动性问题。在开放国家中，资本拥有的流动性常常比商品的流动更加容易。但是资本并不是完全能够没有成本的流动，市场和国情的制约常常阻碍了资本的流动。Gatsios和Holmes（1997）指出，在监管失灵的情况下，获得较好收益的途径是适用监管合作替换监管竞争，在一定程度上的监管协调是必需的。

同时，监管套利行为最终会促使各金融监管当局被迫合作，以达到监管政策趋于一致。当存在监管差异时，考虑在不同国家开展业务的金融机构就会通过转移业务到监管较宽松的国家来获取利润。例如，1960年代，美国采取的利率管制政策，导致大量美元流出美国，形成巨额欧洲美元（中宏网，2001）；日本的金融监管政策较为严格，开放金融市场后，日本本土金融机构迁往新加坡和香港获取较为宽松的监管环境（陈启清，2006）。由此可见，国家的联系越紧密，套利区间越大，资本市场开放程度越高，监管套利行为越容易发生；国家之间的监管合作越是重要。

2.2.2 金融监管的协调论

金融监管的协调出现于 1930 年代的大危机之后，各个遭受危机的国家开始加强金融监管，早期的协调应用于一个国家的内部管理上，也就是狭义的金融监管协调。由于历史和金融活动的多样性，许多国家都实行多个监管机构并存的监管体制，例如美国和英国（改革之前）。在实行的初期，虽然这种业务型的监管体制有助于更专业、更严格地实施监管，但是当一家金融机构受到多个监管部门的监管，就不可回避地出现了金融监管的协调问题。在多头监管的情况下，如果各监管当局没有进行合理、有效的监管协调和配合，那么就会出现重复监管，降低效率，造成政府资源的浪费。当然这对于金融体系也许不产生严重冲击，但是当监管出现监管盲区或者监管冲突的时候——这也是次贷危机之前美国出现的监管问题之一——就会导致严重的金融问题，为金融危机的出现提供温床。

广义的金融监管协调论包括的范围扩展到有关国家间的金融监管问题和一国金融监管当局和国际上金融监管组织的协调问题。首先，在国与国的层面上，随着监管竞争的结果是必须参与合作理论的确立，国际间的协调凸显了重要性。其次，随着研究的发展，随着世界金融的一体化的趋势，国际金融机构的跨国界经营也迫使监管的视野逐步扩展到国际上去。

就如何监管协调方面，Eatwell 和 Taylor（1991）认为，成立超主权的"国际金融监管局"是充分解决金融体系内系统风险的途径。Soros（1998）在加强各国在资本市场监督方面的合作，提出建立国际信贷保险公司的构思（陈雨露、汪昌云，2006.588-9），这些关于金融监管协调论的研究都为金融监管国际合作的理论提供了概念上的发展。

2.2.3 金融监管国际合作的理论确立

此次金融危机之后，金融监管成为研究的热点问题。同时，也涌现出大量的文献和一些非常有意义的模型和理论。其中 Stephen Morris 和 Hyun Song Shin 使用一个简单的模型来阐述银行间的传导效应是非常值得关注的。在他们的基础上，Brunnermeier 等对其模型进行了横向的扩展,增加了适用面积。这些研究从理论上证明了银行间的传导风险的机制,也就提供了宏观审慎监管的监管理论基础。

目前的国际经济体制是一个开放的、全球化的联动经济体。因此当模型中的银行可以考虑其分属于不同的国家,那么这一联动体系就具有国际性。宏观审慎监管的原理也不能拘泥于国界,因此本书使用 Stephen Morris 和 Hyun Song Shin 模型,以及 Brunnermeier 等对模型的扩展来奠定金融监管国际合作的理论基础。同时,Stolz 的不同国家的传染效应模型也为金融监管国际合作提供了理论基础,本书逐一对这些模型进行引用、应用和研究。

1. Stephen Morris 和 Hyun Song Shin 的传导模型

Stephen Morris 和 Hyun Song Shin (2008) 使用一个简单的模型,说明了银行的传导效应。为了更好地解释银行间的传导性和方便以后的讨论,本书把 Stephen Morris 和 Hyun Song Shin 的模型做了些简单的变形。

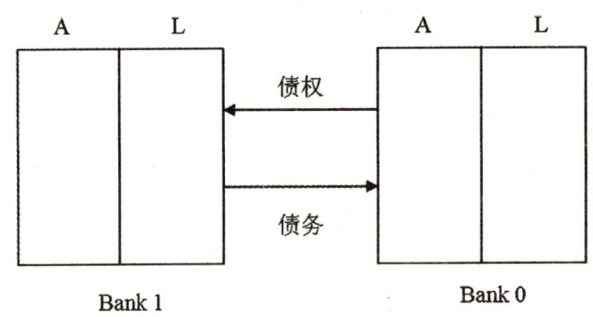

图 2-4　两家有关联交易的银行:Bank 0 和 Bank 1
资料来源:Stephen Morris 和 Hyun Song Shin (2008)①

如图 2-4 所示,Bank 1 从 Bank 0 获得一笔借款。Bank 0 在借款给 Bank 1 的时候还有其他资产。假设 Bank 1 保持不变的信用度的情况下,Bank 0 在其他资产上遭受了损失。这一损失迫使 Bank 0 耗尽了它的资本权益。遭受了这一打击后,Bank 0 的审慎做法是降低它的风险敞口,以便使它的账面资产更好地适应受到损失的权益。微观审

---

① Stephen Morris and Hyun Song Shin. 2008. Financial Regulation in a System Context. *Brooking Papers on Economic Activity*. Fall 2008. www.brookings.edu/economics/bpea/bpea.aspx

慎要求 Bank 0 减少总体借出款项，这当然包括借贷给 Bank 1 的。通过降低借出款项，Bank 0 达到了微观审慎监管的风险要求。

然而，从 Bank 1 的角度看，Bank 0 的行为抽取了一笔资金。如果 Bank 1 不想减少它的资产就得找到补充的借款，不然就要缩减自己的借出款项，或者出售资产。如果 Bank 1 找不到其他补充，Bank 0 抽取的款项金额足够巨大，同时 Bank 1 的资产出现了问题，当期变现很低。这个时候，Bank 0 收回借款的行为无异于 Bank 1 的灭顶之灾。利用银行间的传导效应阐明了从微观审慎出发的 Bank 0 却造成关联银行 Bank1 的重大问题。如果我们把如图 2-4 中的情况进行推演，假定和 Bank 0 有相关业务的银行不止 Bank1 一家，就得到了如图 2-5。

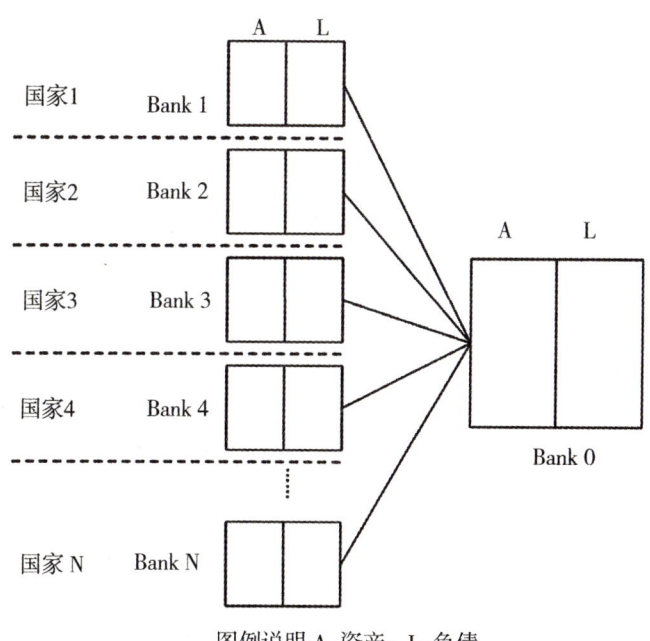

图例说明：A-资产；L-负债

图 2-5　一家和多家有关联交易的银行

资料来源：Stephen Morris 和 Hyun Song Shin（2008）和本书发展

当 Bank 0 是一家大型银行，和很多银行存在业务放贷关系，Bank 0 遭遇了信贷危机，现在抽回所有在 N 家银行的放款。假设 Bank 0 给这 N 家银行的放款金额对于这些银行来说都非常大，这些银行在 Bank 0 回抽资金的时候也都无法获得其他资金来源，同时也没有资产可以变现。这个时候，Bank 0 的问题就变成图中所有银行的问题。

如果我们再有一个更广阔的思路，图 2-5 中左侧从 1 到 N 的多家银行分属于不同的国家，那么在银行中的传导就演变成了在国家之中的传导。以此推论，整个金融体系被各种借贷关系、各种金融产品广泛地联系在一起。Stephen Morris 和 Hyun Song Shin 通过这一简单的模型说明微观审慎监管变成了宏观上金融体系的波动，以致产生金融危机。每一家单独金融机构的理性并不能确保整体的理性。在这一基础上，本书可以得出一家和本国存在紧密联系的外国银行出现问题，通过传导机制很快会使本国银行出现问题。

该模型从理论分析上得出，随着金融全球化，金融体系中的稳定是不仅仅建立在本国银行稳定安全的基础上的。

2. Brunnermeier 的横向传导模型

随后以普林斯顿大学的 Brunnermeier（2009）为主的研究团队对 Stephen Morris 和 Hyun Song Shin 的模型进行了横向的扩展，见图 2-6。依图所示，Bank A 从 Bank B 借款，而 Bank B 的款项来源于 Bank B 从 Bank C 的借款，依照这种资金来源的形式，每家银行都在放贷的同时又有借款行为。当 Bank A 如果有了拖欠，那么 Bank B 就会有一个直接的损失。假若这个损失足够大的话，那么 Bank B 不得不拖欠 Bank C 的款项，Bank C 就要承受损失。如果这个损失对于 Bank C 也足够大的话，那么 Bank C 也要有违约的拖欠款项行为。这将在整个链条上形成一个典型的"多米诺"效应。这种违约是具有传导性的。这就是个体的理性行为造成体系的灾难性后果的一个图例说明。

此时，如果我们假设 Bank A，Bank B，Bank C 分属不同的国家，并可在宏观上代表所属国家的整体和外部的金融联系，那么从宏观的角度来看，我们得到图 2-7。金融危机是如何在国家之间传递的就有了一个简单明了的图形。

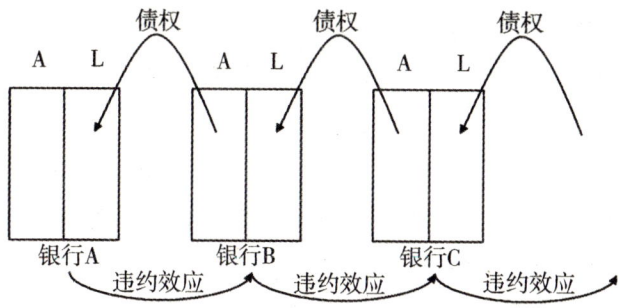

图 2-6 链条上的银行和违约传导效应

资料来源：Brunnermeier 等，2009 ① 和本书发展

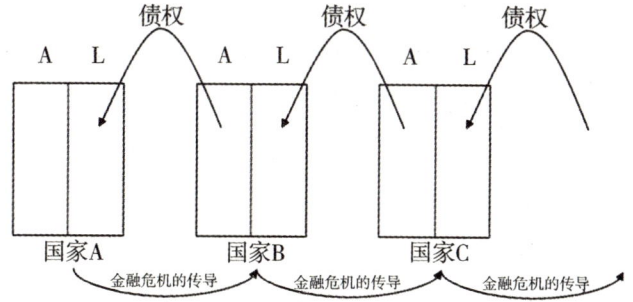

图 2-7 金融危机的扩散

资料来源：Brunnermeier 等，2009 ② 和本书发展

通过研究演化 Stephen Morris & Hyun Song Shin 和 Brunnermeier 等人的模型，我们可以发现金融监管的国际合作是存在内部动因的。

---

① Brunnermeier, Markus. Crocket, Andrew. Goodhart, Charles. Hellwig, Martin. Persaud, Avinash D.. Shin, Hyun. 2009. The Fundamental Principles of Financial Regulation. Preliminary Conference Draft. *Geneva Report on the World Economy*. 11 Jan. 6, 2009

② Brunnermeier, Markus. Crocket, Andrew. Goodhart, Charles. Hellwig, Martin. Persaud, Avinash D.. Shin, Hyun. 2009. The Fundamental Principles of Financial Regulation. Preliminary Conference Draft. *Geneva Report on the World Economy*. 11 Jan. 6, 2009

3. Stolz 的传染效应模型

Stolz（2002）建立了一个有四个相关者：投资人或者存款人、银行、公司和监管当局的模型来论证如果本国监管当局没有考虑传染效应将导致本国金融监管效能低下。Stolz 认为监管当局总体来说是以谋取社会福利的最大化为目的的。银行提供两种社会服务。一是银行为个人和其他银行提供流动性。二是银行为企业承担风险并提供贷款服务和在必要的时候在银行之间提供借出。银行是有限责任的并对现金流的偏好高于破产。这种偏好鼓励银行追求风险投资。由于存在着代理问题，银行更倾向于追求高风险投资以期获得高收益，因此可能会损害存款人的利益并产生系统性负效益。Stolz 假设在这一系统内存款保险是缺失的。因此，破产将会给存款人带来损失并给银行链条上的其他银行带来系统风险。Stolz 在模型中设定 4 类风险中性的参与者：1）普通存款人，他们的存款可以选择投资和借出；2）公司寻求借款；3）银行提供中介服务，并在银行之间的市场进行操作；4）只把社会福利最大化作为目标的监管者。

投资人或者存款人可以投资于非流动的银行股权或者具有流动性的存款。由于他们对于银行的有限责任是明了的，所以将要求更高的利润以弥补风险的承担；同时银行为了获取更多的收益而会追求更高回报率的风险投资。在这种作用的循环下，存款市场将完全不存在。银行应当做的是提高它的信誉度而降低存款利息。在代理关系的存在下，监管当局的出现是必要的。监管当局强制有限责任的银行在账面上预留当破产发生时的存款损失。假设投资人无差别对待无流动性的资产和普通存款，预期收益为 r^e。假设存款人的固定存款收益为 0，当破产发生时，存款人的存款不能全部补偿，也就是存款的预期收益将小于 1。而正常情况下，只有当投资人可以获取大于 1 的预期收益时，投资才可能发生。用方程表示为：

$$r^e > 1$$

公司需要从银行借款以便投资。假设银行是公司的唯一融资来源，而且在协商借款中，银行具有所有讨价还价的权利。因此银行从借款中获取了所有的预期投资剩余。

在模型开始的时候，t_0 银行只有一种股票，并且没有对外存款。银行的资产构成只有普通贷款和银行间的贷款，其资产量为 q_0。银行的目标是最大化其最初的资产。在 t_0 银行可以发行基金获取外部资产 E 以及获取普通存款和银行间存款 D。银行可以投资企业的额度变为：

$$L = E + D \qquad \text{F.S.} -1$$

L 的大小既不受监管当局的决定也和银行自己没有关系，完全取决于市场。银行的初始质量是 q_0，有：

$q_0 \in [\underline{q}, \overline{q}]$，L 的平均市场收益为 r。如果投入成本 C(e)，银行可以从 q_0 提高贷款的质量 e 单位。假设 $dC/de > 0$，并且 $d^2C/d^2e > 0$。在投入成本 C(e) 之后，银行的质量为：

$$q = q_0 + e \qquad \text{F.S.} -2$$

此时贷款的收益分布 G(r/q) 受到质量 q 提高的影响。更高水平的 q 无论在一阶随机占优还是二阶随机占优都可以移动收益分布。

[FOSD] $G_q(r|q) \leq 0, \forall r \in |\underline{r}, \overline{r}|$ 对于 r 严格成立的不等式

或者：

[SOSD] $\int_{\underline{r}}^{y} G_q(r|q) dr \leq 0, \forall r \in |\underline{r}, \overline{r}|$ 对于 y 严格成立的不等式

在 t_1 时，资金流入，包括固定收益 rL 减去成本 $\gamma(L)$ 再减去需要支付的存款 D。根据有限责任的预期，D 具有偿付优先权，必须先被偿付。根据剩余，外部股东的收益为 z。分配之后的余下部分属于原始股东。在破产的情况下，银行被迫关闭，股东可能一无所获，而全部的资金都用于偿还存款者。给予银行投资和经营的假设，银行起初的资产为：

$$(1-z) \int_{\underline{r}}^{y} [rL - \gamma(L) - D] dG(r|q) - C(q - q_0)$$

$$\text{F.S.} -3$$

有 $r^b = \dfrac{D + \gamma(L)}{L}$

银行必须确保以下的融资约束：

$$r^e E = z\int_{r^b}^{\bar{r}} [rL - \gamma(L) - \rho(q)D] dG(r|q) \quad \text{F.S.} -4$$

将 $k = E/L$ 代入方程 F.S. -2 和 F.S. -3 得

$$\int_{r^b}^{\bar{r}} [rL - \gamma(L) - (1-k)L] dG(r|q) - r^e kL - C(q-q^0) \quad \text{F.S.} -5$$

监管当局通过监管银行的债务使银行的道德风险最小。假设监管当局可以认识到 C(e) 和银行质量与银行付出努力之间的关系，也就是说方程 F.S. -2 中的 q_0 和 e 是可以被监管当局观测到的。对银行的道德风险的监管，监管当局使用的工具是 k 和 q。根据观察的数据，监管当局对工具进行设定。

t_0 前：监管者和银行都可以得到的信息是银行的原始资产质量 q_0。

t_0 时：监管者强制银行执行 $\{q(q_0), k(q_0)\}$

　　根据法律要求，银行以股权形式获得 E，以存款形式获得 D。

　　银行在质量为 q_0，努力为 e 下，发放的贷款 L

　　监管当局执行监管，银行一旦违反将被关闭

　　银行合法经营直至时间 t_1

t_1 时：如上文所述，银行收回资金，并进行分配

监管当局小心谨慎监管系统风险，保护每一个银行的客户。监管当局给予银行破产招致储户的损失为负效益，如果损失和储蓄的损失存在比例关系。破产损失为：

$$S(q_0) = (1+b)\int_{r^b}^{\bar{r}} \{rL - \gamma(L) + [1 - k(q_0)]L\} dG[r|q(q_0)] \quad \text{F.S.} -6$$

其中 $b > 0$，b 为对于存款者的意外损失

对应于损失 S，银行健康运行的收益为：

$$\pi(q_0) = \int_{r^b}^{\bar{r}} \{rL - \gamma(L) - [1 - k(q_0)]L\} dG[r|q(q_0)]$$
$$- r^e k(q_0) L - C[q(q_0) - q_0] \quad \text{F.S.} -7$$

监管当局的问题（RP）的表达式为：

$$\max_{q,k} S(q_0) + \pi(q_0) \quad \text{F.S.} -8$$

将 F.S. -7 和 F.S. -6 代入 F.S. -8 中，那么监管当局的表达式

为：

$$\max_{q,k} S(q_0) + \pi(q_0) = (1+b)\int_{\underline{r}}^{r^b}\{rL - \gamma(L) - [1-k(q_0)]L\}dG[r|q(q_0)] + \int_{r^b}^{\bar{r}}\{rL - \gamma(L) - [1-k(q_0)]L\}dG[r|q(q_0)] - r^e k(q_0)L - C[q(q_0) - q_0] = \int_{\underline{r}}^{\bar{r}}\delta\{rL - \gamma(L) - [1-k(q_0)]L\}dG[r|q(q_0)] - r^e k(q_0)L - C[q(q_0) - q_0] = \int_{\underline{r}}^{\bar{r}}\delta\{rL - y(L) - [1-k(q_0)]L\}dG[r|q(q_0)] - r^e k(q_0)L - C[q(q_0) - q_0]$$

F. S. -9

其中 $\delta(x) = \begin{cases} [1+b]x, & x \leq 0 \\ x, & x > 0 \end{cases}$

假设 [FOSD] 或者 [SOSD]，对 F. S. -9 分别求 q 和 k 的导数，监管当局问题的解为：

$$\int_{\underline{r}}^{\bar{r}}\{\delta[rL - \gamma(L)] - [1-k^*(q_0)]L\}dG_q[r|q^*(q_0)] - C[q^*(q_0) - q_0] = 0$$

F. S. -10

$$(1+b)G[r^{b*}|q^*(q_0)] + \{1 - G[r^{b*}|q^*(q_0)]\} - r^e = 0$$

F. S. -11

其中星号代表最佳值，$r^{b*}L^* - \gamma(L^*) - \rho(q^*)(1-k^*)L^* = 0$

方程 F. S. -10 是银行贷款质量的最优解，方程 F. S. -11 是最优资本结构的表达式，方程 F. S. -11 可以被简化为：

$$bG[r^{b*}|q^*(q_0)] = r^e - 1 \quad \text{F. S. -12}$$

等式 F. S. -12 中的第一项式是通过提高资产资本率而减少的破产损失；第二项是资本资产率的边际成本。最佳资本资产率是两式相等。等式 F. S. -12 也隐含决定了均衡破产的可能性：

$$G[r^{b*}|q^*(q_0)] = \frac{r^e - 1}{b} \quad \text{F. S. -13}$$

由此推导，在条件 [FOSD] 或者 [SOSD] 下，银行破产的概率是独立于其质量的。为了减少破产，资产可以成为质量的替代品，所以监管当局迫使质量低的银行具备高资本资产率。同时，资产成本的上升导致银行破产的可能上升。破产的可能随着 b 减小。当考虑模型在两个国家 A 和 B 中,且每个国家只有一个银行,如图 2-8 所示。

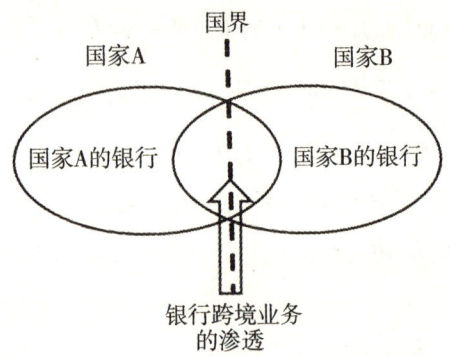

图 2-8　Stolz 模型中的银行跨境业务渗透

资料来源:*Stolz*,2002。

这两个银行通过银行间市场有着跨越国界的业务往来。两个国家都有独立的监管当局。在相对封闭的国家 A 和国家 B 的两个国家模型中,国家 A 的银行体系不仅仅取决于 q_0,A 和 e_A,而且取决于国家 B 的银行体系 q_B。

$$q_A = (1-f)(q_{0,A} + e_A) + fq_B \qquad \text{F. S.} -14$$

其中 f 是本国在外国银行投资的份额 $0 \leq f \leq 1$

f 值的大小可以体现两国之间银行的相互影响。当 f 值较小,那么国家 B 的银行对于国家 A 的银行影响就小。国家 A 的监管者也许就不用那么介意国家 B,那么银行的质量 q_A 就可以通过提高 e_A 来实现。

如果监管当局对于本国银行在国外的活动不予了解,同时不考虑国际溢出效应,那么监管质量是不会令人满意的。因此在银行业务跨越国界的时候,监管也需要对国界外面的事情有所了解。同时要熟知他国银行体系对本国的银行体系的影响。否则是不能确保监管效用,不能保障本国金融体系的稳定。一个值得推荐的做法是国家 A 的监管当局和国家 B 的监管当局结成联盟以便清楚地互换了解两家银行在本国和外国的所有信息。总之,在使监管机制更有效率的驱动下,两国监管当局应该在信息互换、以便了解母国的银行行为之余也对东道国的银行行为详加了解。在这一点上,信息的交换不会引起两国的对抗，只会促使两国建立一个更有效的机制。Stolz 使用这一模型说明了本国银行的质量不仅仅取决于本国银行而且取决于外国银行的质量。

　　Stolz 从理论上证明了，通过银行之间的业务往来，两个国家的金融体系被紧密地联系起来。这一两国模型在理论上也具备推导意义，可以推至若干个国家，只要银行之间存在着正常的业务往来，银行的稳定程度就被联系在一起了。在开放金融市场的前提下，某一个国家仅仅靠国内的金融监管是没有效能的。和 Stephen Morris & Hyun Song Shin 和 Brunnermeier 等人的模型一起来考虑金融系统的整体链接，我们可以很轻易地勾画出在金融一体化下，单独一个国家的金融监管的效用是不足以抵御整个金融体系的风险的。金融监管国际合作也就找到了理论上的基础。由于金融体系的传导性和链条性，金融监管的国际化也是具有内生性的。Stolz 不仅从理论上证明了金融监管国际合作的必要性，还给出了度量两个金融机构，或者金融体系的影响程度。

2.3　本章小结

　　本章以经典经济学的主流学派发展为主线，结合经典金融学和行为金融学对金融监管的理论进行梳理。回顾近代金融史，金融监管经历了自由主义下的无监管时期；到大萧条之后的保证安全、严格监管；再到滞胀之后的放松监管；到今天次贷危机发生之后的金融监管提高到确保整个经济体系稳定的重要地位上来。对应于自由主义，干预主义在理论上阐述了金融监管的必要性，分别从市场失灵理论和金融系统内在属性上论证了金融监管的必要。而且，自 20 世纪末以来，金融监管的理论研究发展方向已经朝着实践性和操作性发展。认为不同的金融监管当局体制构建会产生不同的监管效用。行为金融学作为新范式研究方法在非理性导致的行为偏差上提供了理论指导，产生了目前看来能够更好解释金融市场异常现象的一些研究成果。

　　综上所述，金融监管在金融学的发展中已经被主流理论确定为不仅是挽救金融危机的必要手段，还是日常金融机构平稳运行的保障。金融监管理论的发展已经奠定了"强制金融监管"存在的必然，金融监管是具有内生性的，是金融体系的不可或缺的一部分。运用宏观审慎监管的理论成果，结合 Stephen Morris & Hyun Song Shin 和 Brunnermeier 等人的模型，通过传导效应的推理，我们得出金融监管国际合作也是具有内生性的。Stolz 的传染效应模型从银行破产概率上阐述了金融监管跨越国界需求，认为国家之间应该加强合作，合作不当可能导致本国监管无效和增加本国金融体系的不稳定。

第3章 金融监管国际合作的主体行为研究

金融监管国际合作的理论基础论证了金融监管国际合作的必然。金融监管国际合作的主体首先是各金融监管当局。由于在实际操作过程中,金融监管的国际合作出现了各种合作不利的现象,为了更好地进行国际合作,各金融当局又成立了一些机构和委员会进行协调、磋商和指导等工作。各国的金融监管模式各有特色,1998年大卫·T.卢埃林曾选取123个国家和地区为样子,综合比较了他们的金融监管组织结构,详见表3-1。

表3-1 各国(地区)金融监管模式

金融监管模式	中央银行监管	非中央银行监管	合计
银行单独监管	63	7	70
银行和证券统一监管	7	6	13
银行和保险统一监管	16	13	29
银行、证券和保险统一监管	3	8	11
合计	89	34	123

资料来源:How Countries Supervise Their Banks, Insurance and Securities Markets, Central Banking Publication, 1999。

对国际较典型的金融监管模式的分析可见,金融综合经营下,除德国因采取全能银行制金融业务混合交叉经营而采用的特殊的统一式监管外,其他采取金融控股式综合经营的国家,其金融监管模式大致可分四类：（1）多重机构分业监管，通常由两个或两个以上多重监管机构分别对金融机构按照业务类型进行监管，如美国的"双线多头""伞"式监管；（2）单一全能机构统一监管，即由一家全能监管机构对所有金融机构的各类金融业务进行监管，此类监管机构有英国金融服务局、意大利银行、荷兰银行、比利时银行委员会、日本金融监督厅、新加坡货币管理局、印度储备银行等；（3）建立在协调制下的分业监管，即在保持各分业监管机构独立行使监管权的同时，建立监管协调机制、机构，加强监管协调，促进监管合作，实现综合性监管。

3.1 各国金融监管当局架构

根据前文定义，金融监管是政府委派的监管当局对于金融系统的监督、管制和干预。金融监管是所有监控行为的施方，也是监管的主体。根据金融监管实践理论的发展，金融监管当局的体制选择会对金融监管的有效性产生不同的影响。为了更好地进行研究，本章首先选取几个有代表性的金融监管当局进行描述，并在其职能上给予一个简单的梳理。

3.1.1 差异化的金融监管当局

不同的历史、不同的经济、不同的金融发展水平和历程，结合不同的监管取向，在不同的国家形成了不同的监管体制。这也造成了监管当局构架是完全不同的，其中比较典型的是美国的"多头"监管体系，英国的统一监管模式，澳大利亚的双峰式，德国的严谨监管模式和中国的"一行三会"的监管模式。由于次贷危机的发生，世界很多国家和地区对于原有的监管框架重新进行审视，并推行改革。本节选取美国、英国、澳大利亚、德国和中国为例，对不同的监管体制、监管当局架构进行简述，伴随着金融危机的重新审视，美国、英国和德国监管当局都推行了一些改革计划，本节也简要地阐明其改革方案。

美国的"双层多头"的金融监管

美国具有目前世界上最发达、最多样化的金融市场，也是次贷危机的震心，其原有的金融监管架构是"双层多头"模式，见图3-1。

所谓"双层"是指联邦政府和州政府都设立监管机构对金融业务进行监管;"多头"是指,美国监管当局设立多个监管执行监管职责。例如,在联邦层面,美国设有(陈四清,2010.31-4):

——美国联邦储备委员会(Board of Governors of the Federal Reserve System,Fed.)是美国的中央银行,监管范围包括属于联邦储备系统成员的州银行、银行控股公司、金融控股公司,以及在美设立分支机构的外国金融机构进行监管。它负责整个金融体系的监管,制定货币政策,维护金融稳定;

——货币监理署(Office of the Comptroller of the Currency,OCC),通过各种手段对国民银行的业务活动进行检查、执法等全面监管。负责审核银行的准入退出权,提供监管服务,扶持商业银行,提高银行客户满意度;

——联邦存款保险公司(Federal Deposit Insurance Corporation,FDIC),监督管理投保银行,清理破产银行的资产负债,保持社会金融服务的延续性。它的宗旨是保持公众对银行体系的信心,监督银行的安全,确保存款安全;

——联邦金融机构检查委员会(Federal Financial Institutions Examination Council,FFIEC)

——全国保险监管协会(National Association of Insurance Commissioners,NAIC);

——证券交易委员会(Securities and Exchange Commission,SEC)

——联邦储备监督署(Office of Thrift Supervision,OTS)等[①]。

这种立体交错的监管模式在监管分工上具有以业务划分、利于专业化分工监管的优势;美国设计的这种监管模式具有分散制约的特点,多个监管部门分散了监管部门权力,避免监管权力集中于单一部门,可以使多重监管部门相互制约,提高监管的有效性。从历史的应用看,这种"多头"监管在美国经济的上升期起到了积极的作用,并

---

① 参考陈柳钦. 2009. 金融危机背景下美国金融监管框架改革剖析. 湖北经济学院学报. 2009(5)。原文有笔误,已修改。

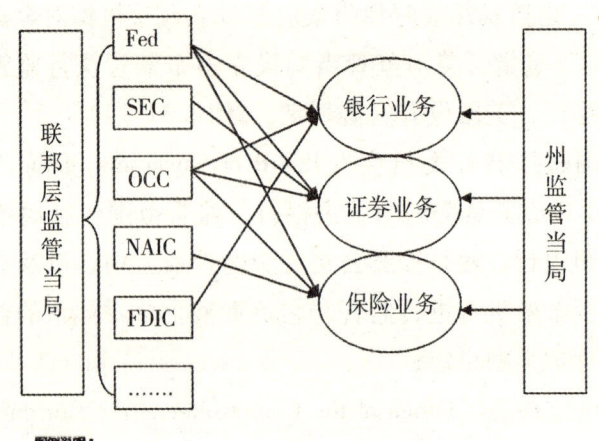

图 3-1 美国的"双层多头"金融监管架构

资料来源：陈柳钦，2009 和本书修改。

在一定程度上支持了美国金融业的繁荣发展；但是随着混业经营在美国成为主要的金融形式之后，这种监管模式已经疲于应对危机了。

在次贷危机的爆发后，美国的这种分散制约的监管体系受到了比较多的指责。从这种复杂的构成和交错的管理上来看，美国监管体系似乎正监管着金融机构的各个方面，但是细心研究不难发现这一"完美"体系的漏洞还是不少的。

首先，从"多头"制上考虑。美国的金融机构一般都要同时接受多家监管机构的监管。"多头"的初衷是细分监管，以便更加专业。但是美国金融机构目前的经营状况是混业，金融产品相互之间的联系也比以前更加紧密。对于业务形式多样的大型金融机构来说，所要接受监管的监管部门非常多。根据美国设计署（U. S. Government Accountability Office，2012）的调查，以花旗银行为例，它受货币监理署、联邦存款保险机构、联邦储备银行、储蓄机构监管署以及证券交易委员会的监管；由于其在美国五十个州都有业务，它还受到各州的地方监管者的监管。不考虑监管的交叉存在着政府资源的浪费，但是多个监管部门共存时，存在监管的权威的问题。

其次，虽然监管机构众多，但是金融体系中还存在监管漏洞。对于美国商业银行的表外业务、各种复杂衍生品、私募基金、影子银行，监管基本处于缺失和空白。这些监管缺失为金融风险提供了滋生的沃土。在利益的驱使下，各种金融机构利用这种监管的空白，长驱直入，创造了各种暴力工具[①]，例如担保债券凭证（collateralized debt obligations，CDO）、合成 CDO（synthetic collateralized debt obligations）、信用违约互换（credit default swap，CDS）、金融资产做抵押的商业票据（asset backed commercial paper，ABCP）等等。而这些正是在次贷危机中起到重要作用的金融产品。这些产品的设计是为了防控风险。风险虽然不能消除，但是可以通过技术手段转移。证券化的出现为风险转移提供了第一个平台；之后在这一平台上设计出来的结构性产品又把风险转移推出了一大步；最后借助 CDS 的概念使风险问题被"完美解决"（辛乔利，2010.64）。

危机爆发后，美国也认识到其金融监管体系中的问题，提出改革方案。奥巴马于 2009 年 7 月签署了《金融监管改革——新基础：重新建立金融监管》[②]的改革法案，成为美国自"大萧条"以来颁布的改革力度最大、最严厉的金融法案（刘蕾，2010）。通过该法案，美国试图建立一套能够防范金融系统性风险的宏观审慎监管体系。虽然美国的金融监管改革法案长达 2000 多页（刘蕾，2010），但是由于现代金融的复杂性，该法案在很多细节问题上还"只是提出了原则性的改革方向，留下了较为广阔的空间和余地"（祁斌，2010）。概括说来，该法案主要涵盖以下几个内容（陈四清，2010.14）：1. 成立"金融稳定监督委员会（Financial Services Oversight Council，FSOC）"[③]用以防范未来可能的系统性风险，具体操作上来说，如果该委员会认定某

[①] 辛乔利. 2010. 影子银行——揭秘一个鲜为人知的金融黑洞. 中国经济出版社，2010.
[②] *Financial Regulatory Reform—A New Foundation*：*Rebuilding Financial Supervision and Regulation*。
[③] 另译作：金融服务监理事会金融稳定监督委员会。

些大型综合金融机构需要拆分，委员会和美联储有权拆分； 2. 由美国联邦存款保险公司负责解决需要清盘的金融机构； 3. 加强对投资者和金融消费者的保护； 4. 引入沃尔克规则①，银行对于对冲基金或私募基金的投资比例须低于一级资本的3%，并禁止对所投资的基金提供救援； 5. 衍生品交易须集中结算或通过第三方结算； 6. 对于销售的债券，要求债权人自身持有5%。截止到目前，从改革的内容看多而详细，力争不留监管空白，改革法案的效果由于还在实施的初期，尚需观察。

英国的"统一"金融监管

不同于美国，英国采纳统一的监管模式，由金融服务局（Financial Services Authority, FSA）负责监管。英国的统一监管模式可谓得益于20世纪末接二连三金融机构的破产潮，尤其是1995年有233年历史的巴林银行（Barings Bank）的倒闭给英国金融监管当局敲响了警钟。鉴于原来的"过于零散的监管结构"，英国政府取缔了一系列的监管机构，于1997年宣布成立统一的金融监管机构：金融服务局。

作为单一的金融监管部门，金融管理局行使对商业银行、投资银行、保险公司等各类别的金融机构和金融市场的全权监管职责。英国的监管基本实现了从机构性的监管发展成为功能性的监管。和美国相比，这种监管形式有效地解决了混业经营下的监管归属问题，不仅仅避免了监管空白，也避免了多重监管的现象。从金融服务局运行的十余年来看，统一的监管模式还是比较有效的。

但是原来英国的监管当局只注重微观审慎监管，没有重视金融活动外部性的合成谬误，忽视了宏观审慎监管。为了建立更加有效的宏观审慎框架，英国于2009年分别通过了《2009年银行法案》② 和《改革金融市场》③ 两份重量级的文件。这两份文件勾勒了英国宏观审慎监管体系的框架（陈四清，2010.15-6）：强化金融稳定目标，

---

① 沃尔克规则：以禁止银行业自营交易为主，将自营交易与商业银行业务分离。该规则禁止银行利用参加联邦存款保险的存款，进行自营交易、投资对冲基金或者私募基金。
② Banking Art 2009
③ *Reforming Financial Markets*

高度重视系统性风险的监督；明确对失败的金融机构进行处置的权限和程序；更好地协调监管部门之间的合作；加强消费者保护；并提出对金融系统起重要作用的金融机构和金融体系中顺周期的问题给予特别的关注，同时强调了金融监管国际协作的重要性。

澳大利亚的"双峰式"金融监管

由于金融的全球化，无论是发达国家还是发展中国家，只要是开放国家都无法逃脱次贷危机的影响，受到不同程度的冲击。作为全球33个发达国家之一的澳大利亚没有遭受什么大规模的金融动荡，可以说澳大利亚在次贷危机中，成功地免疫了危机的波及。早在2009年，澳大利亚经济状况开始趋好反弹（李路阳，2010）。美国财政部在2008年选取澳大利亚金融监管模式作为美国改革的目标，可见美国对澳大利亚监管体制的认可程度。

澳大利亚经过改革，现采取"双峰式"的金融监管体制。澳大利亚"双峰式"的监管体制实际上是 Taylor（1995）金融监管模型[①]的应用。Taylor认为审慎监管和保护消费者权益这两个目标存在潜在冲突，因此将两个存在冲突的目标由一个监管部门负责，显然是不合理的，所以应该设立两个监管部门。

在澳大利亚1998年的改革中，依据完成的监管目标不同，澳大利亚设计了包括建立两家监管当局的改革方案，目前形成了典型的"双峰式"的金融监管体制。一家是澳大利亚审慎监管局（Australian Prudential Regulation Authority，APRA）[②]负责审慎监管，确保金融稳定，促进市场的规范平稳运行，APRA的监管对象是银行、保险公司、信用社、养老基金等金融机构；另外一家是前身为证券委员会的澳大利亚证券与投资委员会（Australian Securities and Investments Commission，ASIC）[③]，其作用在于监督市场行为，保障信息的披露，保护

---

① 该模型认为监管的目标主要有两个，一是系统风险的审慎监管，以维护金融体系整体的平稳；二是在微观层面上保护投资者和消费者，监管金融机构的可能欺诈行为。详见本书2.1.2小节。
② 澳大利亚审慎监管局. 2012. http：//www.apra.gov.au/Pages/default.aspx
③ 澳大利亚投资与证券委员会. 2012. http：//www.asic.gov.au/asic/ASIC.NSF/byHeadline/Events

投资者和消费者。

德国宁紧毋松的监管政策

德国的金融市场的规模相对是比较小的，德国的股票市场是 OECD 成员国家里最不发达的市场之一，股票市值所占 GDP 总量也比较小（陈四清，2010.119）。德国实行混业经营政策，以银行的业务种类分为全能银行和专业银行。全能银行除可以进行传统银行业务外，还可经营保险、有价证券和客户理财等业务。金融危机对德国的冲击主要体现在制造业上，比如，汽车、纺织、建筑和印刷机器等行业。金融行业虽然有些陷入亏损，但是并没有发生大面积的银行破产，原因在于德国的全能银行倾向于中和不同种类业务的风险，而储蓄银行并不涉足存贷之外的业务。

与其他国家的中央银行不同，德国的中央银行—德意志联邦银行未被授予任何监管权力。在德国，具有绝对监管地位的是联邦金融监管局。联邦金融监管局的监管地位和职责由《联邦银行法》、《信贷法》等40多部法律赋予。总的来说联邦金融监管局有权监管所有金融机构并对监管对象进行处罚。由于德国银行系统集中程度低，在各地都有很重要的、在各州没有分支机构的联邦金融监管局很难便利地开展日常工作，因此需要联邦银行合作履行其监管职能。所以联邦银行虽然没有被法律赋予监管职能，但是被要求参与日常银行的监管。联邦审计院对金融机构经营状况的合法性、经济性和效益型进行审计，主要监察违规行为。社会审计机构作为独立的监督机构，依据有关法律规定，对各类金融机构的经营和核算进行真实性和合规性审计。

出于对金融危机的恐惧，德国金融监管当局在危机后迅速出台了《加强金融市场及保险业监管法》和《风险管理最低要求》。《加强金融市场及保险业监管法》以立法的形式赋予德国金融监管局更多监管权限，并加强其在金融危机期间的干预能力，它在流动性、资金流出德国、利润分配等方面加强了监管。《风险管理最低要求》还对金融高管的薪酬有一定的特殊要求。于2009年12月出台了《德国金融机构薪酬制度的监管要求》，对所有金融机构的高管和员工的薪酬制度提出了一般要求，要求制定薪酬制度的时候避免促使高管或者员工追求不成比例的高风险刺激，和鉴于德国的证券服务机构在危机中推销了不少高风险投资产品致使很多对投资完全不熟悉的退休人员遭受了损失，不少金融机构主动提出赔偿，化解民怨。现在德国监管当局为避免类似事件发生，已经制定了一些相关规定来保护投资者利益。例如对提供给个人投资者的信息提出了非常具体的要求，禁止只向客户陈述投资产品或证券服务的优点，增加信息的透明度。

德国的金融监管体系是非常稳健的，银行监管的重点是风险监管而非银行业务的合规性监管。同时值得说明的是在德国，政府部门、大小企业、金融机构都纳入了统一的社会信用体系，违约的代价设定得非常高，以至于信用体系内的各方自律积极，有力地保障了金融市场的稳定。总的来说，德国的金融监管体系比较严谨，风险防范意识很强。

中国"一行三会"和银行的国有体制

中国金融监管当局的架构具有特殊性，目前的核心监管机构为"一行三会"，即中国人民银行（人行）、中国证券监督管理委员会（简称：证监会）、中国保险监督管理委员会（简称：保监会）和中国银行业监督管理委员会（简称：银监会）。具体来说，证监会依据《中华人民共和国证券法》对证券（包括发行、交易、登记等）、证券市场、证券行业和证券从业机构进行监管。保监会监管的目标是中国的保险行业，其法律依据是《中华人民共和国保险法》。证监会和保监会，在2003年银监会成立以前，和中国人民银行一起承担对中国金融业的监管。银监会成立后接手了原来人行对银行和信托业的监管，同时承担了中央金融工委[①]原来对金融系统的监管工作。依据《中华人民共和国银行业监督管理法》的规定，对银行、资产管理公司、信托投资公司及其他存款类金融机构履行监管职能。由此，中国

---

① 中央金融工委是中共中央金融工作委员会的简称，是经中共中央批准的党中央的派出机关。中央金融工委成立于1998年6月，由时任国务院副总理的温家宝担任书记。中央金融工委讨论决定金融系统建设方面的重大问题，监督金融系统执行既定方针、领导干部的廉政。

的金融体系由原先的"大一统"局面（人行包揽所有的金融监管职责）转而出现自 1997 年以来由政府推行的分业监管局面，证券、保险和银行业的监管先后从人行分离。

金融体系内部最为重要的是银行，中国的银行业的收入结构过于单一。中国主要商业银行的收入集中在利息收入和手续费收入上。尤其是股份制银行，其利息收入占净营业收入的 73.81%，与手续费净收入的占比 11.01% 一起，占总体营业收入的近 85%，见表 3 - 1。2010 年贷款总额 300073.85 亿元，占总资产的 48.56%；投资 137159.99 亿元，占总资产的 22.19%（中国金融稳定报告，2011.137）。可见，贷款和投资仍然是银行资产的主要组成部分。

表 3-2 中国主要商业银行净营业收入构成（2010 年）

项目	5 家大型银行		12 家股份制银行		17 家主要商业银行	
	余额（亿元）	占比（%）	余额（亿元）	占比（%）	余额（亿元）	占比（%）
利息净收入	7201.52	54.77	2815.88	73.81	10017.40	59.05
手续费净收入	2324.91	17.68	420.23	11.01	2745.14	16.18
投资收益	3404.40	25.89	505.00	13.24	3909.40	23.04
其他业务收入	218.60	1.66	74.00	1.94	292.60	1.73
净营业收入	13149.43	100.00	3815.11	100.00	16964.54	100.00

说明：
1) 5 家大型银行：工商银行、农业银行、中国银行、建设银行、交通银行
2) 12 家股份制银行：中信、光大、华夏、广东发展、深圳发展、招商、上海浦东发展、兴业、民生、恒丰、浙商和渤海银行
3) 17 家主要商业银行占银行业金融机构资产总额 64.84%（2010）

资料来源：中国金融稳定报告，2011.133 - 5

顺应内部需求和外部影响，中国的金融监管当局逐步放松了对混业经营的限制[①]，目前比较典型的混业经营是中国平安保险（集团）

---

① 例如人行 1999 年批准保险基金进入证券市场；同时建立的东方资产管理公司和华融资产管理公司在处理银行不良资产的同时可以进行除股票二级市场外的所有金融业务。

股份有限公司①。对于混业经营的监管问题,在国际上是一个比较普遍的问题。除此之外,中国银行没有保险制度,作为央行的中国人民银行充分发挥"最后贷款人"的角色。

在中国,国有大型商业银行仍然占据银行业的主导地位,中国的四大商业银行②为国有性质。在改革开放之前,中国的银行一直是国家的行政机关,行使为国家理财的基本职能。在四大行股份改革之前,财政部一直作为独资出资人的代表,行使其职责。随着 2003 年之后的股份制改革,中央汇金投资有限责任公司(简称:汇金公司)先后向中国银行、建设银行、工商银行和农业银行注入资金,以充实四大国有银行的资本金以便达到上市要求后,汇金公司就成为它们的第一大股东了。汇金公司③成立于 2003 年 12 月,是经国务院批准组建的国有独资投资公司。其注册的 5000 万全部来源于中国财政部,而运营资金来自于央行,对中行和建行的注资款项为外汇储备。继注资四大行之后,汇金公司又注资国家开发银行和中国光大银行股份有限公司,还参与重组银河证券、申银万国、国泰君安等八家证券公司。虽然汇金公司是这些大型金融机构的第一大股东,汇金公司背后的支持和资金的来源还是国家。2006 年中国财政部曾经提出建立金融国资委,以便对国有金融资产进行更好的监管。但是在 2007 年和今年 1 月 6 日的全国金融工作会议④上均未得以通过。由于银行的实际出资人是国家,而国家又间接制定金融监管政策,这种特殊的关系,在实际的金融监管中可能衍生出很多问题。

另外,中国金融监管中的另外一个问题就是监管当局的官员任命。中国金融监管当局的主要官员和国有银行的高管之间存在频繁的互相调动。例如,最近的一次金融监管当局的人事变更:2011 年 10 月银监会、证监会和保监会先后宣布官员的任命,除银监会由原来的证监会主席接

---

① 中国平安保险(集团)股份有限公司继收购深发展之后,已经扩展其核心业务为保险、银行和投资。http://ir.pingan.com/gongsigaiyao/index.shtml
② 中国银行、中国工商银行、中国建设银行和中国农业银行。
③ 汇金公司.2012.http://www.huijin-inv.cn/
④ 全国金融工作会议.2012.金融国资委再搁浅.2012 年 1 月 6 日的会议.http://finance.sina.com.cn/china/jrxw/20111226/131911064364.shtml

任；证监会的主席则由原建设银行董事长郭树清接任；同时，农业银行的董事长项俊波接管保监会。建行和农行的空缺则由原央行和国开行的高管接任。（陶艳艳，2012）这种人事制度的安排和变动特征，对监管产生的影响也不可低估。

对不同监管当局模式的评述

在不同的国家推行统一的金融监管国际合作协议存在的一个根本障碍就是各国的金融体系的多样性。而各国监管当局的政要参加国际会议的时候也不可避免地要顾及本国的监管架构。对于前文论述的各国监管模式，选取金融业的三大业务为分类基础，对应的监管部门简单总结如表3-2。

显然，美国的监管模式比较复杂，由100多家联邦或州立机构负责不同类别和不同层次的监管。除了监管机构众多之外，监管本身的要求也较为具体和细致。例如，美国的银行监管当局通常要对每笔贷款的信贷质量进行详细的评估。这无论是在其他发达国家还是发展中国家都是很少见的（Davies & Green，2008.81）。总体来说，世界上除美国之外的国家在监管模式上基本可以粗略地分为四类（Davies & Green，2008.96-7）："三支柱"、"双支柱"、"双峰式"和单一监管模式。"三支柱"是传统的监管模式，由中央银行负责银行业的监管，同时证券业和保险业分别由独立的监管机构负责。"双支柱"监管模式是"三支柱"监管模式的变形，以拉丁美洲国家为代表由中央银行负责银行业的监管，同时证券和保险业由一个独立的监管机构负责；还有些国家将银行业和证券业合并监管，保险业为一单独的机构进行监管。"双峰式"就是澳大利亚的监管模式，一峰为审慎监管，另外一峰为市场监管。另一个实行"双峰式"监管模式的是荷兰。单一监管就是一家机构负责对所有或者绝大多数金融机构进行监管。自1986年挪威第一个采取单一监管模式之后，国际上出现了广泛的单一金融监管模式的趋势，现在已经有39个国家采取这一模式（Davies & Green，2008.98-101）。

表3-3 具有代表意义的国家监管模式总结表

	银行	证券	保险
美国	美联储; 美国货币监理署; 联邦存款保险公司; 美国储蓄机构监理署; 州银行监管厅	美国证券交易委员会; 美国商品期货交易委员会; 全美证券商协会; 州证券监管机构	全美保险监督官协会; 州保险监管机构
英国	金融服务局		
	财务报告理事会		
德国	联邦金融监理署		
	协同德国央行 州银行监管机构		
中国	中国人民银行		
	中国银监会	中国证监会	中国保监会
澳大利亚	澳大利亚审慎监管局		
	澳大利亚证券与投资委员会		

资料来源：本书总结

除了监管体制的不同，各监管当局隶属于政府的独立性也具有很大差异，监管机构可以调动的资源和权力也具有很大的不同。由于历史的原因所形成的不同的监管体制本身就构成了国际金融业的不稳定因素，同时由于各国金融当局在结构、机构安排、政策原则和利益上的不同，进行合作是存在一定的难度的。金融业本身的特殊性又要求至少在一定程度上达成国际间的监管合作。

3.1.2 金融监管当局的行为决策偏差

金融监管当局是否存在行为偏差是一个毋庸置疑的问题。本节从行为金融学角度研究金融监管当局的行为特征，希望对监管当局的行为特征有更好的理解，以便提供一个更有效的思考路径。金融监管当局的监管策略的发出是监管团队或机构的人的一种行为，那么在这一决策过程中，人的心理活动就起到了决定性作用。如果将金融监管过程看作一个心理过程，那么这一过程的起点就是认知。根据现有研究成果，在认知过程中，产生系统性认知偏差是大概率事件，也是本节研究的第一部分。

认知偏差

次贷危机的爆发无疑使用例证法阐明了危机之前金融监管部门对整个金融体系内部的系统性风险在认知方面出现了一定的偏差。危机发生前，无论哪种监管体制下的金融监管当局都把微观审慎监管，即从微观层次上监管每个金融机构，作为防止金融危机的有力手段。这种监管的成效在于单个金融机构发生的危机，导致风险蔓延的现象得到有力的控制。但是由于混业经营和各种创新的金融产品将不同的金融机构联系起来的实际情况，微观审慎监管不足以应付整个金融体系高度相关的、相互联系的局面了。可以说即使从微观层面上来讲，审慎监管是完美和无可挑剔的也不能完成宏观层面上金融系统安全稳定的宏观审慎要求。前文讨论的英国，就拥有相对较好的微观审慎监管的体制，此次金融危机的冲击主要在于英国监管当局对于宏观审慎监管的认识偏差。

金融监管当局另外一个主要的认知偏差是在金融体系的顺周期问题上（肖崎，2011）。顺周期阐述的是实体经济的繁荣和衰退对金融系统的影响。在经济繁荣、整体趋好的时候，企业经营状况良好，贷款需求增加；抵押资产价格平稳向上，银行放款量增加，此时监管力度自然弱化，管制放松。当实体经济出现衰退，企业经营状况下行，流动性变差；抵押资产价格下跌，银行放款意愿下降，监管力度加强，这加剧了金融系统的顺周期性，促使了经济的进一步下行。在这种意义上来说，金融监管加剧了金融的异向变动，强化了顺周期作用。

金融监管当局认为没有必要对银行的表外业务、影子银行进行监管。而这些正是此次次贷危机的导火索。影子银行运行于监管体系之外，而不需要按照规定的要求披露财务状况，在杠杆和衍生品上没有什么限制，甚至不需考虑资本充足率。商业银行在危难时刻可以得到的保护，影子银行由于在监管之外所以也不能得到。研究影子银行不受监管的原因有很多，其中一个重要原因是"影子银行的成员大多是成熟的机构投资者"。监管当局认为,这些机构投资者具有长期的投资经验,而且都实力雄厚。而且在监管当局的眼中,影子银行不会对普通储户和个人投资者造成威胁,不会动摇整个金融体系的安全。这种对于专业的技能的认知偏差造成了风险的隐患。

过度自信

过度自信是指人们过度相信自己的判断能力,高估了自己成功的概率和获取信息的准确性(董志勇,2009.290)。大量的研究表明,各种各样的"专业人士"——医生、律师和投资专家,都存在着过度的自信[1]。金融监管部门的高级管理人员一般都是行业的内行专家。以美国的美联储主席来说,现任主席本·伯南克(Ben Bernanke)在成为美联储主席之前是知名的宏观经济学家。过度自信也许就是专业人士的一个显著特点。虽然这种自信是他们获得成功的重要源泉之一,但是自信也会导致他们行为决策的偏差。由于专业的强势,金融监管者在制定政策和后期检查政策的执行结果时,都有可能产生过度自信。美国监管当局在危机发生的初期还坚定不移地宣称:其监管的行为本身无可厚非(葛永波、苑壮,2010)。金融监管当局的过度自信行为不仅造成监管者过分相信制定出的政策法规的有效性,而且可能会对政策执行过程中出现的不良问题反应不足。反应不足是指人们的思想一般存在着惰性,不愿意改变个人原有的信念,即使新的信息到来,人们的反应也是不足的(董志勇,2009.147-9)。从金融监管的角度来看,金融监管中出现的问题回馈到监管者去之后,监管者对于这些信息可能不能引起很高的兴趣,或者容易忽略信息中包含的危机因素。

损失厌恶

人们面对同等数量的收益和损失时,收益和损失带给当事人的感受是不同的:损失比收益更强烈,这就是损失厌恶(董志勇,2009.35)。从监管决策的角度来看,和收益相比损失会给决策者带来更大的负效用。因此损失厌恶效应表现到金融监管上就是:危机爆发后,过紧的监管策略。由于监管者的损失厌恶,金融监管当局选择放任的态度对待较

---

[1] 福布斯,威廉.孔东民译.2011.行为金融.机械工业出版社.2011

小型的金融机构的问题，因为较小型金融机构破产后带来的损失小，社会影响也小，金融监管当局认为可以承受。此次金融危机中，美国金融监管当局放弃了对雷曼兄弟公司的救助。以损失厌恶的模式来分析，监管当局回避把"亏损变现"。而这被后来的事情证明放弃雷曼兄弟公司是不当的，这种行为加剧了风险的扩散，加速了市场的崩溃。

归因偏差

人们总是倾向于把成功的事情因素归拢到自己身上，把失败的原因推给别人或者客观事实（葛永波、苑壮，2010）。次贷危机之后，美国金融监管当局推卸责任、埋怨他人的现象很普及。以次贷危机被指监管不力为例，美国金融监管当局的反应就是推诿责任到金融创新、金融衍生品、投资银行、对冲基金这些金融产品和金融机构。在监管的日常工作中，监管者常常将有利的监管结果归于自己的能力，而不利的结果归于外界不可控制的因素。这种归因偏差不仅仅造成监管责任的互相推诿，也造成金融监管部门之间的合作不利。

行为偏差之间的循环关联

金融监管者的行为偏差还有很多，本节把其中重要的四种偏差进行了说明。认知偏差是其他偏差的起点[①]。显而易见，认知的偏差直接影响其他三种行为偏差。而这三种偏差的结果又反过来影响认知。同时，过度自信、损失厌恶和归因偏差又进行着相互作用，如图3-2。

因为美国金融监管部门的认知偏差：认为没有必要对影子银行进行监管，所以没有对影子银行进行监管。监管者对于自己专业的相信（过度自信），认为当时的监管法规已经完备，影子银行无法妨碍整体金融体系的安全。当雷曼兄弟公司的财务问题浮现时，由于损失厌恶而不对该公司进行救助。而且认为雷曼兄弟公司的问题可以被社会承受并消化，而进一步产生了自信。后来的一系列事态的演变说明"不救助雷曼兄弟公司"的行为是美国监管当局的行为不当。事件爆发之后，监管者又将金融系统不稳定、发生金融危机的原因归于影子银行和各种

---

① 也可以把过度自信、归因偏差、损失偏差归为认知偏差的概念之下。在讨论认知偏差时，主要考察金融监管者没有认识到的风险因素，所以把其他行为偏差另列。

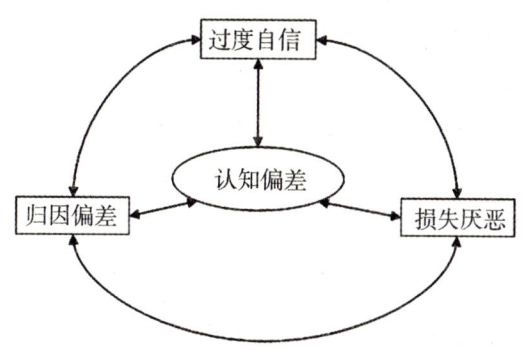

图 3-2　金融监管的行为决策偏差的关联

资料来源：本书汇总

衍生物，这种归因的本身除了逃避舆论之外，还可以减少心理损失，继续维持较高的自信。所以行为偏差是一个若干心理因素联合作用的结果。

3.1.3　各国金融监管当局加入金融监管国际合作的动因

资本市场的高速发展造成了银行和证券行业跨国界的发展。资本交易从 21 世纪初的以开发性融资为资本流动的主要原因，转向多元化的投资。虽然资金有一些管制的条例，但是比起货物和服务来，货币资源更容易跨越国界的限制。

从金融监管国际合作的理论上，我们论述了金融体系本身的系统性风险以及这种风险的传播是完全不受国界约束的（Morris & Shin、Brunnermeier 和 Stolz 的模型）。从实践上，作为私人财富的管理载体，对冲基金和私募股权拥有大量的资金，但是其组织形式却不受国界的限制，也没有明确的监管部门。同时，金融创新催生出各种复杂的金融工具，导致风险的分摊。风险的分摊虽然可能增加金融系统抵御风险的能力，但是风险被广阔地转移到更大范围的不同行业，乃至全球。一旦出现大的危机，世界上任何一个地方都可能被波及。

除了这种更广泛的联系之外，资本市场还呈现出一些发展特征。其中比较明显的是某些大型机构的市场控制力明显增强。以花旗银行和汇丰银行为代表的大型投资银行在许多国家都获得了相当数量的市场份额，与此同时，许多国家的证券交易所也被外国资本收购①，从而导致外国资本获得控制权。由于金融业发展的本身就造成了传统行业银行、证券和保险的跨国界运作，那么金融监管的推行到底是依靠金融分支机构的母国还是东道国呢？这从实践上提出金融监管体系必须具备国际性。

造成金融监管必须通过国际合作的另一个重要原因是各国监管当局的监管竞争。出于本国福利最大化的目的，在非金融危机时期，发展本国金融体系的竞争力显得尤为重要。监管当局常常受到来自各方面的压力，自愿或者被迫放弃较为严格的监管转而形成较为宽松的监管环境。由于资本的高流动性和趋利性，当一国的监管相对较为宽松，国际游资自然会流入该国，寻求监管红利。当这种情况发生之后，相关各国的监管措施会在一定程度上形成监管竞争，从而引发监管的整体趋松。

同时，还应考虑到多样的金融监管当局在合作起来非常困难。各监管当局的架构、监管认识、监管模式以及监管需求存在比较大的差异，这对于达成一致存在比较高的要求。与此同时，监管当局的行为又存在这样和那样的偏差。但是从整体金融体系存在严重的隐患和风险来看，合作又是必需。

以上理论阐明了金融监管国际合作的动因，以下本书拟使用数据分析对金融监管国际合作的动因进行研究。研究的思路是从经济和金融体系的延伸效应和跨国界作用出发，如果国家间的经济或金融体系呈现联动，那么各个国家自然存在金融监管国际合作的动因。次贷危机源于美国，目前不少文献都阐述了危机的毁坏性和蔓延性。VAR 模型被更加广泛地应用于国家经济和金融相互影响的研究上（Karunaratne，1994；Keqiang，2005；王书林等，2010；陈轶和陈群，2009），使用 VAR 模型对国家间的经济和金融指标进行研究。尤其是对于金融方面的研究，VAR 模型不需要对内生变量进行认定，可以假设每一个内生变量都是其他内生变量的若干期的滞后值来进行回归检验。当我们观测经济指标

---

① 法国、荷兰、比利时和葡萄牙等国家的证券交易所被纽约证券交易所收购（Davies & Green，2008.2）。

之间的关联性时，VAR 模型是一种便捷的研究方法。

因此，我们拟使用 VAR（Vector Auto – Regression，向量自回归）模型对美国经济总体状况、货币政策和财政政策对其他国家的波及进行数据分析。美国经济的总量在世界经济的总量中占据重要的地位，在 2006 年之后有所下降，但是 GDP 总量依然稳居世界第一，远远超出欧盟整体，在 2010 年仍然占到 28% 以上（World Databank，2012）。那么从理论上看，占总体量能比较大的美国对于世界经济的影响应该是很大的。英国是重要的发达国家，G7 的成员国，同时在经济和政治上和美国保持着比较高的发展一致性。本小节使用美国和英国的历史数据验证在理论部分本书阐述的经济体之间的联动性。

首先，根据经济学基础和我们希望考察的目的进行模型建立，然后进行数据选取，最后开展计量分析。计量分析又分为两步，一是为了使用计量工具对原始数据进行处理，因为模型的构建要求序列是平稳的，所以首先要对时间序列进行平稳性检验，以避免后期进行回归时导致错误；二是对数据依步骤进行研究。因为本书希望找出变量之间的影响以及可能出现的滞后阶数。有时候存在没有联系的序列却计算得出较大的相关系数，因此为了杜绝这种伪相关，我们使用协整来研究序列之间是否存在长期协整关系，然后进行脉冲分析。

建立自回归模型

假设若干变量 Y_1,t，Y_2,t……Y_n,t 之间存在某种关联，P 为滞后期，那么自回归模型[①]为：

$$Y_{1,t} = f(Y_{1,t-1}, Y_{1,t-2} \cdots Y_{1,t-p})$$
$$Y_{2,t} = f(Y_{2,t-1}, Y_{2,t-2} \cdots Y_{2,t-p})$$
$$\cdots$$
$$Y_{n,t} = f(Y_{i,t-1}, Y_{i,t-2} \cdots Y_{n,t-p})$$

---

① 模型的构建、EViews 的使用方法以及计量的分析参考易丹辉 2008《数据分析与 EViews 应用》，中国人民大学出版社，2008 年 10 月第一版。

$$Y_{n,t} \in \begin{bmatrix} Y_{1,t}, Y_{1,t-1} \cdots Y_{1,t-p} \\ Y_{2,t}, Y_{2,t-1} \cdots Y_{2,t-p} \\ \cdots \\ Y_{n,t}, Y_{n,t-1} \cdots Y_{n,t-p} \end{bmatrix}$$

因此，AVR（P）的模型为：

$$Y_{n,t} = \beta + \alpha_1 Y_{n,t-1} + \alpha_2 Y_{n,t-2} + \cdots + \alpha_p Y_{n,t-p} + \varepsilon_t \qquad \text{F. V. 1}$$

其中：$n \in [1, n]$ 模型中的变量

Y_t 为时间序列的变量

p 为滞后期

β 为常量

$\alpha_1 \cdots \alpha_p$ 为待估计的参数矩阵

ε_t 为干扰项

变量选择和数据来源

变量的组成集为：$Y_n = \{GDP_j, g_j, i_j\}$ F. V. 2

其中：$j \in [1, 2]$

1 = 美国；2 = 英国

在数据的选取上，我们使用季度数据。年度数据时效性较弱，从考察联动性的角度出发，本模型希望选取时间周期较短的数据。由于各国对于 GDP 统计的最小周期为季度，为了保持数据的一致性，我们使用季度数据。GDP 增长代表国家整体经济运行趋势，所以被选取作为模型的参数；此次金融危机的应对措施里，增加政府支出（g）也是比较重要的一项，我们在参数中包含政府支出作为其中一个参数进行考察；而利率（i）是货币政策的主要代表，因此也成为我们参数中的一个。至此，我们考察的三组变量为 GDP（GDP 同比增长）、g（同期政府支出）和 i（长期利率），每组数据分别包含美国和英国的相应数据，因此我们得到 6 列时间序列。时间序列的长度从 2003 年到 2011 年为 36 个单位。GDP 和利率（i）的数据来源为 OECD. stat 数据库，政府支出的时间序列数据来源为 OECD ilibrary 数据库。数据处理的软件为：EView 6。

实证分析

实证分析的第一步是检验时间序列的平稳性。单位根检验是判断序列平稳性的正式方法（易丹辉，2008.162），本书使用 ADF 检验。检验的基础方法是首先根据图形观察，确定检验选项，然后对时间序列进行检验。当选择"不差分检验"的时候，发现时间序列都不能满足平稳性（详见附录1 单位根检验结果）。在"一阶差分检验"的选项下，检验 t 的统计值比显著水平为5%的临界值小，拒绝原假设，时间序列经过一阶差分之后成为平稳序列，表3-4 汇总了一阶差分后的检验结果，原时间序列 Y_n 为一阶单整序列，可以记作 I(1)。

表3-4　时间序列 Y_n 一阶差分的 ADF 检验结果汇总表

变量类别	T 统计值	P
GDP_1	-3.423421	0.0172
GDP_2	-3.760178	0.0087
i_1	-6.132916	0.0000
i_2	-5.204436	0.0002
g_1	-4.525771	0.0014
g_2	-7.079753	0.0000

- 变量的脚注为国家代码，1为美国；2为英国。
- 经一阶差分后，在5%的显著水平上，拒绝原假设，时间序列为 I(1)。

资料来源：本书附录1 单位根检验的汇总

因为时间序列均为1阶单整 I(1)，满足协整检验的条件。因此，下一步为了确定时间数列之间的长期协整关系，我们使用协整检验。协整检验可以帮助我们了解时间序列之间是否具有协整关系。在时间序列是 I(1) 的基础上，我们使用 Johansen 协整检验。本书结合数据量，综合考虑 LR、FPE、AIC、SC、HQ 等指标，根据指标选取准则，滞后阶数为3比较合适，因此，可以确定滞后期为3[①]。在滞后阶数为3的基础上，检验结果如下表：

---

① 计量检验结果参见附录1. 滞后阶数确定。

表 3-5 Johansen 协整检验结果汇总表

协整变量：DGD1　DGDP2　DI1　DI2　DG1　DG2							
原假设	特征值	迹统计量检验			最大特征值统计量检验		
		迹统计量	临界值(5%)	Prob**	最大特征值统计量	临界值(5%)	Prob**
0 个*	0.960310	197.1649	95.75366	0.0000	100.0266	40.07757	0.0000
至多 1 个*	0.722194	97.13837	69.81889	0.0001	39.70576	33.87687	0.0090
至多 2 个*	0.581330	57.43262	47.85613	0.0049	26.99082	27.58434	0.0594
至多 3 个*	0.418873	30.44180	29.79707	0.0421	16.82637	21.13162	0.1803
注：迹统计量检验显示在 5% 显著性水平下拒绝原假设，存在 4 个协整方程；最大特征值统计量检验显示在 5% 显著性水平下拒绝原假设，存在 2 个协整方程；**MacKinnon – Haug – Michelis (1999) p – values 原始结果见附录 1. Johansen 协整检验结果							

资料来源：本书附录 1. Johansen 协整检验结果

检验结果表明，在 5% 的显著性水平下，时间序列之间存在两个协整方程，说明变量之间存在长期协整关系，因此可以构建 VAR 模型。建立 VAR 的目的是为了考察某一变量对其他变量产生的影响作用，脉冲响应函数（Impulse Response Function, IRF）可以对这一影响过程加以刻画（易丹辉, 2008.219），脉冲响应函数可以对变量之间的动态交互作用及其效应进行描述。本书在建立 VAR 模型的基础上，选用响应函数的追踪期数为 12[①]，分别选取美国各个时间序列一阶差分后的变量序列作为新息影响方程的因变量，英国时间序列一阶差分后的变量序列作为脉冲响应函数的变量进行脉冲响应分析。各变量的脉冲响应下图组所示，其中横坐标表示冲击发生后的时间间隔，即以季度为单位的滞后期，纵坐标表示冲击的力度。

---

① 因为文中是使用季度数据，所以追踪期为 12 是考虑 3 年的时间。

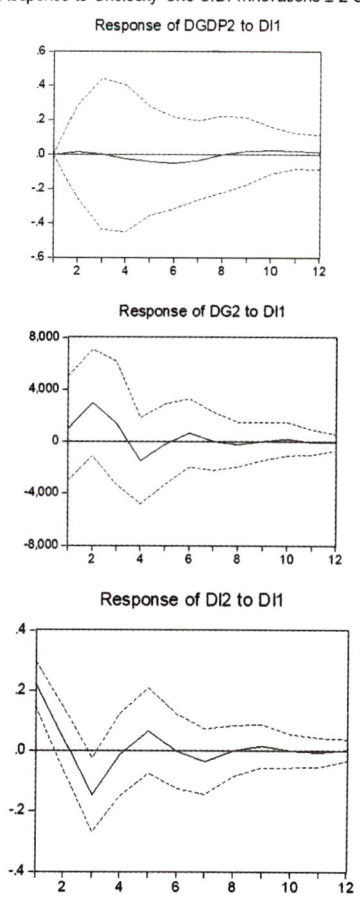

图 3-3　DGDP2，DG2 和 DI2 对于 DI1 标准差新息的脉冲响应
资料来源：EViews 6.0 数据处理结果

图 3-3 中实线表示随着预测期数的增加，DGDP2，DG2 和 DI2 对于 DI1 的一个标准差新息的脉冲响应，虚线为两侧标准差的置信带。DGDP2 对于 DI1 的一个标准差新息的脉冲响应不明显，DG2 对于 DI1 的一个标准差新息的冲击当期产生了正向反应，在第 2 期达到最大值，在第 4 期恢复到原来水平。DI2 对于 DI1 的新息冲击当期产生了正向反应，随着时间的推移逐渐下降，第 2 期基本回复到原来水平。这也印证了在金融危机中，各国的应急措施上，跟随性和同步性是非常强的。说明英国 GDP 的增长和美国货币政策（长期利率）不存在新息反应，而

英国的中央政府支出在美国货币政策的调整下存在正向反应，英国的货币政策和美国的货币政策存在比较快速的当期新息反应。

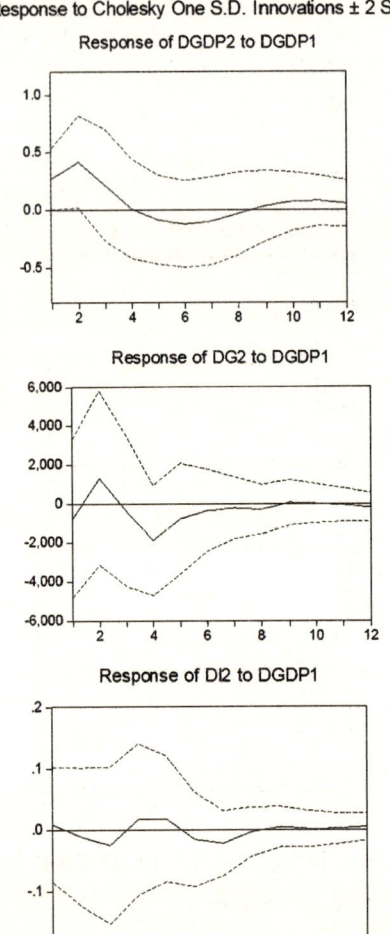

图 3-4　DGDP2，DG2 和 DI2 对于 DGDP1 标准差新息的脉冲响应

资料来源：EViews 6.0 数据处理结果

图 3-4 是 DGDP2，DG2 和 DI2 对于 DGDP1 的一个标准差新息的脉冲响应。DGDP2 对应于 DGDP1 标准差新息的冲击表现为当期出现正向反应，第 2 期达到最大值，然后逐渐在第 4 期的时候回到正常水平。DG2 和 DI2 对于 DGDP1 的新息冲击反应不明显。说明英国的 GDP 增长

和美国的 GDP 增长存在明显正向新息反应。

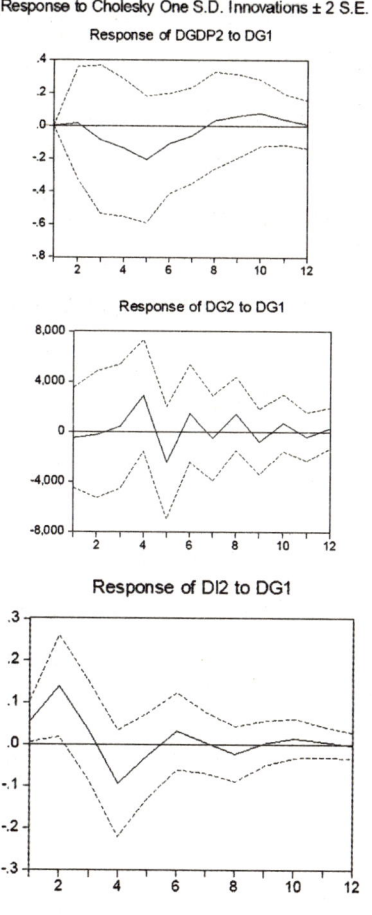

图 3-5　DGDP2，DG2 和 DI2 对于 DG1 标准差新息的脉冲响应

资料来源：EViews 6.0 数据处理结果

图 3-5 考察的是 DGDP2，DG2 和 DI2 对于 DG1 的一个标准差新息的脉冲响应，发现英国的 GDP 增长和中央政府的支出（G2）与美国的中央政府支出（G1）不存在明显的脉冲响应。给美国的政府支出（G1）一个标准差新息，英国的财政政策（I2）存在着正向反应，并在第 2 期达到最大值，在第 3 期恢复到正常水平。由于（美国和英国）政府的财政政策常常受到国会等机构的制约，对于经济的响应预期，货币政策在一定程度上对财政政策表现出替代作用。

实证的结论梗概

通过脉冲检验，我们发现英国 GDP 增长对于美国 GDP 增长的变动存在明显的脉冲响应，英国的货币政策和财政政策也受到美国政策调整的一定影响。同时，如果我们给英国的相关经济及政策变量一个标准差新息，也会对美国 GDP 增长、财政政策和货币政策等产生不同程度的影响①。因此，美国和英国的 GDP 增长、货币及财政政策等是存在互相联动的效应的。

考虑国家间的联动效应，金融监管当局存在加入金融监管国际合作的动因。金融监管加入国际合作的动因虽然比较多，但是仔细研究都离不开维护金融体系的安全、维护经济健康的发展的目的。这样看来，金融监管当局的最终目标趋于一致，以下，我们对金融监管当局的目标进行一个分析。

3.1.4 金融监管当局的目标和分层规划

不同国家金融监管的目标有些差异，但是在总的方向上具有一致性。参考经济学家 Millard 和 Vittas（1991）的概括，从大的方面归纳，现代的金融监管的核心目标主要有三方面：金融体系的稳定安全、消费者得到合法权益和维护金融机构稳健运行（祈敬宇，2007.58）。由于金融体系的外部性，金融机构的倒闭或出现问题，常常引发连锁反应，引起金融秩序的混乱，以致金融危机，因此"维护金融体系的安全稳定"是金融监管的首要目标（陈四清，2010.1）。

《OECD 区金融监管服务条例（Supervision of Financial Services in the OECD Area）》（Lumpkin, S. 2002）指出"监管机制设计的中心目标是构建维护整体金融系统安全的体系，同时允许监管的主体（例如保护投资者和消费者）获得有效保护"②。保护金融消费者的合法权益是金融监管的第二个目标。大多数国家都明确提出保护消费者的权益，要求

---

① 附录1 DGD1、DG1、DI1 对于 DGCP2 标准新息的脉冲响应。
② 原文为：A central goal in the design of regulatory and supervisory regimes for financial services is to create a framework that ensures the safety of the financial system as a whole and allows other objectives of supervision (e. g. investor and consumer protection) to be attained efficiently and effectively.

金融产品力争透明，让消费者明晰自己所要承担的风险；当金融机构倒闭时，尽量使消费者得到补偿。这种目标不仅仅应该停留在保护弱势群体的思路上，对消费者的保护对于监管制度建设上来说是具有意义的。监管当局由于人力和物力的限制，在很大程度上不可能完全不留空白地监管所有的金融服务。有了消费者的举报，在保护消费者的同时，可以帮助监管者尽早发现金融系统中存在的问题。

金融监管当局对于金融机构活动监管的主要目的是维护金融架构的稳健运行。与非金融机构相比，金融机构的资本仅仅占据总资产一个较小的比例；金融机构自有资金量较小，更多的是管理他人的资金，也就是利用别人的钱经营。如果经营发生问题乃至失败，社会波及面较大，容易动摇社会经济根基。如果问题发生在以经营传统存款和贷款业务的商业银行就会波及广大普通储户。因此，维护金融机构稳健运行也是金融监管部门的核心目标。

大部分主要的西方国家在次贷危机之后都推出了篇幅巨大的改革方案，其中对监管的目标基本定义在金融危机之前比较薄弱的从宏观角度维护金融体系的稳定安全上。美国也在《金融监管改革——新基础：重建金融监管》中提出监管的目标是宏观的稳定的金融体系。可见各个国家已经把宏观审慎监管放在重要的位置上来。同时，此次金融危机的传导作用也使得饱受连累之苦的国家（例如，英国）认识到其他国家的宏观金融稳定对本国金融稳定的重要性。以英国为代表的一些国家，在其次贷危机之后的改革里着重提出金融监管国际合作的重要性，并积极寻求金融监管上的国际合作。很多学者和研究人员也通过实证和理论分析，阐明了国家之间存在金融体系的联动，并对实体经济存在联动的观点[①]。

Dell'Ariccia 和 Marquez（2001）以及 Herring 和 Litan（1995）的研究成果显示，"差异越大的国家达成合作的难度越大；而差异越小的国家达成合作的难度也越小"，邓大鸣（2006）更是建议放弃全球范围的

---

① 如前文综述的研究成果，其中的一些代表为：Trachtman（1993）、Peek & Rosengrer（1996，2000）、Acharya（2001）、Aspachs, Nier 和 Tiesset（2005）、Chaillous 等（2008）。

合作，转而在区域上探讨金融监管的合作。不可否认区域合作在合作的达成上具有一定的优势。本书认为在国际合作上可以考虑首先开展区域性合作然后扩展到更大范围的合作乃至全球性的合作；但是与上述意见略有不同的是，全球合作并不是区域合作的升级或者替代，而是并存关系。在发展和完成的顺序上，由于区域合作更容易达成，所以区域合作可能达成较早，但是达成全球合作之后，区域合作也有其存在的价值，而不能被替代。

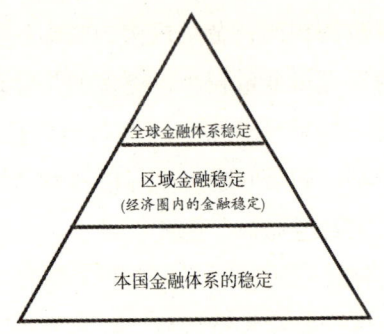

图3-6 金字塔形的金融监管目标

资料来源：本书整理和构思

根据前文金融监管理论的建立，Stolz利用数学公式化了两个金融体系之间的联系紧密度，两个金融体系之间联系的紧密度是和"银行业务往来的精密度"相吻合的。那么，在同一区域内，由于交通的便利和文化的相似，金融行业的业务往来也更紧密些。由此，同时在开放国家中，金融危机的涟漪作用首先波及的是金融、经济联系紧密的国家，然后由于金融全球化的作用，向全球扩散。因此可将金融监管国际合作的目标[①]表达在一个金字塔形里，如图3-6。

这种层级的监管目标设计只是为监管的操作提供一种实施的便利，监管的目标并不是必须满足低一级之后再向高一级推动。英国金融服务局、美联储和欧盟的监管当局讨论的优化监管策略认为：金融监管国际

---

① 关于金融监管国际合作的目标金字塔，作者是根据Dell'Ariccia和Marquez (2001) 以及Herring和Litan (1995) 等人的研究成果和Stolz的模型获得的分析和理解。如有不适，请予以指正。

合作的目标是需要逐步完成和实现的。因此设计层级式的金融监管国际合作的目标是具备理论基础的。同时，Dell'Ariccia 和 Marquez（2001）以及 Herring 和 Litan（1995）等人的研究成果也为层级目标的设定打下了坚实的基础。

金融监管目前还是以国别为界，超主权的金融监管机构在世界范围内还没有形成框架。由于经济全球化、金融全球化的作用，以及金融体系自身的传导性，对于一个开放国家来说，"独善其身"越来越不可能。所以本国的宏观金融体系的稳定和信心最为重要，也是可以通过本国的监管当局努力的。在拥有本国金融体系稳定之后，可以通过经济、政治等手段督促紧密联系的经济圈内的国家进行金融体系稳定的维护，这也就是区域性金融监管合作。以此类推到一个更加广阔的远景里就是全球的宏观金融体系稳定的实现。

金融监管国际机构是监管组织在国际间创造的一个平台，在这一平台上各监管当局遵守相同或相似的监管条例，并受到一定的制约；可以改善原有的监管套利和监管竞争格局，从而为各国提供一个相对平稳和安全的金融运行环境。

3.2 各国对国际金融新秩序的构思

国际金融秩序，也可以称为国际金融体系。国际金融体系是指有关国际货币金融关系、国际金融活动等的一系列制度安排，主要包括国际货币体系、国际金融机构体系和国际金融监管体系等方面的内容。国际货币体系是指支配各国货币关系的有关规则，以及国际间进行各种交易支付所依据的安排和惯例，通常包括以下三个方面的内容：一是国际储备资产的确定，即采用何种货币作为国际间的支付货币以及一国政府应持有何种国际储备资产用以维持和调节国际收支平衡的需要；二是汇率制度的确定，即采用固定还是浮动汇率制度，是否为自由兑换货币；三是国际收支的调节方式，即通过具体的手段解决严重国际收支失衡问题，保证国际收支的顺利进行。

国际金融机构体系是指从事国际金融事务和金融活动的协调与安

排、进行国际金融监管的超主权性质的各种多边组织机构。国际金融机构体系按其覆盖地域范围的不同，可分为全球性的国际金融机构（如国际货币基金组织、世界银行等）和区域性的国际金融机构（如亚洲开发银行、非洲投资银行等）。

国际金融监管体系包括主权国家监管机构对本国金融机构、金融市场的监管和国际金融机构对国际金融活动的监管两个方面。国际金融监管的主要目的在于促进国际金融体系的平稳运行，防范金融危机。以上关于国际金融体系的三个方面，即国际货币体系、国际金融机构体系和国际金融监管体系的功能及作用是密切联系与相互依存的：国际货币体系是国际金融关系的集中反映，构成了国际金融活动的基础；国际金融机构体系是国际货币体系的重要载体，其职能又与国际货币体系的制度性安排紧密相关；国际货币体系的正常运行客观要求与其相适应的国际金融监管体系予以配合，而国际金融机构体系在国际金融体系之中的一个重要的功能就是开展有关国际金融监管的活动。

由美国次贷危机引发的全球金融危机充分暴露了现行国际金融体系的缺陷和弊端，危机发端于美国却给各国造成的伤害也表明了改革国际金融体系、构建国际金融新秩序的极端重要性。金融危机导致全球经济活动几近崩溃，贸易大幅收缩，先进经济体作为一个整体经历了战后最急剧的生产下滑；新兴市场经济体也承受了巨大的压力。为了避免类似危机日后重演，不同的国家或国家集团就改革目前的国际金融体系提出了自己的诉求，这些诉求反映了现行国际金融体系存在的内在缺陷，体现了国际金融体系改革的内容，指明了国际金融体系改革的方向。

3.2.1 美国

对于国际金融体系改革，美国的基本立场是继续维持其在国际金融体系中的主导地位以及美元在国际货币体系中的主要储备货币地位。在此大前提下，美国愿意基于国际经济力量格局的变化对国际金融体系进行相应改革。只是无论哪种改革方案，美国的意图都是尽量把新兴力量纳入到其占主导地位的国际经济体系中去，使改革之后的体系继续为美国的全球经济利益和战略利益服务。

美国之所以愿意对国际金融体系进行改革，主要有三方面的考虑。

其一，引发全球金融危机罪责难逃。此次危机发生之后，由于美国的次贷危机是引发全球危机的直接原因，美国面临国际社会对于其金融监管不力、从而使金融风险蔓延全球的指责压力。其二，迫于世界主要经济力量对比发生变化，是美国同意改革的根本原因。近年来随着新兴市场大国经济实力的上升，美国充分认识到改革现有国际金融体系，承认和确立新兴市场大国在体系中合理合法的代表权和发言权的重要性，否则可能会迫使新兴市场大国另起炉灶，在现有体系之外建立其他的竞争机制，从而对现有的由美国占主导地位的国际经济秩序造成重大挑战。其三，近年来欧洲随着一体化程度的增强，在国际经济体系中对美国的挑战愈发公开化，有时候甚至让美国感到咄咄逼人。为此，美国需要有所应对。美国的策略是表面上高调呼应新兴市场国家和发展中国家的改革要求，实质上却是挟带这个广受支持的呼声迫使欧洲让渡在现有重要国际金融机构中的份额和代表权。二十国集团（G20）匹兹堡峰会的结果是欧洲国家将要减少在 IMF 和世界银行中的份额，美国本身的地位却未遭受任何实质意义上的动摇。而且，美国还要求改革 IMF 和世界银行执董会，要求在减少现有席位的基础上，保留发展中国家和新兴市场大国的席位，实质上是要求欧洲国家减少席位。

值得注意的是，美国在具有一定意愿对国际金融体系进行改革的同时，也对在国际金融体系中享有优势地位所能带来的利益有了更为深切的体会，这会更进一步地加强它维持主导地位的意愿。另外，美国还会通过其他方式转移各国的注意力和改革成本的负担对象。美国在 G20 匹兹堡峰会上大力倡议实现所谓的"强劲、可持续、均衡的增长框架"，一个重要意图在于转移各国要求美国承担危机后进行政策改革的压力，而且希望通过改变 IMF、世界银行和金融稳定委员会 FSB 的部分功能，迫使顺差国采取改革汇率政策以及增长政策的方式承担危机后改革的成本。美国是现有国际金融体系的主导者和最大的受益者，因此站在美国的立场和利益来看，维持现有的金融体系和金融秩序的基本原则，仅是对旧有的体系进行小修小补以继续维持美国在当前金融秩序中的霸主地位。

3.2.2 欧洲

尽管此次全球金融危机起始于美国，但却给欧洲带来了巨大的冲击。根据 IMF 预计，欧元区的贷款和证券价值损失至少会有 8 140 亿美元，如果加上英国（6 040 亿美元）以及其他欧洲国家（2 010 亿美元），损失总额将达 16 190 亿美元，超过了美国的损失额 10 250 亿美元。欧元区经济增长 2009 年和 2010 年将至少会下降为负 4.0% 和负 0.1%，比美国的负 2.9% 和 0.9% 增速还低，其失业率也至少会分别上升至 9.9% 和 11.5%。

这使得欧洲主要国家对美国非常不满，认为是美国在金融监管上的疏漏和美式金融资本主义造成了这次金融危机，并给其他国家带来了巨大损失。而且近年来，随着欧盟的扩大以及欧元地位的巩固，欧洲主要大国在国际金融体系中要求对美国进行制约、扩大自己影响力的愿望也更为明显。关于国际金融体系改革，欧洲和美国具有较多分歧。关于国际货币体系，欧洲国家希望逐步消减美元的霸权地位，提升欧元在国际货币体系中的作用，尤其是法国多次强调了这个立场。

欧洲借助欧元经济圈在世界经济中的地位和欧元在国际货币体系中的地位，提出要对现有的国际金融体系进行全面彻底的改革，并同时扩大由欧洲占据主导力量的 IMF 在国际金融体系中的地位和作用，站在欧洲的立场，以德、法为首的欧洲希望借次贷危机引发的全球金融危机对国际金融体系进行重塑的契机，通过建立新的国际金融新秩序来扩大欧洲在国际金融体系中的话语权和主导作用，以实现与美国并驾齐驱甚至超越美国的目标。

欧洲希望通过提升欧元地位来回避风险以及拓展其金融利益。关于国际金融机构改革，欧洲反对美国要求减少 IMF 执行董事会席位的提议，认为当前的架构具有合法性、包容性和有效性。美国的提议实质上是要消减欧洲国家在 IMF 执董会中的席位。欧洲国家还认为，在改革 IMF 和世界银行投票权和份额比例的同时，也要考虑份额比例与所做金融资源贡献的一致性，而欧洲目前在国际金融机构中所做的金融资源贡献最多。

欧洲国家还要求对 IMF 决策中的最低多数票门槛实行改革。目前

85%的多数票门槛其实给了美国事实上的否决权，而欧洲希望在其份额和投票权下降之后能对美国也有所制约。欧洲国家还认为，关于布雷顿森林机构的改革应该由其成员国协商做出，而不应由其他机制（即指G20）做出。

关于国际金融监管机制的改革，欧洲要求对所有的相关个人、机构和金融产品进行严格监管，特别是在薪酬制度上，要设立限制，防止金融机构和管理层为了短期利益，承担过多风险，从而对整个金融体系造成威胁。德国总理默克尔认为，美国和英国的盎格鲁—撒克逊模式的资本主义监管模式已经失败，现在应该是以欧元区模式来制订全球金融监管规制的时候了。总体来说，欧洲的确在国际金融体系改革上对美国发起了攻势。但是欧洲由于存在众多国家，意见较难达成一致，特别是英国和法、德之间具有较大分歧，在国际金融体系改革的立场上难以形成合力，而且在现有体系的改革中，其某些方面的既得利益将会受损。

3.2.3 日本

关于国际金融体系改革，日本没有采取特别积极的立场，而是基本上采取了跟随美国的策略，这主要有三方面的原因：一是在目前体系中，日本基本上享有全面参与者和规制制定者的地位；二是日本在政治安全等大的格局中需要和美国保持政策一致；三是日本本身的经济利益。日本的1万多亿美元外汇储备中大部分都是以美元形式存在。而且在外汇储备之外，日本还有其他庞大的海外资产（截至2009年3月底为4 295 450亿日元，按当时汇率计算，约合43 362亿美元），其中大部分也都是美元资产。因此，美元的安全对于日本来说，关系重大。为此，日本积极表示支持美元在国际货币体系中的主要地位。但是日本对于国际金融体系改革趋势下其影响力的可能下降有所担心，特别是在G20匹兹堡峰会确立由G20取代G7成为世界经济议题的中心论坛之后，日本原本作为G7中亚洲唯一成员国的优越感受挫，被迫面对国际金融力量格局变化的局面。为此，日本开始重视亚洲经济与金融合作，日本新任首相鸠山更是向中韩两国积极推销"东亚共同体"概念。

日本前首相麻生太郎在华盛顿提出一项雄心勃勃的计划，并声称应由日本带头创立新的全球金融机制。麻生声称："整个高峰会期间，我都感受得到各界对日本高度期望。"他说:"这个世界正迈向新纪元。日本应该采取具体行动。我们期望能持续采取主动,建立一个符合新纪元的新经济体系。"日本在 G20 高峰会上宣布,日本将提供多达 10 万亿日元(约 1 060 亿美元)的外汇储备给 IMF,用来作为受创新兴国家的金融生命线。

日本作为第二大经济体,但其在国际金融体系中的话语权却一直不高,与其在世界中的经济地位相比,相距甚远,因此,日本一直致力于谋求在国际上的金融地位,通过此次金融危机各国重塑国际金融新秩序的机遇,日本计划通过向 IMF 出资等手段来提升日本在国际金融体系中的地位,但总体来讲,日本对于如何对现有的国际金融体系进行改革以建立新的国际金融新秩序并没有过多构想。

3.2.4 中国

随着中国整体经济实力的提升,国际社会越来越多地瞩目中国,尤其是后金融危机时代。美国、欧盟等国家都希望中国能在重整世界经济中发挥重要作用,中国继续一贯地在国际事务处理中的低调风格,强调保持中国的经济稳定和较快发展本身就是对维护国际金融稳定、促进世界经济发展的重要贡献。中国的选择是专注于经济发展,争取国际市场,期望悄然地迈向强国之路。中国在发达国家居心叵测的施压和同为新兴发展中国家的强势竞争之间,在国际金融秩序重建过程中如何定位呢?

尽管不同的国家和国家集团就国际金融体系的改革提出了自己的诉求,但是,这些诉求有的切合实际,有的则过于理想。而且,国际金融体系改革应当实现什么样的目标,国际社会至今未能达成共识。要解决这个问题,我们必须理性地看待美元霸权,理性对待美元在当今国际金融体系中的特权地位和美国在当今世界经济中的作用。

首先,在人类一定的历史阶段,美元霸权的存在具有其必然性和合理性。霸权的存在本身具有其历史必然性,诚如基辛格所说,"几乎就像是存在某种自然规律一样,每个世纪都会有一个大国崛起,它有力量、有意志、有知识和道德上的激励,依据它自己的价值体系,来重塑整个国际体系。"国际社会如此,作为国际社会有机体构成部分的经济领域也是如此。正是因为历史的必然性，人类社会大国不断兴起，货币体系也走过了贵金属占主导地位到英镑占主导地位再到现在的美元霸权这样一个历程。同时，霸权的存在具有一定的合理性，因为，在一定的程度上它解决了国际社会的无政府状态。当今世界，美国作为霸权国为世界经济的运行制定了相对合理的规则、规章和决策程序。美国理所当然从中受益，但是其他国家亦从中获利。经济全球化使各国经济与美国经济形成了一种共生的关系。可以想象，如果美元崩溃，世界经济也将崩溃，这是任何国家所不能承受的。同时，我们也应当看到美元霸权体系有其自身的生命力。事实上，在美元的主导下，世界经济自1991年至2007年的16年间创造了近3.1%的持续增长，为美国则带来了年平均2.7%的连续增长。

其次，完全放弃美元也不现实。一方面，在可以预见的将来，美国的经济霸权仍将保持，这是美元霸权长期存在的基石。霸权的形成和维持归根结底靠经济实力的支撑。当今的世界经济格局是美国经济占整个世界经济的25%，在贸易、投资以及技术支持领域，美国也是独占鳌头。鉴于美国对全球资源的掌控和美国本身经济体制的活力，在以后相当长的时间里，就经济实力而言，没有任何一个单一的经济体可以与美国"平起平坐"。另一方面，人们的实践和思维惯性决定了美元在国际金融体系中的特权地位将长期存在。在过去的数十年里，美元一直是唯一国际储备货币，在国际贸易结算方面，美元是名副其实的"全球通行证"。现在，方兴未艾的全球化在相当程度上就是"美国化"，即美国凭借其超强实力按照自己的金融、贸易与服务规则来规划世界经济的运行。全球化的三大支柱——美元霸权、美国霸权影响下的世界安全局势以及美国力推的金融与贸易自由化进程，这些无一不是在美国主导下生成。

再次，建立新的国际储备货币过于理想化。金融危机后，有的国家提出了"取代美元"的提议，并得到了很多国家的认同。这提议确实满足了当今许多国家要求改革现行的国际金融体系的呼声。然而，从现实来看，"超主权储备货币"过于理想化，不具备现实操作性。因为它仅仅是从纯经济理性出发思考的结果，而忽视了国际金融体系背后主权国家政治权力所发挥的作用。显而易见，当前国际金融体系是主权国家政治权力较量和运作的结果，其本质始终是大国之间的博弈。

另外，作为美国的盟友，欧盟和日本对此并不热心。就经济实力而言，中国、俄罗斯、印度、巴西等新兴经济体在以后的长时间里无法与美国、欧盟和日本等形成的八国集团抗衡。得不到美国以外的其他工业国家的支持，要建立新的国际储备货币或对现行的国际金融体制进行改弦更张恐怕也不现实。由此可见，国际金融体系改革的终极目标不应是消除美元，而是在美元存在的前提下，建立以多个国家主权货币为框架的多元国际货币体系，并建立完善的国际金融监管体制。正如焦瑾璞指出的：目前各国外汇储备中的美元比例都比较高，美元作为国际货币体系的重要的储备货币，有自己存在的必然性。"目前我们争论以何种货币作为储备货币可暂不多谈，关键是如何在现有的国际货币体系方面向前走。"但是，本轮国际金融危机的爆发和蔓延，充分暴露了现行国际金融体系的诸多缺陷与弊端，同时也强有力地表明了国际金融体系改革的必要性和紧迫性。作为第二大经济体，我们要担负起应有的责任和义务。本书认为，中国在这场博弈中一个基本的利益点在于，尽管中国不一定非要争取成为这场博弈的主导者，但必须展现出作为一个崛起中大国所具有的责任心和基本领导素质。

作出这一判断的基础是什么呢？我们应当把这场关于建立国际金融新秩序的讨论放在世界全球化的进程和反思的大背景中进行考虑。全球化为各国带来了福祉，中国也是受益者之一，但是必须看到，这场全球化运动也遭致了大量反对的声音，许多欧美精英知识分子大力呼吁要反思全球化。因此，在这一过程中，中国需要体现出自身的责任心和基本的领导素质，向其他国家释放这样一种信号："中国不只注重自身的发展，也高度关注全球经济、金融的发展。"在以上前提下，中国在这场建立国际金融新秩序的博弈中有几个具体的利益所在：

一是维系全球金融体系的稳定性。中国已经是世界上最大的投资国之一，并且，高达50%的国民储蓄率以及日益扩大的经济规模告诉我们，中国在未来相当长时期都将是世界上最大的投资国，将近两万亿美元的外汇储备体现了中国对外投资的巨大规模。显而易见，全球金融的稳定对中国的发展比以往任何时候都重要，直接影响着中国自身金融的稳定和实体经济的发展，更直接关乎到中国对外投资的保值增值。因此，全球金融稳定是中国在建立全球金融新秩序谈判中最大的具体利益所在之一。在这一点上，中国与全世界各国应该是高度一致的。

二是在新的国际金融格局下各主要经济体间的货币汇率相对稳定。各主要货币的汇率不出现大的波动，在适当调整的范围内保持汇率的稳定，对于像中国这样物价调整较慢、经济规模很大的经济体具有直接的积极作用。如果各国政府在此问题上具有共识也可以在相当程度上化解人民币升值的压力。

因此，由次贷危机引发的全球金融危机使各国对重塑全球金融体系的愿望和呼声日益高涨，中国作为当前世界第二大经济体，应该主动站出来，承担一个大国应该承担的责任，在建立国际经济新秩序的过程中，采取积极的态度和策略，这不仅仅是建立公正、公平的国际金融新秩序的需要，也是日益强盛的中国经济本身的内在的利益诉求。

国际金融体系包括国际货币体系、国际金融机构体系和国际金融监管体系三大体系，由于涉及内容广泛、庞杂，从而决定了推进其改革的艰巨性，同时各经济体在改革过程中的利益不同，又进一步增加了改革的难度。中国应积极推进国际金融体系改革、构建国际金融新秩序的过程，这也将是中国实现由一个金融大国向金融强国转变的过程。2008年7月在美国华盛顿召开的G20领导人第一次金融峰会上，胡锦涛主席阐述了中国关于改革国际金融体系的目标和原则的基本主张：国际金融体系改革的目标是"建立公平、公正、包容、有序的国际金融新秩序"；而为实现这一目标，必须坚持"全面性、均衡性、渐进性、实效性"四项基本原则，这是中国在世界经济、国际金融领域就国际金融体系改革的目标和基本原则问题提出的全面而系统的创新性主张。

改革国际金融体系的四项基本原则具有深刻的内涵，与改革的目标也是内在统一和互相促进的："全面性"强调的是要进行总体设计，既要完善国际金融体系、货币体系、金融组织，又要完善国际金融规则和程序，既要反映金融监管的普遍规律和原则，又要考虑不同经济体的发展阶段和特征；"均衡性"就是要注重统筹兼顾，平衡体现各方利益，形成各方更广泛有效参与的决策和管理机制,尤其要体现新兴市场国家和发展中国家的利益;"渐进性"强调改革要循序渐进,在保持国际金融市场稳定的前提下,先易后难,分阶段实施,通过持续不断的努力最终达到改革目标;"实效性"要求讲求效果,所有改革举措都应该有利于维护国际金融稳定、促进世界经济发展,有利于增进世界各国人民的福祉。

接下来,中国参与改革国际金融体系的基本内容,应主要包括:提升新兴市场国家和发展中国家在其中的话语权;应赋予国际金融机构更多的监管职能,加强对储备货币发行国的监督;稳步推进国际货币体系的多元化,加强区域性的货币合作。

第一,推进金融机构的改革。改革国际金融体系已经成为不可逆转的趋势,但是,按照渐进、有序的原则,国际金融体系的改革应当先易后难、循序进行。据此,以国际货币基金组织为核心的国际金融机构的改革首当其冲,与此同时,国际金融机构的变革无疑也会有助于推进国际金融监管和国际货币体系的改革。因此,在改革国际金融体系的过程中,中国应把继续推动国际金融机构的改革作为重要目标,两轮驱动,即分别选择相关的国际金融机构承担国际金融风险监管职能和国际最后贷款人的职能,促进国际金融机构的治理结构不断优化和不同机构之间的分工更为合理。从长期来看,我们认为国际货币基金组织可扮演"全球中央银行"的角色,承担国际最后贷款人的职能,而由金融稳定委员会承担国际金融监管的职能。将国际货币基金组织和金融稳定委员会发展成为国际金融机构体系的两大支柱,其他机构各司其职,相互补充。因此,近期内中国在推动国际金融机构改革的过程中,需要密切联系这一长期的目标分工模式。此外,由于金融稳定委员会新近成立,中国可更为积极和深入地参与到其各项活动之中,争取中国在金融稳定委员会之中更大的话语权。

第二,提升人民币在国际货币体系中的地位,推进人民币国际化,有助于提升人民币和中国在国际金融体系中的地位,也会促进国际货币体系多元化的进程。"人民币国际化已成为国际货币体系改革的重要组成部分。与改革国际货币基金组织等国际金融机构的复杂决策程序相比较，推进人民币国际化步伐更有助于实现中国改革国际金融体系的目标。"尽管人民币国际化是一个长期的过程，但是现在确有必要从战略的高度出发，为人民币的国际化创造必要的条件。适时推进人民币的国际化，同时更重要的是要防范这一过程中可能出现的风险，使人民币国际化的进程符合中国经济发展的阶段，服务于中国经济发展的需要。

国际货币体系的多元化有助于促进各国货币之间的相互制衡，防止由于单一的主导货币滥发引致的严重的流动性过剩和金融资产泡沫。但是，国际货币体系作为国际金融体系之中最为重要的制度安排，其变迁和演进是一个渐进和长期的过程，操之过急极易带来金融市场的巨大动荡。中国正日益融入到经济和金融的全球化之中，国际贸易量已处于全球的前列，因此，推进国际货币体系的多元化对于分散中国在全球化进程中的风险极为重要。但考虑到中国规模庞大但结构有待更加合理的外汇储备，中国需要稳步推进国际货币体系的多元化，将国际货币体系多元化同外汇储备结构调整等方面结合起来，只有如此，才能最大程度地趋利避害。

2008年金融危机以来，改革现行国际货币体系的呼声越来越高，具体实现路径众说纷纭，我国应该在国际金融新秩序的建设中采取更积极的策略。归纳起来，目前主要有三种思路。一是在现有国际货币体系框架内努力发挥自身的积极作用，与主要发达经济体协商如何进一步发挥和体现中国日益重要的作用。二是作为现行国际货币体系的批评者，提出推倒重来的方案。比如，创立全新的超主权货币。三是与以金砖国家为核心的其他新兴市场经济体结成统一战线，联合成为一个整体，与发达经济体形成抗衡或竞争关系，推动包括人民币在内的金砖国家货币的国际化进程。总体上，第一种选择是新瓶装旧酒，推动发达经济体自发改革国际货币体系，无异于与虎谋皮，现行国际货币体系的缺点也将难以得到根本性的纠正。第二种选择更具理想主义色彩，需要得到包括发达经济体在内的所有经济体认同，国际市场接受程度不容乐观，耗时费力且不确定性大。第三种选择目前来看，比较有利，也比较可行，一是符合世界经济重心转移和国际货币体系多元化的趋势，能为世界提供更多的货币选择和投资机会，有利于加强国际储备货币的竞争和约束机制,二是具有现实基础,将给中国及其他国家带来显著收益。

3.2.5 其他新兴经济体

目前,作为新兴市场国家的代表,"金砖四国"拥有全球14.4%的生产总值,其经济增速和增量都令世界瞩目。新兴市场大国已经成为全球政治、经济格局中一支不可忽视的重要新兴力量。长期以来,这些国家在国际金融体系中的代表权、发言权不足,随着经济实力的上升,它们也各自或者联合发出了要求对国际金融体系改革的呼声。总体而言,它们的要求代表了大部分发展中国家的要求。金融危机发生之后,这些主要的新兴市场大国受到严重影响,更加激起了它们对于现有国际金融体系的不满,对改革的要求更为强烈。

俄罗斯对国际金融体系的改革较为激进,提出了全盘改革计划,认为应通过制定公约来增加国际调控机制的合法性和实效性,通过储备货币多元化和金融中心多元化来巩固世界金融体系的稳定性,建立现代化风险管理体系,以及建立规范金融市场参与者行为的体系。

印度对国际金融体系改革积极,主要是希望体现其大国地位,增加发言权和代表权。印度认为,IMF和世界银行的份额比例与投票权必须进行改革,IMF至少应该转移六七个百分点给发展中国家。IMF执行董事会需要进行重组,要让其更具地区平衡性,且对其规模的任何变化都需要保护发展中国家的代表性。当前IMF投票权公式应该进行改革,购买力平价的GDP应该成为主要因素。印度认为,G20代表了国际金融秩序改革的方向,增加了发展中国家的代表性和发言权,在国际舞台上应该发挥更大、更积极的作用。

巴西认为,国际金融体系改革必须建立一个新型国际资本流动调整机制,改变目前以国际货币基金组织为主导的贷款机制,降低新兴经济体今后继续遭受国际金融危机冲击的可能性,国际金融机构应更具有合法性和代表性。巴西认为要建立新的国际金融体系必须终结美元作为唯一全球储备货币的地位。

3.2.6 各国建立金融新秩序构思的总结

综上所述,现行的国际金融体系的改革包括三个方面的内容:第一是要改革现行的美元占主导地位的单一的国际货币体系;第二是要改变以美国为首的发达国家在国际金融机构中的话语霸权,增加发展中国家的代表性;第三是要完善国际金融监管。所有这一切的矛头都对准美元霸权,其实质就是要改变美元在现行的国际金融体系中的霸主地位,改变世界经济对美国经济的依赖性。

美国是现行国际金融体系的核心,也是当前国际金融体系最大的受益者,因而美国在国际金融体系改革过程中的主要主张就是尽可能维护其在国际金融体系之中的核心地位。在三次 G20 峰会中,美国极力呼吁全球各国进行宏观经济政策的协调合作,引导全球经济尽快走出金融危机,同时也在寻求全球经济更加均衡的发展模式;在涉及国际金融体系改革问题时,美国极力唱多美元,维护美元在国际货币体系中的主导地位;美国赞成加强国际货币基金组织等在国际金融体系中的作用,同意将 IMF 的 5% 股权配额移交给新兴市场和发展中国家。此外,美国还建议把 IMF 理事会席位从 24 个减少至 20 个,但却强调这些席位主要应由一些欧盟国家让出。

欧洲国家在改革国际金融体系问题上的一个重要主张就是加强国际金融监管,特别强调加强对对冲基金、评级机构和避税天堂等的监管,其提出的具体措施之一就是对金融机构的管理人员施加严格的薪酬限制手段。此外,欧洲国家也支持对 IMF 进行改革并提高发展中国家发言权,但对于美国提出的减少理事会席位却极力反对,同时欧盟也呼吁应当取消美国在国际货币基金组织的重大事务中的一票否决权。在此基础上,欧洲国家还提出应当尝试开征金融交易税,抑制全球投机性资本在全球范围内短期内的大规模流动。

以"金砖四国"(中国、印度、俄罗斯、巴西)为代表的新兴市场国家和发展中国家,改革国际金融体系的主要思路是:寻求储备货币的多元化,提升新兴市场国家和发展中国家在国际金融体系中的地位,特别是在国际金融机构中的地位;在国际金融机构治理结构得到改善的前提下,提升 IMF 等机构在国际金融中的重要性,同时要求国际金融机构应加强对发展中国家的援助。

综上可见,在改革国际金融体系问题上,各方分歧的焦点主要集中于在后金融危机时代国际金融体系之中的地位问题。新兴市场和发展中国家的改革思路有其合理性，目前已在许多方面达成了共识。例如，在IMF改革过程中，新兴市场和发展中国家所占的配额比例将至少会提高5%，发展中国家和经济转型国家在世界银行的投票权也将至少增加3%。但是，欧洲国家和美国之间的分歧较为严重，欧盟提出的加强金融监管，特别是关于金融机构从业人员严格的薪酬限制的建议并没有得到美国的全力支持；而对金融交易税的提出，美国财长盖特纳也认为时机并未成熟。显而易见，美国之所以对欧盟的建议反应冷淡，主要原因就在于美国力图维护其在全球金融市场中的比较优势；在 IMF 的话语权争夺方面，欧美双方也互不相让，各执一词，美国要求减少欧洲国家在 IMF 中理事会的席位，而欧洲国家却拿美国的一票否决权来反向施压。欧美国家作为当前国际金融体系之中的重要力量，两者之间的严重分歧无疑会阻碍国际金融体系改革的顺利推进。

3.3　相关国际机构及其在金融监管中的作用

20 世纪 30 年代美国大萧条之后，各国开始考虑金融业的监管问题。伴随着金融全球一体化的发展和金融风险被大家的广泛认识，各金融监管当局合作与协调的需要加强了。许多相关的国际组织本着推进国际间监管的协调和合作的原则而成立，从法律效应上来说，目前世界上的金融监管国际合作组织可以被分为两大类。

一类是对其成员国不具备法律约束力的金融监管的国际合作组织，比如巴塞尔银行委员会和国际证监会等。这些组织虽然对他们的成员国没有法律上的约束力，但是他们通过建立一些各个国家都普遍接受和认同的国际监管标准来推动各个成员国之间的合作与监管。另一类国际监管合作组织是建立在国际法或者区域法的基础之上的，这些监管组织通常具有法律约束力，可以对各成员国实行统一的监管标准，欧盟以及北美自由贸易组织是这一类国际金融监管组织的代表。

目前的国际金融监管体系虽然存在不足和有待完善，但是全球的监管组织依然是一个复杂的体系。本章选取其中比较重要的一些机构，尤其是在后金融危机时代起到金融监管作用的金融监管组织进行论述，文中提到的金融监管组织可以简单地列在一张表上（如图3-7）。

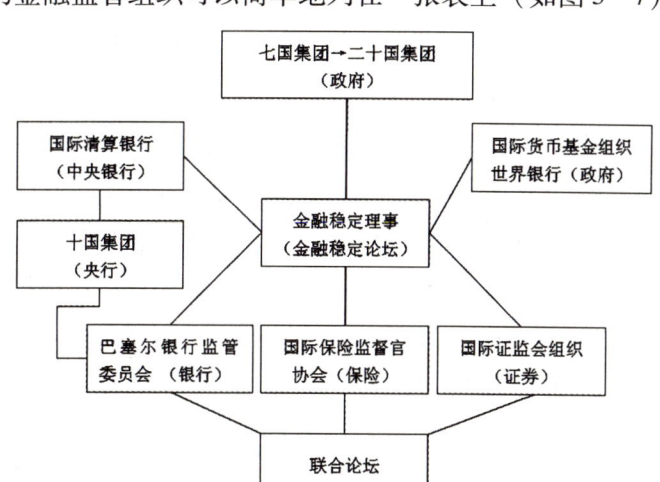

图3-7 主要的金融监管国际组织

资料来源：Davies & Green，2008.15

金融机构的混业经营趋势越来越明显，催生了金融稳定论坛和联合论坛这样的跨行业监管组织，但是当前国际监管体系的主体仍然处于分行业监管的状态。为了梳理庞大的国际监管体系，我们先以分行业的方式对该体系涉及的监管组织进行阐述，包括巴塞尔银行监管委员会、国际保险监督官协会和国际证监会组织，然后再讨论这些应对整个金融监管系统的国际金融组织。

3.3.1 巴塞尔银行监管委员会

巴塞尔银行监管委员会①（Basel Committee on Banking Supervision，BCBS，中文简称：巴塞尔委员会）被认为是最为重要的银行业国际金融监管组织。巴塞尔委员会原称是"银行业监管规则和实践委员会（Committee on Banking Regulations and Supervisory Practices）"，最初由十国集团（包括美国、瑞典、英国、比利时、法国、加拿大、德国、荷兰、意大利和日本）的央行在面对国际货币和银行业市场的严重混乱的情况下，于1974年共同成立的。巴塞尔委员会总部设在瑞士的巴塞

---

① BIS；巴塞尔银行监管委员会.2012. http：//www.bis.org/bcbs/index.htm

尔，由此而得名；是国际清算银行下属的一个正式机构，各个国家的中央银行以及银行监管当局的代表每年会定期举行四次会议。巴塞尔委员会是由十国集团的央行建立起来的，这些央行大部分都兼顾监管银行的责任，所以建立巴塞尔委员会就是一个银行监管中的监管。巴塞尔委员会的第一次会议是在1975年的2月召开的，达成的第一个协议被称为《1975年协定》。这一协定填补了当时监管体系中的空白，第一次就金融机构母国和东道国之间的监管职责进行了划分，确保任何跨境金融机构都不能逃脱金融监管。

目前巴塞尔委员会的成员国除了最初的十个国家之外，还吸纳了澳大利亚、瑞士、阿根廷、土耳其、巴西、沙特阿拉伯、印度、印度尼西亚、韩国、卢森堡、墨西哥、西班牙、南非、俄罗斯、中国以及中国香港等二十七个国家和地区。巴塞尔委员会本身其实没有法定的跨国监管权力，委员会所做出的决定和计划或者监管标准和指导原则也没有法律效力。但是出于巴塞尔委员会的成员遍布世界各大洲，而且委员会的成员由世界主要发达国家构成，影响力比较大，所以巴塞尔委员会所决定的监管标准和指导原则，统称为巴塞尔协议，会被成员国和非成员国普遍接受和执行。巴塞尔协议制定的主要目的是完善和补充各个国家对银行业的监管体制；尽量避免和减少银行的经营风险；消除世界各国监管的差异等。这些协议的制定和推广，对稳定国际金融秩序起到了非常积极的作用。

巴塞尔委员会的主要宗旨是各个国家的监管信息的有效交换，国际银行业务的监管得到改善，填补国际监管中的漏洞，并且建立了一个资本充足率的最低标准。近些年来，巴塞尔委员会把主要精力放在资本充足率的研究中。为了消除由于各国对资本充足率要求的不同而产生的种种问题，巴塞尔委员会在1988年7月发布了著名的《巴塞尔资本协议》，在其中提出了一个统一的资本衡量标准，并规定它的成员国要在1992年年底之前开始实施。这里需要强调的是，巴塞尔委员会没有凌驾于国家之上的监管特权，其协议不具备强制法律效力。在这之后，巴塞尔委员会在应对市场的变化上对这个协议进行多次补充和修改，不断加以完善。

1998年以来，虽然有些会员国在推行《巴塞尔资本协议》上"不令人满意"，但是《巴塞尔资本协议》广泛地被巴塞尔委员会的成员国和非成员国（地区）参考和采用，尤其是拥有国际性银行的国家和地区（Eatwell, J. and Taylor, L., 2000）。虽然《巴塞尔资本协议》进行了不间断的修改，但是到了20世纪90年代，巴塞尔委员会认为最初的协议已经无法适应迅速发展和复杂的金融市场，因此对旧协议从三个方面进行了重要变动：

首先，就协议对于性质不同的风险的资本要求一样，这种计算方法过于简单。随着金融创新和各种衍生品的出现，金融产品的风险明显具有较大区别，对不同的风险计算权重也应该存在不同。

其次，各国普遍认为加强银行自身的风险管理非常重要，有些国家呼吁参考银行内部模型生成的数据。由于银行内部模型带有主观性，某些国家认为这是一种通行的手段，某些国家从法律上认为是不可靠的。

最后，越来越多的人达成共识，认为监管当局应该通过明确的规则将银行管理暴露于市场约束之下，同时发挥市场约束和制裁作用来加强银行潜在风险头寸信息的披露。

历时6年多，以国际银行体系的稳定发展为方向，避免各国资本要求不一致而导致的国际资本流动的非公平竞争为基础，于2004年通过了修订终稿，这就是《巴塞尔新资本协议》。新协议是以三个互相补充的要素或者称为"三个支柱"为基础的。第一支柱是对资本金的要求，以银行的风险加权资产最低不少于8%为基本要求。第二支柱是监管评估。监管当局对银行的系统和风险管理的质量做出衡量和判断，从而可以调高对降低第一支柱对于资本金的要求。第三支柱是对市场约束的规定，对信息披露和增加市场透明度等制定了更为严格的具体规定。

巴塞尔委员会建立了新协议实施小组，制定具体的合作和协调机制，主要目的是为了节约监管资源，减轻实施新协议的负担。同时鼓励各国监管当局就新协议进行实施方面的交流，并规定在母国和东道国就合作推进新协议的有效实施上以母国为主。除了27个巴塞尔委员会的会员国家和地区，另外有88个非巴塞尔委员会的国家和地区也已经实施了这个新的资本协议（巴塞尔银行监管委员会，2012）。但是在美国新协议的实施却是异常艰难的。新协议在美国受到了正反两方的辩论，由于新协议包含不同的商业模式，这造成了美国各监管部门之间的权力较量和争论。而在美国和其他国家同时开展业务的国际银行极力反对美国采取不同于他国的资本要求。直到 2007 年美国的四家银行监管部门才达成共识，实施"在很大程度上和国际做法保持一致"的规则（Davies & Green，2008.22）。

除了对资本的要求外，巴塞尔委员会还制定并通过了《有效银行监管的核心原则》（简称《核心原则》），为世界范围内制定可靠的监管标准。核心原则针对的问题是流动性风险的管理，充足的资本也有可能造成流动性的不足。长期以来，各国监管当局一直无法对流动性监管达成统一，充足的资本可能不能提供足够的流动性，同时造成虚假的安全感。国际金融机构可能会错配对于母国和东道国的流动性，而本地化的监管手段可能会加剧某些机构的风险。

进行跨国界有效监管的前提是信息的交流。巴塞尔委员会对信息交流提出的基本原则包括：监管当局拥有足够的信息；不同国家的监管当局保持合作态度并计划需要的信息；监管当局向金融机构提供变动信息和潜在信息；监管当局之间分享监管信息等。

在信息合作上，主要有双边和多边合作两种主要形式。两个国家为了能够进行有效的信息交流，都会以协议的形式来实现双边的信息交流。目前采取的主要形式有：（1）谅解备忘录。就是两个国家互相对对方提出的一些应该履行的义务的协议。谅解备忘录是两个国家之间的一种声明，并没有法律效力。谅解备忘录是为了使两个国家之间的信息交流更加有效，并且可以使两个国家建立一个信息交流的渠道。另外，谅解备忘录还有另外一种形式，叫做金融信息共享协定。这个协定规定同时在两个国家经营的公司需要定期向两个国家的监管当局汇报有关的信息。（2）双边援助协议。双边援助协议是在当一个国家的监管当局需要另一个国家的跨国金融机构的一些信息的时候，两个国家需要签订的一项协议。（3）非正式信息交流或者信息共享安排。这种双边交流主要是通过监管者的个人关系实现的，这是一种不可靠和不稳定的安排。

多边合作是通过国际监管组织的监管建议或者监管标准来完成的。1990年4月，巴塞尔委员会制定了《银行监管当局之间的信息交流》，对信息交流的国家提出了许多建议。另外，巴塞尔委员会还制定了其他一些有关跨国银行信息交流的文件，包括《对国外银行的监管原则》等等。1990年4月，巴塞尔委员会还公布了《银行业与证券业监管者之间的信息交流》，对银行和证券监管者的信息交流提出了一般原则。在1995年，银行、证券以及保险业监管者的三方小组制定了《金融集团的监管》，对金融集团监管的信息交流提出了一些要求。1999年，联合论坛公布了《监管信息共享的基本框架（对金融集团的监管）》，对金融集团的监管者之间的信息交流提出了一个基本的框架。

美国次贷危机对于《巴塞尔协议Ⅲ》达成一致具有推动作用，2010年9月，巴塞尔委员会宣布各方代表达成协议。这项协议提高了商业银行的核心资本充足率（从4%上调到6%），计提防护缓冲资本2.5%和0%到2.5%的反周期准备资本。总资本充足率维持8%，核心资本充足率提高到8.5%—11%[1]。同时，在降低银行流动性风险上，引入杠杆率、流动杠杆率和净稳定资金来源比率的要求。该协议考虑次贷危机后的全球经济情况和银行的贷款能力，给出了一个相对较长的过渡期，要求全球的商业银行在2013年到2019年的五年间逐步完成调整。《巴塞尔协议Ⅲ》的执行会降低银行业的现有利润率，不过由于该协议的推行正好在次贷危机之后，各国监管当局目前都把金融系统的安全作为最为重要的问题，这对于《巴塞尔协议Ⅲ》的推行是有利的。

3.3.2 国际证监会组织

国际证监会组织（International Organization of Securities Commissions，IOSCO）是对应于巴塞尔委员会在证券行业的国际机构。国际证监会组织总部设立于加拿大，正式成立于1983年。IOSCO具有广泛的国际联系，目前（截止到2012年2月）该协会拥有201个成员机构，包括115个正式成员，11个联络成员和77个附属成员。中国证监会于

---

[1] BIS；巴塞尔银行监管委员会。2012. Basel Committee on Banking Supervision Regorms – Basel Ⅲ. http：//www.bis.org/bcbs/basel3/b3summarytable.pdf

1995年加入该协会,成为其正式会员,并将于2012年5月在北京举办IOSCO第37届年会①。

依据IOSCO章程,同一辖区下只能有一家监管机构成为正式成员,其他监管机构可成为联系成员,同时交易所和金融机构等都可以成为附属成员。对于不同的成员其拥有的权力也不相同。正式成员拥有全部权力包括投票权;联系成员可以成为主席委员会的成员,但不能参加执行委员会,没有投票权;附属成员则只能参加自律性组织咨询委员会。各会员可参加的机构可以清楚地从国际证监会机构组织图(图3-8)看出。

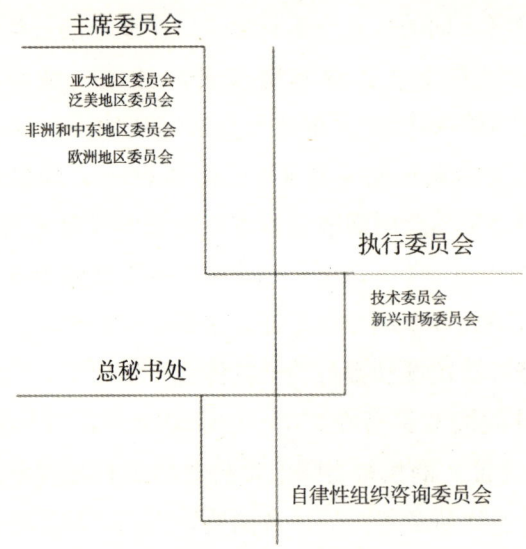

图3-8 国际证监会机构组织图

资料来源:国际证监会组织,2012②

IOSCO不同于巴塞尔委员会的一个明显特点是,允许自律性组织和其他国际组织作为联系成员或附属成员加入。其成员国的广泛程度远大于巴塞尔委员会,比巴塞尔委员会更加民主,几乎所有拥有股票交易所的国家都是其成员。IOSCO的标准并不具备强制实施力,没有国际法的

---

① IOSCO;国际证监会组织. 2012. http://www.iosco.org/about/
② IOSCO;国际证监会组织. 2012. http://www.iosco.org/about/index.cfm? section = structure

性质。只有在各成员国签署确认后，该标准才成为成员国证券监管遵守的规则。

总的来说，IOSCO 的宗旨为：通过合作建立统一的国际监管标准，保护投资者利益，维持公平和有效的市场机制，识别系统性风险；确保投资者拥有一个健康的投资环境，加强信息交换促进证券市场的发展，减少监管误区；在区域和国际水平上提供相互扶持，建立证券交易的标准和实现更有效监管。

国际证监会组织积极致力于推动国际证券监管的合作，在成员国之间通过多边谅解备忘录和制定一系列决议和准则、为各成员国提供监管基础这两方面取得对世界证券行业的贡献。证券监管当局所面临的问题常常没有银行领域那么尖锐，证券行业处理的问题也比较窄，不像巴塞尔委员会所负责问题的影响那么广泛。由于各国监管加入证券监管当局的初衷是为了更好地维护本国市场，提高本国证券市场的竞争力，所以国际证监会组织起初是提供帮助信息给各国监管当局。后来发现在处理合规问题上常常要进行跨境合作，而且不时要面对共同挑战。出于对跨国证券欺诈和其他不正当行为的担忧，很多国家都签署了有关信息交换的双边协议。由于这些信息缺乏统一的框架，因而形成了繁杂的双边谅解备忘录体系。当违规交易或者发现有问题时，这些双边谅解备忘录又出现执行困难，起不到应有的作用。在这种情况下，IOSCO 提出了签署多边谅解备忘录的构思并于 2002 年通过了《关于咨询、合作及信息交流的多边谅解备忘录》。但是多边谅解备忘录的签署起初进展缓慢，直到 2005 年在斯里兰卡的年会上，各会员国才表示争取在 2010 年前获得多国通过。截止到 2012 年 2 月，目前 IOSCO 的 115 个会员中的 80 个（包括中国证监会[①]）签署了多边谅解备忘录。

在证券行业监管的目标和原则上，国际证监会组织于 1998 年发布了《国际证监会组织原则》，该内容被认为是证券市场的国际监管标准，并被国际货币基金组织在 1999 年起采纳使用。另外，IOSCO 在跨

[①] IOSCO. 2012. List of Signatories to the IOSCO Multilateral Memorandum of Understanding Concerning Consultation and Cooperation and the Exchage of Information. http：//www.iosco.org/library/index.cfm? section = mou_ siglist 2012.2.22

境证券监管上发布了《推动跨国发行者跨境发行和上市的信息披露标准》、《跨国证券与期货欺诈》等一套全面的监管文件,并为打击金融罪案及保障投资者权益提供更有效的基础文件。

近年来,一个新市场变化逐渐被大家重视起来。证券市场正在被少数几家全球机构所垄断,包括法国、荷兰、比利时、葡萄牙股票市场和英国期货市场的泛欧交易所于2007年被纽约证券交易所收购;随后,纳斯达克证券交易所收购了北欧证券交易所,伦敦证券交易所收购了意大利交易所。证券市场的并购行为频繁出现。纽约证券交易所在收购了上述多家证券和衍生品交易所之后,还有许多其他跨境收购并购计划在商谈中。这种形式的发展使得签署跨境信息交换和规范跨境监管成为必需,国际证监会组织正好可以提供这一平台,无疑将在国际证券行业的沟通上发挥更大作用。

3.3.3 国际保险监督官协会

国际保险监督官协会[①](International Association of Insurance Supervisors, IAIS)以提高保险监管水平、制定统一标准、保护消费者权益和促进全球金融稳定为主要目标。相对于巴塞尔委员会和国际证监会组织,IAIS成立于1994年,在时间上比较晚。IAIS为会员提供保险条例和监管服务,吸纳了140个国家里的190个监管组织,会员国的保费收入涵盖了世界上97%的保险费用,并在世界各地拥有120个观察员。中国于2000年正式成为IAIS的会员,并于2006年10月成功举办了第13届国际保险监督官协会的年会。

2012年1月,为了顺应国际保险行业的发展,以及创造一个更好的、稳定的金融环境,国际保险监督官协会更新了其架构:增设监管论坛,直接归属执行委员会;考虑到确保金融稳定的重要性,在执行委员会之下,增加金融稳定委员会;缩减了负责制定标准的技术委员会下属单位。详见图3-9:2012年更新的国际保险监督官协会组织机构图。

---

① IAIS:国际证监会组织. 2012. http://www.iaisweb.org

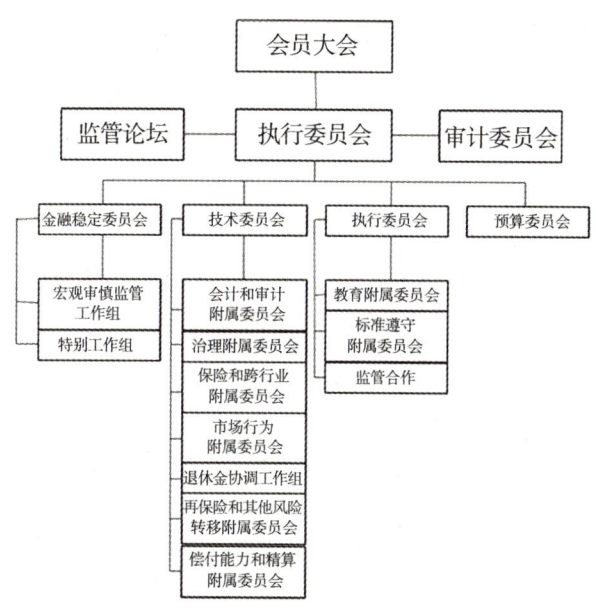

图 3-9 国际保险监督官协会组织结构图

资料来源：国际保险监督官协会，2012① 和本书翻译

相比于银行和证券行业，保险行业在相当长一个时期里都是以国内市场为存在依托的。而且保险监管者始终不具备密切合作模式，原因在于很多国家的监管机构隶属于（或者过去隶属于）某一政府部门，不具备独立的决策权力。同时，由于保险费在一个国家里通常都是封闭管理的，单个国家保险业受到冲击的时候也很难向外扩散，一般不会导致大型的跨境风险波动。

秉承巴塞尔委员会和国际证监会组织的原则和精髓，IAIS 做出的贡献在于建立了针对保险行业的《保险监管核心原则》，该原则对于监管国家内部包括保险监管者的组织结构、市场准入和行为监管、监管处罚以及审慎监管等。在此基础上还提供了国际间的跨区经营、协调和保密等方面的基本准则。世界银行直接参与了《保险监管核心原则》的建立，并提供了经济支持。

---

① IAIS；国际保险监督官协会. 2012. http：//www.iaisweb.org/Organisational – Structure – 33

IAIS 和其他国际组织一样，于 2007 年出台了《合作和信息交流的多边谅解备忘录》。虽然保险业传统上拘泥于本国的市场，但是随着金融一体化的进程，保险公司的跨国业务也越来越多。为了使保险公司对于偿付能力有一个统一的标准，IAIS 出台了一个"路线图"。路线图的第一步是提高各成员国现有偿付能力的评估和增加保险公司的透明度，然后是逐步推行统一的评估体系。IAIS 借鉴巴塞尔委员会的三大支柱模式——最低资本金要求、监管评估以及市场和信息的透明建立新的评估框架。

3.3.4 联合论坛

联合论坛（Joint Forum）[①] 成立于 1996 年，是建立在 20 世纪末以来银行、证券和保险行业的混业经营之后各国金融监管当局和国际金融监管组织所要共同面对一些问题的基础上的，其中大型金融集团的监管是一个热点问题。为此，巴塞尔委员会、国际证监会组织和国际保险监督官协会建立了联合论坛。为了保证论坛的公平性，银行、证券和保险机构的数量相等。

目前，联合论坛的成员代表来自澳大利亚、比利时、加拿大、法国、德国、意大利、日本、荷兰、西班牙、瑞士、英国和美国 12 个国家。论坛秘书由巴塞尔委员会提供，欧盟作为论坛的观察员[②]，见联合论坛的成员列表（表 3-6）。论坛的议题有三个方面：风险评估、统一监管和消费者保护。

表 3-6 联合论坛的成员

国家	银行业	保险业	证券业
澳大利亚		澳大利亚审慎监管局	澳大利亚证券投资委员会
比利时	银行、金融和证券委员会		
加拿大		金融机构监管局	证券金融局
法国	金融监管局（ACP）	金融监管局（ACP）	金融监管局（ACP）

[①] BIS. 2012. http://www.bis.org/bcbs/jfhistory.htm
[②] Joint Forum；联合论坛，2012. http://www.bis.org/bcbs/jointforum.htm

续表

国家	银行业	保险业	证券业
德国	联邦金融监察局	联邦金融监察局	联邦金融监察局
意大利	意大利银行（央行）		意大利证券交易委员会
日本	日本银行	金融服务社	金融服务社
荷兰		荷兰银行	
西班牙			西班牙国家金融证券局
瑞士	瑞士金融市场监督局	瑞士金融市场监督局	
英国	金融服务局	金融服务局	金融服务局
美国	美联储&货币监理局	全国保险监管协会	证券交易委员会
BCBS			
IAIS			
IOSC			
欧盟（观察员）			
秘书	BCBS		

资料来源：联合论坛，2012

由于各方面势力的博弈，对金融集团的管理在国际层面上一直没有实质性的进展。美国是拥有大型金融集团最多的国家，其政治力量抵制对大型金融集团的监管。不过，论坛的努力还是取得了一定的成果，2005 年 1 月欧盟率先采纳了联合论坛在信息和协调方面的建议，发布了《金融集团指令》，对大型金融集团进行了界定，在单独监管和部门监管两级监管体系之外引入了集团层面的补充监管。鉴于欧盟的带领作用，美国也接受联合论坛的建议，各监管部门之间达成协议逐步实现对金融集团的共同监管。

虽然联合论坛成立的初衷是为了应对迅速膨胀的金融集团，但是论坛还产出了一些别的成果。对于反洗钱、操作风险和风险计量等金融行业需要共同面对的问题联合论坛也尝试进行解决。联合论坛希望消除金融行业之间的监管差异到目前为止还没有真正执行，论坛的权力和政策取向往往取决于创建论坛的几家国际组织。由于联合论坛的主要成员国家为欧洲国家，当论坛的议题涉及比较广阔的领域时是非常难以推行的。

3.3.5 金融稳定论坛和后继的金融稳定理事会

金融稳定论坛（Financial Stability Forum，FSF）①成立于1999年4月亚洲金融危机之后，为国际清算银行下属机构。在各国际组织对金融监管做出不懈努力但仍然不能避免亚洲金融危机爆发的背景下②，七国集团（G7：美国、德国、英国、法国、加拿大、意大利和日本）财长和央行行长会议采纳了德国央行行长蒂特迈尔的建议，成立FSF，其作用为促进国际金融体系的稳定、增进国际监管机构和国际金融机构的合作以及评估影响全球金融稳定的问题。

论坛的主要成员为七国集团各国负责金融稳定的部门，即财政部、监管当局和中央银行，以及1999年6月，决定扩大金融稳定论坛引入的新加坡、香港、澳大利亚、荷兰和瑞士金融中心的代表。同时金融稳定论坛有6个国际金融机构的席位，分别为：国际货币基金组织和世界银行分别占有两席，国际清算银行和经合组织各占一席。金融稳定论坛主要研究工作集中在识别金融风险和保证金融市场的稳定，具体表现在高杠杆机构对金融稳定的影响研究、离岸金融中心对金融体系的风险、发达国家和发展中国家之间资本流动造成的风险研究。

鉴于各国不同的存款保险制度，金融稳定论坛于1999年成立了一个专门针对存款保险问题的工作组。后来在该工作组的提议下于2002年成立"国际存款保险机构协会（International Association of Deposit Insurers，IADI）"③。该协会的目标是"和世界分享存款保险经验"，在这一目标的指引下，促进国际协调和合作。国际存款保险机构协会的会员为存款保险机构，即假定会员国存款保险机构已经独立存在。目前，该协会拥有63个正式成员和8个联络成员。因为协会组建时的假定存款

---

① 金融稳定理事会. 2012. http：//www.financialstabilityboard.org/index.htm
② 尤其是危机波及的东南亚主要国家包括泰国、印度尼西亚的银行体系基本上都符合巴塞尔对银行最低资本充足率的要求，但是还是出现了资本流动性危机，并对全球金融体系产生不良影响。
③ IADI；国际存款保险机构协会. 2012. http：//www.iadi.org/aboutIADI.aspx

保险模式不被某些国家承认，所以英国、德国、西班牙和意大利等国都不是该协会的会员。考虑到该协会的会员及其多元化，协会目前的主要工作是为建立存款保险的国家提供技术指导，而在加强金融安全网的构建上所做的工作比较有限。

金融稳定论坛成立后对于帮助成员国在增强金融体系稳健性方面发挥一定作用，尤其是2000年，稳健金融体系的核心标准的出台对于增强国际金融标准一致性发挥了建设性的作用。事实上，论坛很难在广泛征求各成员国的意见基础上出台具有建设意义的政策。虽然1999年建立论坛时设定的目标未能全部实现，但是论坛发布和汇编的文件为金融稳定提供给各国一个参考的标准。

2008年次贷危机的爆发对全球产生了大范围的波及。2009年4月在伦敦举行的二十国集团（G20）金融峰会决定，将金融稳定论坛成员国扩大至包括中国在内的二十国集团成员及相关经济体和国际组织，并将金融稳定论坛更名为金融稳定理事会（Financial Stability Board, FSB）。FSB的成员按成员的性质可以分为三大类：G20成员的财政金融监管机构（包括财政部、央行和金融监管组织）、国际组织、国际标准制定机构和其他团体，见图3-10。国际组织除了原来金融稳定论坛的四个外，吸纳了欧洲央行和欧洲委员会。国际标准制定机构和其他组织除BCBS、IAIS、IOSCO外，还包括全球金融体系委员会（Committee on the Global Financial System, CGFS）、支付及结算系统委员会（Committee on Payment and Settlement Systems, CPSS）、国际会计准则委员会（International Accounting Standards Board, IASB）。

金融稳定理事会处于国际监管体系的中心位置，其工作主要集中在次贷危机后普遍受到各国重视的宏观审慎金融监管方面，同时促进各金融监管当局和金融监管国际组织之间的协调工作。根据G20的要求，工作的具体内容为：评估金融体系的脆弱性，并为对抗脆弱性提供方案；促进各监管部门之间的信息沟通；检测监管政策的实施效果，并根据市场发展提出改进意见；制定跨国危机的应对方案等。

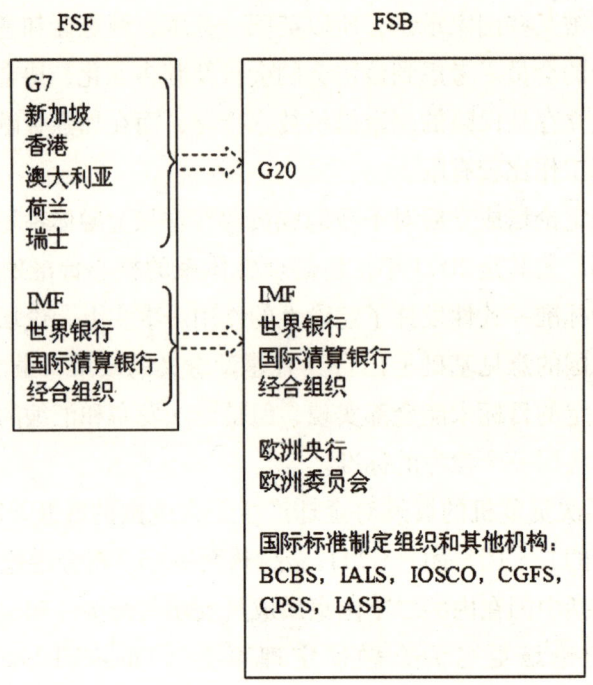

图 3-10　金融稳定论坛基础上的金融稳定理事会

资料来源：金融稳定理事会，2012 和本书翻译

3.3.6　国际货币基金组织和世界银行

国际货币基金组织（International Monetary Fund, IMF)[①]成立于 1945 年，设总部于华盛顿，在鼓励全球货币合作、确保金融稳定、促进国际贸易、促进就业和发展经济上履行其职责。"特别提款权（Special Drawing Right, SDR)"就是该组织于 1969 年创设的。SDR 又称为纸黄金，它是货币基金组织分配给每个会员国一种使用资金的权利；是国际流通手段的一个补充，主要是为了调节一些成员国的国际收支的逆差。当会员国出现国际收支逆差的时候，可以用"特别提款权"的份额向货币基金组织指定的会员国换取资金，以便平衡国际收支的逆差或者偿还向货币基金组织的贷款。而且，"特别提款权"还可以和黄金一样充当国际储备。但是"特别提款权"只是一种无形的记账单位，并

---

① IMF；国际货币基金组织．2012. http：//www.imf.org/external/index.htm

不是有形的货币,使用它的时候必须先兑换成其他货币。成员国必须提供必要的经济资料,并且需要在外汇政策和管理方面接受国际货币基金组织的监督。

IMF 的成员国现有 187 个国家(截至 2012 年 2 月),除了朝鲜、图瓦卢、古巴、摩纳哥和安道尔等国外,所有联合国的成员国都已经成为国际货币基金组织的成员国;而且也只能在拥有联合国成员国的席位之后才能成为国际货币基金组织的成员国。国际货币基金组织的最高权力机关是理事会,是由每一个成员国各派一名正、副理事组成,一般都是每个国家的财政部长或是央行行长来担任。另设执行董事会来负责货币基金组织的日常工作,执行董事会由 24 位执行董事组成,它会行使理事会委托的所有权力。这 24 位执行董事中的 8 位是由美国、英国、法国、德国、日本、俄罗斯、中国和沙特阿拉伯各指派一位,其余的 16 位是由其他的成员国分成 16 个选区进行选举而产生的。货币基金组织的总裁由执行董事会直接选举产生,负责货币基金组织的日常工作,任期五年,可以连任。

简单地说,IMF 是会员国央行的最后贷款人。中国的代表权于 1980 年 4 月恢复,自 1991 年起,国际货币基金组织在北京设立了常驻代表处。现拥有 95.259 亿特别提款权,占全部特别提款权的 6.39%;拥有 96 000 张选票,占所有投票权的 6.07%。虽然美国出资占总比 17.7%[1],余下的超过 80% 为其他成员国的出资比例,但美国掌握着决定性的投票(廖子光,2010.287)。中国和美国在 IMF 中拥有的配额和投票权可以清楚地从表 3 – 7 中看出。在此次金融危机中,IMF 直接参与对冰岛、乌克兰、墨西哥、巴西和韩国的救援活动[2]。

---

[1] 经过改革,这一比例有所下降。
[2] 章节 4.2 危机背景下金融监管国际合作的应急措施和成效对 IMF 的直接救援活动有所阐述。

表3-7　中国和美国在IMF拥有的配额和投票权

	配额		投票权	
	特别提款权（亿）	占总特别提款权百分比	选票	占总选票百分比
中国	95.259	6.39	96 000	6.07
美国	421.224	17.70	421 965	16.75

资料来源：IMF①.2012

世界银行（World Bank，WB）②成立于1944年，其总部也设在华盛顿，和IMF并列为世界两大金融机构。世界银行在全球设有100多个代表处，共聘有1万多名工作人员。世界银行是向全世界发展中国家提供金融和技术援助的重要机构。世界银行并不是一家常规意义上的银行，它由归186个成员国所有的两个独特机构——国际复兴开发银行和国际开发协会构成。国际复兴开发银行的宗旨是减少中等收入国家和信誉良好的较贫困国家的贫困人口，而国际开发协会则支援世界上最为贫困的国家。

在亚洲金融危机爆发前，IMF和世界银行在金融监管方面的作用微不足道。完善监管准则和确保准则的实施都不是两家国际组织的核心任务。亚洲金融危机促使人们重新考虑对于金融体系的监管不当会损害经济的健康发展，七国财长在亚洲金融危机之后呼吁IMF和世界银行关注成员国金融体系的稳健度，对风险提供预警功能。因此，1999年两家机构联合推出《金融部门评估纲要（Financial Sector Assessment Program，FSAP）》，其目的在于填补国际金融架构中的空白，提高危机防范能力。《金融部门评估纲要》主要考察各被评估国实施国际标准和规则的程度，以IMF制定的《财政透明度行为准则》和经合组织制定的《公司治理原则》为基础，评估政府透明度、金融业的监管力度的12个方面，同时包括各国应对金融危机的处理能力和金融体系压力测试。

---

① IMF. 2012. IMF Members' Quotas and Voting Power, and IMF Board of Governors. http://www.imf.org/external/np/sec/memdir/members.aspx

② World Bank；世界银行. 2012. http://www.worldbank.org/

目前已经有一百多个国家进行了评估并完成了评估报告,对于中国的评估完成于 2011 年 11 月。

其中大部分的评估报告会公开发表,或至少给予报告摘要,使市场参与者和其他国家对于各国监管质量等有一个总体的判断。各被评估国也可以获得一个较为客观的监管评价,为进一步提高监管质量和吸取改进意见获取信息。

3.3.7 欧盟金融监管建设

不同于大多数国家的完全自愿原则,在欧盟条约的框架下,欧盟内部的金融监管建立在一定程度的法律平台上。欧盟的金融立法工作持续了十余年,至今尚未完全完成,立法所涵盖的内容也不断被扩充。欧盟各国彼此相互承认不同的监管体制,对金融机构在欧盟内部的业务也进行了较为灵活的宽松政策。作为当前金融一体化程度最高的区域性国际金融市场,欧盟内部分散的金融监管和不断推进的一体化程度产生了日益尖锐的矛盾。为了更有效地实施金融监管,欧盟各国从国家之间的合作和欧洲联盟的整体面两个层面上推行合作。欧盟的金融一体化使得金融机构的活动早已不受国界的限制,但是金融监管的执行仍然还局限于国家的管辖范围。欧盟内,几乎所有国家之间都签订了双边谅解备忘录,虽然这些大量的谅解备忘录不具备法律效应,但是欧盟内的合作和协调通过这种形式完成得很好。在欧盟层面上的统一监管依靠欧盟指令的颁布。

欧盟采纳并在辖区内实施了某些国际通行法规,比如通过颁布《资本要求指令》推动《巴塞尔新资本协议》的执行。由于在实际操作中存在监管当局偏袒本土金融机构的可能性,双重监管的负担总是存在的。欧元的诞生在消除了大量的外汇交易风险的同时,也提出配以高效、可靠的金融体系的需求。同时一个较为敏感的问题是,今后的法律和法规是从欧盟整体上进行推行还是针对欧元区。当然这个问题后来得到了比较明确的答案,即监管指令适用于整个欧盟。相比于欧盟,欧元区只是在形式上更加统一,联系得更加紧密些[①]。1999 年启动的《金融

---

① EU;欧盟.2012. http://europa.eu/pol/index_en.htm

服务行动计划》是对各项立法比较完整的整合。该计划涵盖了投资业务和资本市场的具体操作、对各种技术和法律问题的修改建议,同时还包括对现行审慎法规的强化和更新。《金融服务行动计划》实现了从彼此承认到成立欧盟区的统一监管的转变,涉及各类金融机构的改革和法律体系上的多项更改。

3.4 金融监管国际合作的主要形式

金融监管国际合作的形式比较多样,就其针对性来说可以分为日常合作形式和危机应急措施(我们将在第4章第2节就这一问题做展开分析)。从日常层面上来说,金融监管国际合作主要是双边谅解备忘录、统一监管标准和实现统一监管,见图3-11。

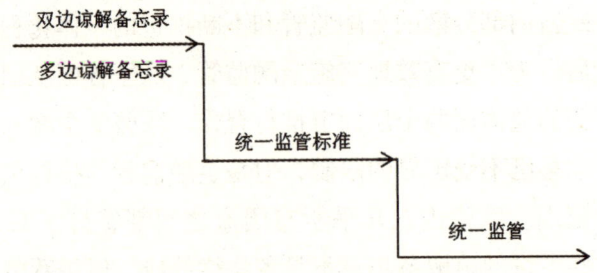

图3-11 金融监管国际合作的形式

资料来源:BCBS,2012和本书翻译

双边谅解备忘录是最常使用的合作模式,通常是两个国家就金融监管某一具体问题进行探讨,在达成共识的基础上通过签订协议来明确双方的责任和义务。当前国际社会中,国与国之间的监管合作大部分采取这种合作形式。谅解备忘录的订立不用如正式条约签订的各种程序,无须法律授权。谅解备忘录在缔约国之间不创立法律上的权利和义务。当一方依据谅解备忘录要求另一方提供谅解备忘录所规定的内容时,如果被拒绝,也不能获得法律上的援助。在谅解备忘录中,具有法律约束力的条款仅限于保密(Confidentiality)、法律适用(Governing Law)、终止(Termination)、费用分摊、排他性谈判、争议解决条款。双方谅解备忘录的一个衍生为多方谅解备忘录,是由国际证监会组织开创性地引入到国际合作领域来的,使双边谅解备忘录的合作范围具有了开创性的扩大。

国际监管组织通过努力制定统一的监管标准,这些监管标准对于各成员国监管当局可作为基础文件使用,是各国进行监管的参照。比如,前文提到的 BCBS 的《巴塞尔新资本协议》,IAIS 的《保险监管核心原则》和 IOSCO 的《国际证监会组织原则》等。

在金融危机被迅速传递到全球的过程中,金融监管的国际合作是被广泛认可的。因此,建立一个独立的机构对各国金融进行统一管理也是很多专家的设计蓝图。目前,全球的统一金融监管还停留在设计上,唯一具备发展基础的是欧盟。欧盟的金融监管目前虽然还是由各国独立的监管当局负责,但是在监管法规上却实现了一定程度的统一。欧盟的指令也对其成员国具有相当的拘束力。那么全球统一金融监管构建的突破点有可能在欧盟的统一监管上跨出第一步。

3.5 本章小结

金融监管的体制形成是有一定的历史因素的,根据金融监管的实践理论,一国体制的形态直接影响监管当局的组成、监管方式以及监管当局发挥效用。美国的金融市场在全球来说是发达的,它目前的金融监管框架是"双层多头"。这种监管体制在美国金融的历史发展中获得过一定的认可,但是在混业经营状况下产生了监管的重复和盲点。次贷危机后,美国出台了一套严格的监管改革方案,力求解决金融监管中存在的各个突出问题。20 世纪末频繁的银行危机,促使英国改革了原有的复杂金融监管体系,成立了统一的金融监管机构,全权负责各类金融机构和金融市场的监管职责。金融揭示了加强宏观审慎监管的重要性。澳大利亚的"双峰式"监管模式经过次贷危机的考验被认为是比较合理的监管体系。德国的监管模式较为严谨和保守,对于金融业务的监管由统一的监管机构执行。中国目前是"一行三会"的监管模式,主要银行为国有性质,同时在监管部门的官员任命上存在和银行高管互换的现象。纵观各国，金融监管的体系虽然有所不同，但是都或多或少地存在着一些问题，尚有改进的空间。

引入行为金融学，我们可以发现不仅金融监管当局的体制存在某些纰漏，金融监管当局还存在着行为上的偏差。通过运用行为金融学的视角对次贷危机进行观察，金融监管当局存在认知偏差。危机前，金融监管者们显然没有认识到宏观审慎监管的重要性，审慎监管还停留在微观层面上。对于金融系统的顺周期问题也存在认知的不足，监管不但没有起到解决顺周期的问题，反而扩大顺周期的作用。同时，金融监管当局由于认知的偏差，没有对信用衍生品进行应有的监管。另外，金融监管当局还存在过度自信、损失厌恶和归因偏差等几种行为偏差。

不同国家的金融监管规划不同的目标，但是在总的方向上趋于一致，核心内容为：金融体系的安全稳定、消费者的合法权益和维护金融机构的稳健运行。金融危机的联动性表明任何一个开放国家想在金融大环境里"独善其身"是不可能的。因此，一个理想化的监管目标是首先"善其身"，然后在和自己国家联系紧密的经济圈里维护安全平稳，最后在国际上争取一个稳定安全的金融体系。这就需要在国与国之间、地区之内、国际上开展广泛的金融监管合作。

为了推动更好的金融监管合作，各国金融监管当局和政府建立了一个金融监管国际合作的体系。虽然在对抗金融危机的过程中，这一体系发挥了一定的作用，但是目前尚不完善。大部分的国际监管机构都建立在备忘录和协议的基础上并没有强制的执行力。巴塞尔委员会是其中影响力比较大，合作比较成功的一个，它的主要目标是银行业的监管。巴塞尔委员会的突出贡献是提供了一个国际监管的标准——《巴塞尔新资本协议》。国际证监会组织是一家涵盖国家非常多的国际机构，几乎所有有证券市场的国家都是它的会员。国际证监会组织在各国监管机构中起推动作用，并为各监管当局提供国际证监会监管的客观标准。国际保险监督官协会为保险行业的国际监管组织，由于传统上保险业更倾向于发展本国业务，所以该组织近年来才开始在国际监管上有所建树。

联合论坛是衔接巴塞尔委员会、国际证监会组织和国际保险监督官协会的跨行业组织。金融稳定理事会在继承了金融稳定论坛的基础上扩大了成员国和国际组织以对抗金融危机寻求金融稳定为宗旨。国际货币基金组织和世界银行原来是致力于发展世界经济的国际机构，自亚洲金融危机之后才逐步在金融监管中起到作用。欧盟金融监管的合作是建立在目前世界经济、金融一体化程度最高的欧盟基础上的。该组织除了协调欧盟各监管当局之间的合作之外，还在欧盟统一的层面上进行统一监管。金融监管的国际合作目前主要的途径为双边和多边谅解备忘录以及制定统一的监管标准。

第4章　金融监管国际合作改革

此次金融危机给了金融监管国际合作一个巨大的冲击。从微观层面上讲，各个国家金融监管当局相继出台了一些改革法案，其中蕴含较多金融监管的新观念和新动态。在不同的国家里，金融改革的重点和实施手段也不尽相同。本章首先归纳次贷危机前金融监管国际合作存在的主要问题，然后在危机背景下讨论对危机的应急措施和其成效以及金融监管的实践变革与国际合作。

4.1　危机前金融监管国际合作存在的主要问题

次贷危机揭开了作为世界金融中心的美国在其金融监管上存在严重的缺陷。由于美国金融业的高度发达，在此次金融危机前其金融模式是受到广泛追捧和认可的。美国金融体系不仅和世界其他发达国家的金融体系具有深层次的联动性，同时，很多新兴经济体都以美国模式为参考基础建立自己的金融市场和体系，在一定程度上和美国金融体系保持着或多或少的联系。更为重要的是，国际上普遍对于宏观审慎监管认识不足，从根本上没有将宏观审慎监管和金融监管国际合作提高到一个应有的层面上，这是次贷危机爆发的主要原因。

次贷危机前的金融监管国际合作起源于应对20世纪70年代布雷顿森林体系瓦解后混乱的金融秩序，银行作为金融体系中最为重要的机构，受到特别的重视。1975年，12个国家的银行监管当局在国际清算银行的发起下成立了"巴塞尔银行监管委员会"①。"巴塞尔银行监管委员会"和其他重要的金融监管国际合作机构奠定了当代金融监管国际合作的一般性准则,发挥了一定的作用。由于巴塞尔委员会并不具有强制力,对各国也只能采取建议行为。各国也倾向于把这些国际组织当做"消防队"(张伟,2005)② 来使用。由于以巴塞尔委员会为代表的各种国际组织的表决权取决于选票,而选票是按照有关方面认购的股份比例分配的,所以西方发达国家通过历史占优和资金雄厚的途径,长期把持着这些国际监管机构。这也形成了国际金融监管机构的政策性倾斜和不公平,从而造成很多发展中国家对于这些金融机构的不积极。虽然这些国际性的监管机构(组织)起到了一些作用,但是实际的监管职能发挥还要依靠各个国家的金融监管当局。

金融监管是以国家权力为基础而存在的,这与金融机构的国际化经营存在矛盾。影响金融监管有效性的问题集中在监管竞争和监管套利上。由于金融业在现代经济中所处的重要地位,各国当局为了追求本国福利最大化,会通过竞争性放松监管来吸引金融资源。例如,20世纪80年代,很多发展中国家竞相对本国实行金融自由化,大大减少金融管制,降低监管标准,吸引国际上的大量资本流入这些国家。在吸引外资上,这些竞争策略起到了一些促进作用,但是十年之后,金融危机频繁在这些国家发作,金融监管的放松凸显了危害。金融套利是监管机构利用监管制度之间的差异而谋取额外利润的行为。在金融一体化的过程中,由于金融监管的滞后,未能实现统一的监管而必然存在监管上的差异。金融集团通过国际业务的转移,充分利用各国在监管上的不同,实现监管套利最大化。

金融产品的离岸交易频繁,加上各种衍生的出现,使集中管理的金融监管当局难以实施监管行为(祁敬宇和祁绍斌,2011.146)。同时网络的发展使金融服务不再受到地域的限制,金融服务完全没有时间和空间的限制,网络银行由于其在交易和经营成本上的优势,对传统银行构

---

① 详见小节 3.2.1。
② 即仅在发生金融危机或经济问题的时候才向这类国际组织寻求紧急救援。

成了巨大的冲击。1995年10月,"安全第一网络银行(Security First Network Bank, SFNB)"[①]作为世界上第一家网络银行在美国诞生,从此开创了跨越地域、无时间限制的网络银行。银行业务的跨国界发展要求金融监管进行国际合作。

危机前,各国金融监管当局普遍把监管的重心放在微观审慎监管上。各监管当局从争取本国福利最大化出发,仅对本国福利负责,进行竞争,不主动合作;大多数国家把金融监管的国际机构当作发生问题寻求应急措施的地方,从而导致了国际金融监管合作的整体效用低下。除了国际合作机制本身存在的问题造成推行政策的困难之外,在推行方案上也存在着达成一致的困难。更为重要的是,各监管当局都是以本国为出发点对金融监管进行策略设计的,没有把国际间的监管真正提到日程上来。危机前金融监管国际合作存在的问题主要是三个方面,一是在国家层次上由于监管政策的不同而存在监管竞争和监管套利现象;二是在宏观层面上对于宏观审慎监管等方面认识的缺失;三是国际监管机构执行力欠缺。

4.2 危机背景下金融监管国际合作的应急措施和成效

次贷危机中,各国政府都先后进行了一系列的救援活动。金融危机的震源在美国,本书就以美国的措施为主线进行回顾。美国的应对措施可以分为两个方面:直接救援和针对资本市场的措施。次贷危机起初是以流动性极其缺乏为表现的,所以第一个应急措施就是各国监管当局联合为市场注入流动性。鉴于市场表现出来的流动性缺乏,各国银行不断向市场注入流动性。在流动性的注入上,各国央行充分体现和国际合作,以美联储和欧洲央行为首的各国银行向市场注入了大量的流动性,

---

[①] Security First Network Bank. 2012. http://www.casebriefs.com/blog/law/commercial-law/commercial-law-keyed-to-lopucki/other-consumer-payment-systems/security-first-network-bank-v-c-a-p-s-inc/

根据统计显示，在 2007 年 8 月，美联储①一共向市场注入流动性 1065 亿美元，包括 8 月 9 日注入 240 亿美元、10 日注入 380 亿美元、20 日注入 375 亿美元和 23 日注入 70 亿美元。与此同时，欧洲央行②于 9 日注入 1300 亿美元、10 日注入 836 亿美元、20 日注入 400 亿美元的流动性。欧洲央行和美联储仅仅在 2007 年 8 月就向市场注入 3600 多亿的流动性。在雷曼兄弟公司破产之后，市场的流动性变得更差，各国当局注入了更多的流动性。相比于 8 月份的单纯性注入流动性，9 月和 10 月份的救助方式更为全面（见表 4－1），尤其是 IMF 对于冰岛和乌克兰的救助，表现了国际组织在危机中的处理措施。

表 4－1 次贷危机中主要国家和 IMF 的应急措施

日期（2008）	国家/地区	措施类别	具体内容
9 月 27 日	美国	资产处置	财政部拨款 7000 亿美元购买贬值的抵押贷款，以及陷入困境的银行和其他不良贷款
9 月 28 日	荷兰	直接注资	连同比利时、卢森堡向富通集团投资 112 亿欧元
10 月 7 日	美国	增加流动性	美联储提供 9000 亿美元的现金贷款
	荷兰	增加担保	银行存款担保从每账户 3.8 万欧元提高到 10 万欧元
	西班牙	支援银行	提供 300 亿欧元的基金支持银行
	俄罗斯	支援银行	银行注资 9500 亿卢布，向各类银行提供不低于 5 年的贷款
10 月 8 日	英国	增加流动性，直接注资	向银行提供 2000 亿英镑短期融资贷款；为银行间贷款提供 2500 英镑信用担保；250 亿英镑入股达成协议的 8 家银行，并提供 250 亿英镑作为备用资金

---

① Fed；美联储. 2012. http：//www.federalreserve.gov/
② European Central Bank；欧洲央行. 2012. http：//www.ecb.int/home/html/index.en.html

续表

日期（2008）	国家/地区	措施类别	具体内容
10月13日	德国	担保，注入流动性	4000亿欧元贷款担保，向银行注入800亿欧元，从预算总计提200亿欧元作为可能的贷款损失
	法国	融资计划	3600亿欧元的融资计划
10月14日	瑞士	注资	央行注入资金71亿美元
	香港、澳门	担保	为全部银行存款提供全额担保
10月15日	日本	注资	央行推出无限额美元注资计划
10月19日	韩国	担保，注资	为国内银行外债提供担保，向银行和出口商提供资金约1300亿美元
10月21日	IMF	紧急援助	向冰岛提供60亿美元的紧急援助
10月26日	IMF	有条件援助	向乌克兰提供165亿美元的有条件援助
10月29日	瑞典	一揽子计划	2000亿美元的一揽子计划
10月30日	日本	一揽子计划	26.9万亿日元：2万亿日元用于定额家庭补贴，失业保险
	IMF	新型贷款	以新型贷款方式向墨西哥、巴西和韩国等遭受危机重创的海外投资者提供1000亿美元

说明：本表为2008年9月和10月的应对措施，其中不含减息措施

资料来源：朱小平，2009，13-6；新浪财经，2012

在实行各种救助的同时，为了缓解次贷危机对经济的冲击，部分国家纷纷使用财政扩张政策，韩国、德国和中国先后推出经济刺激计划[①]。而后，以澳大利亚央行为首的各国央行进行了降低基准利率的宽松货币政策（见表4-2）。主要发达国家，包括美国、加拿大、英国、瑞典、瑞士和欧洲央行于10月8日同时降息。发达国家的降息更是引起了全球性的，包括新兴经济体国家的政策跟随效应。但是有

---

① 11月，韩国的经济刺激计划110亿美元；德国为650亿美元；中国是以4万亿人民币为代表的一揽子计划。

些国家利率的水平本身已经很低，没有多少利率调整的空间，所以货币政策的效用也受到局限。

为了稳定金融市场的情绪，防止发生挤兑，各国政府不约而同地为银行存款进行了担保。存款的担保主要是面向个人的存款担保。这对提高市场对金融机构的信心起到了决定性的作用，防止了市场恐慌的蔓延，降低了挤兑预期。在金融产品的交易上，为了防止投资活动对金融危机的进一步推动作用，很多国家对金融机构的卖空行为进行限制，尤其是对"裸卖空"采取了禁止措施。大量的卖空行为会产生下跌预期，进一步推动股票的下跌；禁止"裸卖空"在某种程度上防止了金融投资行为的顺周期行为。因此，美国证券交易委员会颁发禁止卖空主要包括商业银行和保险公司等金融机构和一些大型机构的800余只股票。很多其他国家也纷纷效仿这一措施，在自己国家的股票交易市场禁止"裸卖空"行为。对于卖空行为的监管，在一定程度上起到防止市场情况进一步恶化的作用。

表4-2 金融危机期间主要国家金融监管当局的联合减息

日期（2008）	国家/地区	内容
10月7日	澳大利亚	降息100个基准点，至6%
10月8日	美国、加拿大、欧元区、英国、瑞士、瑞典	降息50个基准点
	中国	降息27个基准点，并停止对利息税的征收
10月30日	中国	降息27个基准点
10月31日	美国	美联储降低商业银行隔夜拆借利率0.5%
11月3日	印度	降息50个基准点，下调准备金率100个基点
11月4日	澳大利亚	降息75个基准点，至5.25%
11月6日	欧元区、丹麦、瑞士、捷克	降低50个基准点
	英国	降低150个基准点
说明：本表只列出联合减息措施，考察的时间段为2008年10月和11月		

资料来源：朱小平，2009，13-6；新浪财经，2012

除了这些对资本市场的政策和干预，各国金融监管当局还采取了直接援助的措施。对一些金融机构的不良资产，金融监管当局采取了直接购买的措施，以达到剥离金融机构不良资产的目的。2008年美国的金融援救计划里就有一个专项款项——不良资产解救计划。这项计划给予美国政府购买不良资产的权利，而且为了使美国政府有能力进行购买，还将美国国债的法定限额提高了差不多一成。而对于已经陷入困境无法继续经营的大型金融机构，政府出面进行国有化。例如，美国出资850亿美元的紧急贷款给濒临破产的AIG，从而持有了AIG的大额股权。冰岛政府为了维持金融市场的稳定，将该国的前三大银行全部收为国有。其他国家都对本国出现严重问题的金融机构进行了不同程度的救援。这也就是前文所提到的"大而不能倒"[①]的救助。因为对金融系统有重要意义的大型金融机构在体系安全方面具有重要意义，所以监管当局和政府会先对发生问题的金融机构进行资产剥离等类型的援助，对陷入严重问题的金融机构，政府就只能出面进行收购，以阻止危机的蔓延。

同时，援助行为还有对实体经济的直接注资。在金融危机发生之后，很多企业面临无法获取融资的困难。央行为了保证实体经济的健康运行，采取了直接购买商业票据的方式直接向实体经济注入资金。2008年10月，美联储成立商业票据融资工具（SPV），用来购入三个月无担保和无资产抵押的商业票据，开创了自大萧条以来美联储首次向非金融机构直接放贷的先河。迫于金融危机的紧张局势，美联储改变了以往的规则和传统做法。

在这些应急措施之后，各国为了应对金融危机可能导致的实体经济衰退，纷纷推出了各种财政刺激计划。各个国家的财政刺激计划各种各样，但是主要都是从减少税收和增加政府开支上入手的。

各国对金融危机的应对措施主要包括三方面：一是对资本市场的干预，包括流动性的注入、降低基准利率、为存款提供担保和对卖空的限制；二是直接援助，包括资产剥离和国有化金融机构、向实体经

---

① 详见本书4.3.1。

济直接注入资金；三是实行财政刺激计划。其中对于资本市场的干预体现了很强的国际合作和国际上行动的一致。这些措施在一定程度上缓解了金融危机的影响，有助于稳定市场、增加市场信心。但是直到今天，金融危机的负面影响还没有全部消除，全球经济复苏尚待时日。而且，财政刺激计划在很大程度上埋下了通货膨胀的隐患。

二十国集团（G20）① 自 2008 年起召开领导人峰会以商榷应对次贷危机。2008 年 11 月的 G20 峰会上，各国就此次金融危机进行了分析并制定了一些未来行动的目标。峰会认为导致金融危机的根本原因是在宏观上各国缺乏协调，结构改革不充分导致了全球经济失衡；微观上市场参与者过度追逐高收益，不当的风险管理行为和日益复杂的金融产品最终加剧了金融体系的脆弱性。峰会着重指出，国际监管机构应该"加强与各国监管部门在金融市场所有层面的协调和合作"。峰会认为，加强国际金融监管体系的核心是"提高资本充足率"标准，赞同将"薪酬与长期价值创造结合起来，降低风险偏好，确保高管和普通员工的薪酬与企业风险敞口具有实质性的挂钩"。在 2009 年 4 月的峰会上，决定将金融稳定论坛的成员国扩大至 G20 的成员国并包含相关经济体和国际组织，金融稳定理事会也取代了金融稳定论坛成为新的国际组织。② 金融稳定理事会也成为金融监管国际合作的中心组织。下文就金融危机的主要议题和改革推进的核心方面进行研究。

4.3 危机背景下各国金融实践变革与金融监管国际合作

此次金融危机爆发之后，各国政府采取了一定的应对措施；同时，各国普遍认识到现有金融监管中存在一些问题，应该进行改革。各国在宏观审慎监管、资本充足率和杠杆率、金融行业从业人员和高

---

① G20. 2008. *Declaration: Summit on Financial Markets and the World Economy*，2008 年 11 月华盛顿峰会。
② 关于金融稳定理事会的较为详细的内容在文中 3.2.5 小节。

管的薪酬监管、信用证券化及其衍生品上进行了一系列的实践变革。本小节对这些引起各金融监管当局和国际组织重视的主要问题进行阐述。

4.3.1 宏观审慎监管的实践变革

宏观审慎监管（Macro-prudential Supervision）目前是金融监管内容里被讨论最多的话题之一。回想本书开头的英国女王问题的回答，全球顶级的经济学家和教授们达成的一个共识是：危机的产生是因为人们没有把系统性风险视为一个整体。从宏观的角度来说，宏观审慎监管没有受到大家足够的重视，所以产生了金融危机。文章开头列举的诸多改革计划中的一个重要且共同的核心就是宏观审慎监管。

1. 宏观审慎监管的含义

宏观审慎监管是一个包括内容比较广泛的概念。宏观审慎监管的监管工具包含很多其他的主要监管核心，同时宏观财政政策和货币政策也都可以包含在宏观审慎监管的概念之下。国际清算银行（BIS, 2001）将宏观审慎监管定义为：作为对微观审慎监管方法的补充，宏观审慎监管不停留在对单个金融机构风险敞口的考察，而是从系统性角度出发对金融体系进行风险监测，以实现金融稳定。2009年4月，在G20峰会的报告——《强化合理监管，提高透明度》（张德亮，2011）中，将宏观审慎监管确定为"微观审慎和市场一体化监管的重要补充"，强调各国应加强宏观审慎监管。周小川（2010）在"宏观审慎政策：亚洲视角高级研讨会"中从操作面上简单定义宏观审慎政策为资本要求、资本缓冲、流动性和杠杆率等；他同时认为逆周期、羊群效应等市场失效现象和制定应对金融全球化的国际标准是三个重要的方面。宏观审慎的概念在某种程度上可以从系统性风险方面进行理解。相对于个别金融机构的风险和系统性风险是强调金融体系的风险和整体市场的风险。这就将问题引入金融机构和金融机构之间的联动风险，以及金融机构对其他行业风险的扩散问题。宏观审慎监管将众多金融机构当作一个整体，通过研究金融体系和宏观经济、金融体系内部的联动关系，识别金融风险跨行业、跨市场的分布状况，以达到金融体系的安全稳定。

近年来，对宏观审慎监管方面的研究很多，总体来说，宏观审慎监管在层面上不同于微观审慎监管。宏观审慎监管的目标始于"防范金融体系的风险"终于"避免宏观经济的波动，造成 GDP 损失"，和微观审慎监管的目标起始于"防范单个机构的风险"终于"保护存款人或投资者的利益"相比具有明显区别。宏观审慎监管强调，在微观审慎监管里不相关的金融机构之间的相关性和风险暴露息息相关。在风险模式上，宏观审慎监管不同于微观审慎监管，认为风险是内生性的，单个金融的集合体或雷同行动对资产价格和实体经济存在影响，而实体经济又把这一影响反馈于金融体系，产生反作用力（Borio，2003）。因此，微观审慎监管和宏观审慎监管的争论焦点在于：微观审慎监管认为，只要每一个单独的金融机构是稳定安全的，整个金融体系就是稳定安全的；而宏观审慎监管认为，即使每一个单独的金融机构是稳定安全的，整个金融体系也不一定能够实现稳定安全。

参考本书在第二章关于国际金融监管理论的 Stephen Morris & Hyun Song Shin（2008）和 Brunnermeier, et. al（2009）的模型[①]，理解宏观审慎监管和微观审慎监管的不同是很容易的。微观层面上的稳定安全是不能类推到宏观层面的。当有业务关联的一家金融机构出现问题，出于微观审慎的考虑而决定出售资产以增加流动性的行为是理性的。但是金融机构之间的典型联动性将会造成金融体系内多家金融机构做出类似行为。如果市场上出售的资产顷刻之间变得很多，资产的价格就会出现大幅下降，以致偏离资产的实际价值。拥有该资产的金融机构也会因此受到损失。因为资产的下跌，银行不得不紧缩银根，提高贷款要求，这又进一步地损害了经济的运行状况，而造成资产的再次下跌。这就是 Brunnermeier 等提出的保证金和损失的双螺旋作用。通过银行之间存在着的各种借贷行为，这种作用又在银行间扩散，以至引起整个银行体系的波动。这时，市场上的流动性就会出现巨大的问题，实体经济就会遭受打击，以致整个金融体系出现危机。金融机构之间和金融系统与实体经济之间的"多米诺效应"是非常明

---

① 这两个模型的具体内容在本书 2.2.3 小节。

显的。宏观审慎监管的意义在于强调整个金融体系的稳定安全。

宏观金融监管的含义和存在的必要在学术界和政界得到广泛的认可，但是如何实现宏观审慎监管，目前还没有一个完善的执行方案。宏观审慎监管的考察可以分为两个维度，第一个是纵向的时间维度，考察的是金融系统的动态变化，即金融系统的总体风险随着时间的变化而变化；第二个是横截面的维度，考察的是某一个特定时间点上金融机构共同且相互关联的风险暴露。以下，本书先从宏观审慎监管的两个维度着手，试图给出一些建议；然后，再讨论宏观审慎监管衍生出的其他问题。

2. 宏观审慎监管的时间维度

宏观审慎监管的时间维度研究要考虑金融系统整体风险随着时间的推移而形成的累积。对于经济体内随着时间的变化而累积风险的问题，可以通过热点行业来理解。经济体系内常常出现某一时间段的热点行业，该行业处于明显的上升期，预期利润迅速增加而且坏账率低，银行对这一行业进行放贷倾斜的可能性很大。当银行都对这类企业进行放贷，银行的相同或者相似资产就会累积很多。一旦该行业由朝阳转为夕阳，累积的风险就要释放出来。

在风险累积上还有一个更为重要的问题就是顺周期，即金融体系可以放大经济周期的波动，两者之间具有相互作用力。正如前文所描述的，当经济预期下降时，金融机构提高贷款要求，减少信贷。这种减少信贷的行为本身会对经济运行产生负面效应，进一步弱化经济景气程度。伴随着经济的不景气，金融机构面对的抵押品价值下降，违约率上升，金融体系进一步恶化。讨论顺周期问题的学者很多，如前文提到的 Stephen Morris & Hyun Song Shin（2008）和 Burnnermeir et. al.（2009），以及李文泓（2009）、盛斌和廖莹（2011），尚洁（2011）高国华和潘英丽（2010）等。他们的研究主要集中在三个关键点上：资本充足率、贷款损失拨备和公允价值。

资本充足率和贷款损失拨备是虚拟经济和实体经济之间的问题，在经济繁荣期，信贷扩张，金融体系加速实体经济的繁荣；在经济衰退期，信贷萎缩，金融体系给实体经济"雪上加霜"。由于资本充足率在经济的上行和下行期间保持不变。当经济上行的时候对应放松，允许更多的银行信贷供给；当经济下行的时候对应紧缩，银行股权融资显得很困难而不得不收回债权，或者低价抛售资产，或者减少信用。

贷款损失拨备的计提是管理层根据事实确认贷款恶化的程度来判断的。因此，存在明显的时间滞后。在经济繁荣期，贷款的损失不能体现出来，而在经济衰退的时候，风险被体现出来，但是企业常常也无力计提。

公允价值对顺周期的影响和资产价格紧密相关。当资产价格上升的时候，公允价值会计计算下的资产价值上升，引发市场惜售或高价销售，而惜售行为使得资产价格进一步提升，形成恶性循环。

解决这种金融系统顺周期的方法主要是建立逆周期缓冲。在经济上升期就应该考虑到经济不景气的可能。Goodhart 和 Danielsson（2001）提出通过"贷款或资产价格的增长率"来解决顺周期问题，采取逆周期做法，在贷款量增长变快或者资产价格增长幅度大的时候，要求银行持有更多的资本金；而在经济下行区间，贷款量增长或者资产价格增长小于一个特定的值时，降低监管资本的要求。

3. 宏观审慎监管的横截面维度

在横截面维度上，宏观审慎监管主要考虑金融风险在金融体系内部的分配。由于金融机构的联动性，金融机构存在着共同且相互关联的风险暴露。接着我们讨论的热点行业问题。热点行业的崩盘本来只关系到本行业，而当金融机构参与进来之后，涉及面一下子变大了。由于为数相当多的金融机构持有热点行业的资产，热点行业一旦进入下降期，这些资产的变现能力就大打折扣了。目前，金融行业的通行做法是使用数学模型作为衡量和管理风险的工具，与金融机构之间的风险模型相似。也就是说，金融机构对衡量风险头寸趋于一致，这就造成了金融机构的处理模式和处理方法的相似。这种同质性对放大金融机构内部的风险有很大的作用。在这一维度上还有一个重要的问题不容忽视，就是对具有重要性的大型金融机构的监管。

大型金融机构在金融体系中具有重要地位，由于它广泛地和金融体系内部的多家金融机构存在联系，同时大型金融机构的体量较大，一旦它出现破产或者财务问题，就会给整个金融体系带来冲击。美国雷曼兄弟公司的破产就是一个典型的例子。根据 Stephen Morris & Hyun Song Shin（2009）的模型，大型金融机构对于金融体系的破坏有三个方面：

（1）融资渠道。当大型金融机构发生财务问题时，要么大型金融机构必须收回放出的贷款，要么大型金融机构可能不能按时还款。无论是哪种情况的产生，都会使体系内部的流动性变差。信贷量下降的结果必然是影响宏观经济的发展。随着整个体系内部违约的增加，各类金融机构都会受到冲击，出现一定的财务困境，经济整体运行状况受到负面影响。

（2）资产负债渠道。金融机构的资产负债是紧密联系在一起的。由于大型金融机构的体量大、资产庞大、业务繁多，经常处于金融体系的中心位置。大型金融机构出现问题时，会造成金融体系支付结算链条的断裂，给其相关的金融机构造成直接和间接的金融损失。

（3）资产的价格渠道。大型金融机构的经济困难一般可能采取出售资产的形式补偿资本金。因为大型金融机构的资产量大，它的出售会严重影响市场原有的价格均衡，导致价格暴跌，从而引发其他金融机构争相抛售。

大型金融机构一旦发生问题，所牵涉的范围比较广，同时金融机构之间的联系也比较紧密。针对金融机构之间的紧密联系，IMF（2009）从计量和分析金融机构入手，对测量金融机构的关联性提出了四种测量方法。第一种是从机构上对金融系统内某种风险敞口进行统计，用数学模型的手段对风险传导和扩散进行模拟。第二种是从单个金融机构本身出发，使用金融机构的 CDS 数据，考察当一家金融机构 CDS 处于高位时另外一家金融机构的 CDS 值，以便估算两家金融机构之间的关联度。第三种是在第二种的基础上考察多家金融机构的 CSS 值及其价差，计算一家金融机构出现违约的状况下，其他若干家金融机构的违约概率。第四种是测算违约发生的速度，即一家金融机构违约之后对其他金融机构的负面效应。

4. "大而不能倒"的监管策略

大型金融机构出现财务问题通常不仅仅影响大型金融机构本身，而是对整个金融体系的安全产生影响，这时候，监管部门只能选择"两害相较，取其轻者而从之"。这就是"大而不能倒"的现象了。

为了弄清楚为什么要救助"大而不能倒"的机构，我们对具有负外部性的问题机构、救助成本和社会成本做一个简单的公式化分析。

假定银行破产的成本为 C_b，该破产行为造成的社会成本为 C_s。由于存在负外部性，银行破产的成本通常大大小于社会成本。所以 $C_b < C_s$。

假定监管当局救助的成本为 C_g。同时假定救助之后，银行完全国有①，那么救助行为的收益：

$$V = C_s - C_g + C_b \qquad \text{F.B.1}$$

从简单的数学关系上来看，是否救助此银行的决策关键在于比较 V 和 C_s、C_g 的大小关系。在我们的命题之中，考察的是"大"银行，隐含的条件是大型银行的业务繁多，关联的其他金融机构多，社会牵涉面广，因此，$V < C_s$。

由于社会成本 C_s 包含直接成本和间接成本，事前无法准确衡量，但是对于大型银行来说，C_s 远大于 C_g。

所以有：

$$V = C_s - C_g + C_b > C_g \qquad \text{F.B.2}$$

那么：

$$C_g < V < C_s \qquad \text{F.B.3}$$

监管机构援助金融机构的成本小于收益，援助行动当然得以实施。那么监管的不救援发生在哪种情形之下呢？当监管当局的分析表明 C_s 的绝对量并不比 C_g 大很多，方程 F.B.2 不成立，就有

$$V = C_s - C_g + C_b < C_g \qquad \text{F.B.4}$$

$$V < C_g < C_s \qquad \text{F.B.5}$$

---

① 从现实来看，美国救助之后的银行并不完全归国有。鉴于银行破产的成本和社会成本相比，绝对量较小，并不能起到决定性的作用，为了简化公式，此处假设救助使得银行完全国有。

监管机构援助金融机构的成本大于收益，援助行动当然不予实施。回顾美国监管当局在次贷的初期，对雷曼兄弟给予不救援的决策，可能是出于对 C_s 的误判。没有对 C_s 的绝对量有足够的认识，导致得出类似方程 F.B.5 的结论，以至于没有对雷曼兄弟公司进行应有的救援。但是也许情况更为复杂。因为在后来的公开信息中，美国监管当局表示为了预防市场对于"大而不能倒"的预期，当局才没有救助雷曼兄弟公司。显然，美国当局在方程中加入了一个参数——救助的间接成本 C_e。而且很显然，金融监管当局认为市场对于"大而不能倒"的预期是产生负效应的。救助的成本等于直接成本 C_g 加上间接成本 C_e。

方程 F.B.1 加入参数 C_e：

$$V = C_s - (C_g + C_e) + C_b \qquad \text{F.B.6}$$

如果监管当局的分析表明 C_s 的绝对量并不比 C_g 大很多，那么加入的参数 C_e 不能改变方程的结论；如果当局认为社会成本 C_s 大于 C_g，但是还不足以涵盖救助行为产生的间接成本 C_e，那么就有：

$$V < C'_g < C_s \qquad \text{F.B.7}$$

救助也因此不会执行。

以上对"大而不能倒"的数理分析建立在宏观方面，也就是从监管者的角度来看，如何在一场危机里选择一个较好的解决途径。但是，当"大而不能倒"的预期产生，将会在一定程度上助长大型金融机构的道德风险。在雷曼兄弟公司的事件中，根据后来的公开资料判断，美国金融监管当局在很大程度上可能是因为希望避免产生"大而不能倒"的预期而放弃了对雷曼兄弟公司的援救行动。在雷曼兄弟公司事件之前，美国监管当局采取过"救市"的措施，比如对"房利美"和"房地美"的接管和对"贝尔斯登"的出手。但是为什么到雷曼危机的时候，就采取了截然不同的策略呢？从监管角度出发，应该如何处理金融机构对"大而不能倒"的预期而产生的道德风险呢？

当有重要性的大型金融机构出现问题时，金融监管当局的救助会滋生"大而不能倒"的道德风险行为，但是如果让这样的机构依照市场出清的办法倒闭，又会对金融体系产生强大的负外部性，这就使监管当局陷入两难境地。Filardo（2004）认为"投资者在经济繁荣的时候更喜欢冒险（因为冒险总是和高收益预期相联系），因为他们认为货币当局会在萧条时提供免费的保险"。而这种道德风险一旦形成，就会助长金融机构的冒险意愿；同时，如果投资者也相信监管当局总会在危机时刻伸出援手，那么他们也会勇于承担更大的风险。在这种情况下，市场出清的机制是完全无法约束金融机构的。首先，它的破产成本远远低于社会成本；其次，一旦产生财务问题，政府必然出面救助。很多学者如 Rochet 和 Tirole（1996），Mishkin（2001），朱民和边卫红（2009），孙洪庆和邓瑛（2008）都认为，市场滋生这种"大而不能倒"的道德风险会助长金融机构从事高风险或者过度风险业务，并使用实证的方法检验了这种观点。

就如何解决"大而不能倒"，谢平、邹传伟（2009）对国内外研究成果有一个比较全面的综述。他们认为应对有重要性的大型金融机构主要是要完善处置机制，包括恢复计划和处置计划。恢复计划是要求金融机构对遭遇严重财务状况和运营状况（包括资本损失、流动性降低、最重要的交易对手倒闭等）的恢复计划给予说明。处置计划是从监管者的角度出发，使监管当局对金融机构的严重问题有充分的准备，并能控制金融体系的稳定。同时，监管当局可以要求大型金融机构选择从业务范围上或者依据最高市场份额进行分拆，由"大"变"小"。还有一个有现实意义的方案就是在事前向金融机构征收费用，以备救援。

5. 宏观审慎监管的实施

作为金融危机后各监管当局改革方案里的重头戏——宏观审慎监管的国际合作尤为重要。金融系统的联动性是不分行业、不分国界的。宏观审慎监管是对整个金融系统的安全监管，而这一系统内牵涉面最大、影响范围最广的就是有重要性的大型金融机构。由于存在着系统性风险，当大型金融机构出现严重问题时，很快问题就会向外辐射和波及。在此，我们先简单回顾一下次贷危机的传导过程。由于次贷危机的恶化是从雷曼兄弟公司的破产开始的，本书就以雷曼兄弟公司破产开始分析。

雷曼兄弟公司的破产首先引起了美国各类金融机构的风险加剧，传导模式类似对于 Stephen Morris & Hyun Song Shin 和 Brunnermeier 等人模型的应用。由于雷曼兄弟公司是一家大型金融机构，和"雷曼"存在各种借贷关系的其他金融机构数量众多，这些公司受到第一圈波及。由于"雷曼"提供金融服务给不同的客户群，例如全球公司、其他金融机构、各国政府和个人投资者，所以波及面本身就已经很大。为了方便研究，我们仅选取金融机构作为观测项，假设有 N 家金融机构和雷曼兄弟公司存在业务往来。那么受到波及的金融机构就有：

$$\{1, 2, 3, \cdots, N\}$$

其中每个受到风险传递的各类金融机构各自又都有一个业务网络，为了研究的方便，假设也存在 N 家金融机构，那么受到波及的金融机构就有：

$$\begin{cases} 1, 2, 3, \cdots N_{1n} \\ 1, 2, 3, \cdots N_{2n} \\ 1, 2, 3, \cdots N_{3n} \\ \cdots \\ 1, 2, 3, \cdots N_{nn} \end{cases}$$

在很短的时间内，受到波及的银行就扩大到一个对整个金融体系具有破坏力的程度。根据国际货币基金组织（IMF，2009）的研究分析，美国主要金融机构之间的风险关联度是很高的。雷曼的破产是关联金融机构的风险触发点，而受传染的金融机构又成为与其相连公司的触发点。雷曼的破产已经成为整个金融体系风险的触发点，整个金融系统出现了崩溃的迹象。这时候金融市场出现了混乱，各种金融产品的价格暴跌，消费者的资产大幅下降，可支配收入下跌，居民消费也大幅萎缩。图 4-1 给出了从 1990 年到 2011 年美国消费年度增长的整体状况。

从图上可以很清楚地看到在 2008 年之前，消费的增长率虽然有高有低，但是整体处于增长趋势，而 2008 年和 2009 年消费增长为负数。这也和整体金融系统的风险状况初步吻合。消费者的资产大幅下跌，消费的整体水平也跟着下跌，这对于实体经济的影响是显著的。

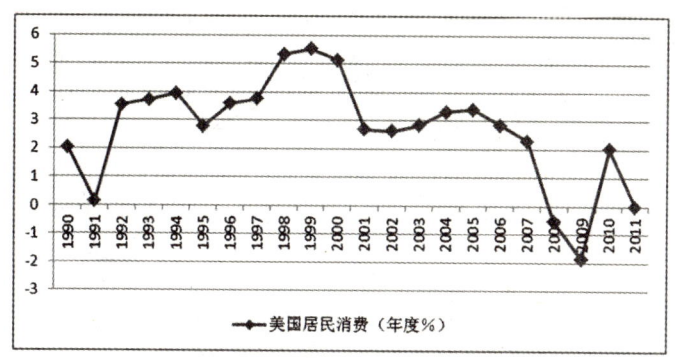

图 4-1 美国居民消费年度增长百分比

数据来源：World Databank①，2012

消费是 GDP 的重要组成部分，因此，美国 GDP 的增长也必然受到很大的影响。事实上，2008 年和 2009 年美国的 GDP 连续出现负增长（图 4-2），其波动形态基本和消费衰退一致。

美国由于其金融和经济的体量在世界上都处于重要地位，系统性风险由美国向外蔓延通过两个渠道，一是直接渠道，通过金融领域的连接；二是通过实体经济的贸易渠道。由于其他国家购买了美国的金融产品和其衍生品，随着金融危机的爆发，那些购买了美国金融产品和其衍生品的国家首先受到株连。以严谨著称的德国银行也购买了不少美国的金融衍生品，更不要说其他欧洲国家了。所以欧洲的联动效应主要体现在金融领域的交错连接上。而新兴的亚洲国家，以中国为例，中国和美国存在广泛的商品贸易关系，由于美国的消费出现下跌而带动进口的下跌，造成中国对美国出口的下降。当然，整个国际间的金融和贸易是一个联动的体系，只是关系程度的高低略有不同。欧洲也存在由于美国消费下跌而造成的出口减少；中国也有购买金融产品的损失。在这一过程中，更深一步的影响是欧洲金融体系和贸易体系对中国的负面影响。经济一体化和金融一体化存在互相作用和交叉影响。

---

① World Databank, 2012. http://databank.worldbank.org/ddp/home.do?Step=3&id=4

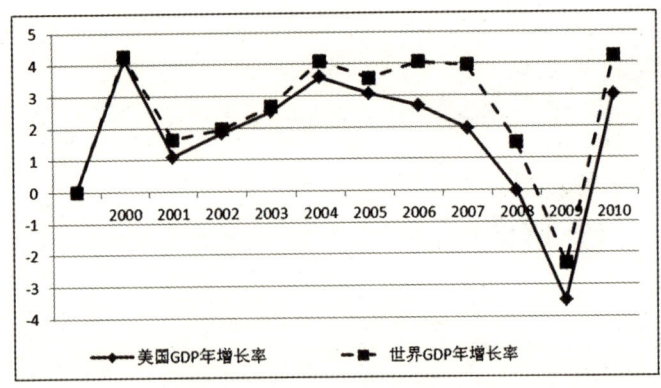

图 4-2 美国和世界 GDP 年增长率（2000—2010）

数据来源：World Databank①，2012

鉴于这种情况，宏观审慎监管需要通过国际合作来达成。宏观审慎监管作为一个疏漏，通过金融危机全面展现出来。国际上对于宏观审慎监管达成一致，从资本充足率和杠杆率等方面进行统一的国际监管标准。

4.3.2 资本充足率和杠杆率的实践变革

资本充足率是金融监管当局衡量监控金融机构是否稳健的标志性指标之一，它衡量资本充足性，是银行资本和风险资产的比率。即：

$$资本充足率 = 银行资本/风险资本$$

广义的风险资本是银行除现金和美国国债（以美国银行为例）外的所有资产。国债由于有国家信用的担保，被认为是无风险的。要求资本充足率的理论基础是当银行的资本达到一定的比例，拥有无风险的资本越多，银行的储户所承担的风险越低，受到的保护越高。银行资本充足性是商业银行的资本金应该保持在既能承受风险损失，以达到保护存款人和债权人利益的目的，又能保障正常经营活动并获取利润的水平上（姜波，2004.17）。由于不同的资产所承受的信用风险不同，所以风险资本的计算要根据加权风险总资产。依据国际金融监管组织的要求，银行的资本又分为核心资本和附属资本。

---

① World Databank. 2012. http：//databank.worldbank.org/ddp/home.do? Step = 3&id = 4

$$资本充足率 = \frac{核心资本 + 附属资本}{加权风险总资本} \times 100\%$$

20世纪70年代后，随着金融监管的放松，各种金融创新层出不穷，80年代后，西方主要国家开始允许金融机构在法律框架内拥有更灵活的运营空间。资本充足率的概念是要求各金融机构有足够的自由资金以应付经营中潜在的风险。由于各国的情况不同，资本充足率的要求也不统一，为了建立一个公平的竞争环境，1988年《巴塞尔协议》提出在成员国之间设立统一的资本充足率。

就风险控制方面来说，《巴塞尔协议》所考虑的主要是信贷风险，它将风险分为三部分：

◆ 资产负债表内不同资产种类的风险
◆ 资产负债表外项目的风险
◆ 国家风险

该协议提出"使用加权计算法计算资产的风险，并根据各类资产的相对风险进行加权计算得出风险权数"，使用风险权数衡量不同类别资产的风险大小。同时，将资产负债表内的资产分为五类，对应风险权数为0%、10%、20%、50%、100%。将资产负债表外的资产分为四个级别，对应的风险权数为0%、20%、50%和100%。银行的风险是表外风险和表内风险的和。《巴塞尔协议》使用风险权数衡量一家银行的资本金是否在一个合适的位置上，为各国金融监管当局提供了一个客观的参照。

1. 杠杆率对金融资产的作用

90年代后，美国金融资产出现了高比率的累计，这和杠杆率的应用有分不开的关系。雷曼兄弟公司破产时，资本充足率高出《巴塞尔协议》的最低要求，但是其杠杆率非常高，不过雷曼兄弟公司还不是杠杆率最高的金融机构。图4-3，柱状表示了世界前十大投资银行在2007年的杠杆率。这些大型投资银行普遍存在高杠杆的运用。

2004年美国证监会取消了最高15倍杠杆率的限制，同时允许投资银行根据内部模型对金融衍生品进行估价（吴晓灵，2009）。高杠杆率的应用就此开始。同时金融机构开发了各种信用衍生品，充分调

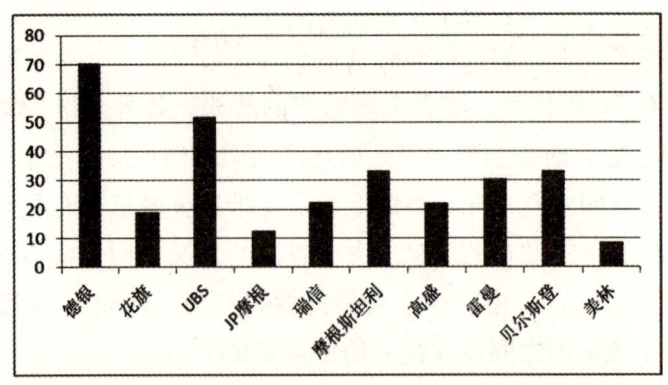

图 4 - 3　金融危机时世界前十大投资银行的杠杆率（2007）

资料来源：Bankscope. 2012

高杠杆率以便追求更高利润。

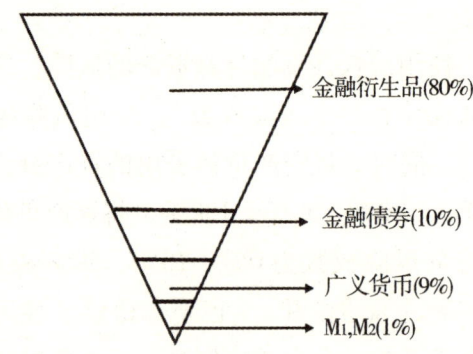

图 4 - 4　金融资产呈现"倒三角"状态

资料来源：张幼文，2011. 179

金融资产出现了典型的倒三角结构：传统货币（M_1 和 M_2）仅仅占金融资产总量的 1%；广义货币占 9%；金融债券可以占 10% 左右；余下的 80% 为金融衍生品的份额（张幼文，2011，178 - 9），如图 4 - 4。

杠杆率一般被定义为资本和非资本金负债的比率。调高杠杆率可以在不对银行资产组合结构做任何改变的情况下增加银行的预期收益。2009 年 6 月，巴塞尔委员会引入杠杆率作为衡量金融机构安全性的新指标，其计算公式为：

杠杆率 =（核心资本 – 核心资本扣减项）/（表内外资产暴露 – 核心资本扣减项）×100%

其中，表内外资产暴露 = 表内资产 + 表外项目资产 + 衍生产品

杠杆率出现得比资本充足率更早，或者说资本充足率本身也是杠杆率的一种特殊表现形式。对于银行来说，挤兑风险本是其经营中最大的风险，但是随着保险制度的产生，挤兑风险逐渐不受大家的重视，银行的损失也从负债转移到了资产方，杠杆率的风险被隐藏和忽视了。银行具有流动性风险的主要原因是资产与负债存在时间差。银行体系广泛存在着短期借款长期放贷的形式。银行之所以存在这种资产和负债的不平等时间关系是由银行本身的功能决定的。由于资本充足率的硬性要求，银行资产的规模被限定在一定程度上。为了增加盈利，银行使用各种创新，提高杠杆率的目的在于获得高额利润。

2. 资本充足率和杠杆率监管存在的问题

金融危机中，出现严重问题的金融机构大部分都符合《巴塞尔协议》对资本充足率的要求。[①] 从图 4–5 可知发生金融危机时，美国和世界的资本充足率是完全符合《巴塞尔协议》的最低要求 8% 的。但是金融危机依然发生了，可见使用资本充足率并不能完全衡量银行的风险暴露。

在 IMF（2008）和 Basel（2009）中，对于依靠资本充足率衡量银行风险的不足之处有比较具体的阐述，包括对交易类资产和证券化资产的风险权重过低、资本充足率存在顺周期效应和对流动性风险关注不够。由于原先的权重对于交易类资产和证券化资产过低，造成遇到问题时，流动性不够，银行资本不够充足。危机前，很多金融机构过于依赖银行间市场和短期批发性融资。一旦融资渠道不能保持畅通，流动性的问题就会马上体现出来。

---

① 例如，雷曼兄弟公司倒闭时，资本充足率大于 10%。

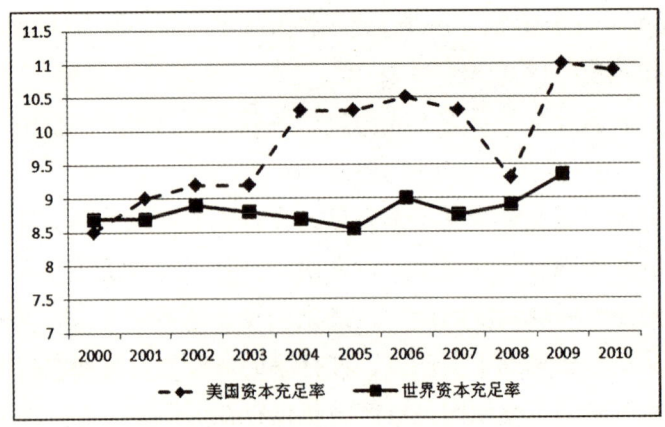

图 4-5 美国和世界的资本充足率（2000—2010）

数据来源：World Databank①，2012

由于资本充足率和杠杆率的存在，银行总是存在流动性问题。正如在 Stephen Morris 和 Hyun Song Shin 模型中讨论的情形，银行为了保持流动性所采取的主要手段是出售资产。当危机发生时，所有的银行都出现流动性问题，同时在市场出售资产，资产价格将会暴跌，价格偏离正常价格很多，造成资产根本无法售出。而银行间的批发市场也无法正常运转，由于联动性的存在，当一家银行存在资金短缺的时候，一般都不可能是偶然的，整个市场也常常存在着资金短缺现象。当流动性极其缺乏的时候，银行可能遭到挤兑而倒闭。金融危机后，监管的改革应该对银行的流动性提出要求，首先，提高流动性资产在银行资产中的比例，不能在出现问题的时候依靠变现资产的办法来解决。因为，依靠变现资产的方法解决流动性，通常都不能成功，而且会造成问题的进一步扩大和加剧。其次，降低银行在批发市场，即银行间市场寻求流动性的依赖。在经济上升期时，银行间市场活跃；一旦流动性变差，银行间市场的流动性是无法给问题银行提供满足的。在讨论资本充足率监管缺陷的同时，从流动性等方面，可以发现明显的顺周期效应。

资本充足率降低和杠杆率增大在不改变银行负债的情况下预期银行

---

① World Databank. 2012. http：//databank. worldbank. org/ddp/home. do？Step = 3 & id = 4

收益增加的作用是显著的。但是这两个监管工具具有顺周期效应。以资本充足率为例，假定使用静态资本充足率，即资本充足率是一个定值，无论经济上行还是下行都不改变。那么就出现了与我们前面在宏观审慎监管中顺周期作用一样的情形，资本充足率对经济的上行起到了推高作用，对经济的下行有进一步的打压作用，对整体经济起到了加剧风险的作用。

3. 资本充足率和杠杆率的改革

对应资本充足率和杠杆率的若干问题，Basel Committee（2009）提出了一些对于资本充足率的改革。对交易类和证券化资产提高资本要求。在兼顾银行信贷供给的效率基础上，提高资本充足率。由于银行信贷的收受方主要是各类企业，如果银行信贷供给的效率下降，无疑会造成信贷成本的增加，这些成本增加的最终承担者还是企业。因此，从企业融资成本增加上来看，银行信贷供给效率下降会给实体经济造成不良影响。

优化资本构成和提高资本质量，合理架构优先股、普通股和次级债。同时还可以考虑通过发行"债转股型"的资本工具。类似 contingent convertibles（CoCos）债券，当达到预先设定的情况时，债券可以转化为银行股份的资本工具。在衡量银行稳定程度时，结合杠杆率和资本充足率以便尽可能客观地反映银行的真正状况。IMF（2008）倡议在更广泛的视角上理解杠杆率。从资产角度出发，要求提高流动性好的资产比重，同时降低流动性差的高风险的资产比重；从负债方，要求降低对资产变现的需求和降低对同业市场的依赖；在股本权益上，增加有形股本在整个股本里的比例。

很显然，资本充足率和杠杆率的监管和改革是必须建立在国际合作的范式下的。鉴于资本的流动性，任何资本充足率和杠杆率的差别都会造成监管套利，导致监管和监管改革的无效。

4.3.3 危机背景下的薪酬监管实践变革

在经典经济学下，薪酬是员工个人的劳动回报，是货币和非货币形式支付的员工福利（吴芳，2008），属于微观行为。次贷危机前，金融监管部门从未考虑过进行干预。在金融机构中，薪酬一直是由市场机制决定的。大多数西方政府对于薪酬的干预仅仅限于制定社会最低工资，根本谈不上对金融高管的薪酬影响。此次金融危机促使各国金融监管当局突破了传统人力资源理论的限制，重新考虑对金融机构高管的薪酬进行干预。

1. 金融高管薪酬组成

思考金融机构高管薪酬的原因在于他们所从事行业的特殊性。在此，我们先做一个简单的回顾。金融行业的货币支付性薪金的传统形式是较低的固定工资加上高额的奖金。以华尔街为例，比如2006年，前贝尔斯登CEO Jimmy Cayne的基本年薪为25万美元，但当年的奖金总额为3360万美元（王欧，2009）。这种底薪低而奖金高的薪金组合激励了经理人为了谋取个人薪金的最大化就不得不在即期内提升公司业绩，从而涉足各种高风险产品和行业。

在这种情况下，本书考虑用数学表达的方法构建金融高管的薪酬组合。表达式中不包含金融机构高管的非货币收益，那么金融高管的薪酬（w）（Hendrikse, 155）为：

$$w = \alpha + \beta(e + x + \gamma y) \qquad \text{F. PA. 1}$$

其中：

w = 高管的货币薪金，

α = 固定部分的薪金，

$\beta(e + x + \gamma y)$ = 绩效工资：

e 为高管的付出或努力，x 为其他因素，γ 为系数，y 为公司业绩。

α 和 β 的值一般由金融机构设定，而绩效工资部分的重要决定因子 e（effort），也就是高管个人的付出是由高管本人支配和决定的。在高管决定了付出的努力之后，他/她获取的净收益（payoff）就是该高管的收入减去因为努力工作而产生的成本：

$$\begin{aligned}P &= w - C(e) \\ &= \alpha + \beta(e + x + \gamma y) - C(e)\end{aligned} \qquad \text{F. PA. 2}$$

其中：

$C(e)$ = 努力程度 e 下的高管工作成本

由F. PA. 2得知，高管的净收益是由固定工资加上绩效工资减去个人付出的努力得出的。从上面公式可以看出，假设其他因素的参数 x 为零，双方的回报由 α, β, e 和 γy 决定。金融高管一般都以增加其净收益为目标，那么就只能通过增加绩效工资来完成。绩效工资部分的 β 值已经确定，个人努力 e 的增加不是无限的，于是尽可能地增加 γy 的值就成为金融高管的努力方向。系数 γ 的值一般是一个固定的正数，那么公司业绩 y 的增长将直接导致金融高管薪酬组合的增长，所以现有金融体系的薪酬制度使得金融高管过分关注金融机构每年、每季度甚至每个月的盈利状况，促使他们最大化杠杆率，采取各种投机手段去追求增加公司业绩，而完全忽略系统风险和产品风险。

2. 委托代理模型

金融机构的高管和董事会之间存在着典型的委托代理关系。委托代理关系起源于公司所有权和管理权的分离。拥有公司所有权的是金融机构的董事会，也是委托代理关系中的委托人（Principal）；管理公司和负责公司日常事务处理的是金融机构的高管，就是委托代理关系中的代理人（Agent）。董事会委托机构高管对金融机构日常工作进行管理和控制，两者之间存在着信息的不对称，公司的运营状况、日常业务等董事会无法进行监控，或者监控的成本过高。这种信息的不对称使得机构高管的努力是无法量化的，因而容易产生道德风险而使委托人的利益受到损害。因此委托代理理论试图通过将代理人的利益和委托人的利益达成一致而解决这一问题。通过委托代理模型的发展和实证研究，采取绩效工资的办法可以使委托人和代理人在利益上达成一致。因此可知，金融行业的薪金由固定和浮动绩效工资组成是符合委托代理模型的。委托代理模型为金融高管的现行薪酬组合提供了理论依据。

如图 4-6，我们假设，董事会是占优方，是提出雇佣协议的一方。那么董事会对待某一个潜在高管的选择存在两个：聘用和不聘用。董事会如果做出"不聘用"的决策，那么这一委托代理关系也就不存在。当董事会一旦做出聘用的决策，那么潜在高管就拥有两个选择[①]：接受

[①] 高管也可能选择讨价还价以提高其收益。为了简单，我们直接将这种讨价还价的策略归为不接受。

和不接受董事会发出的青睐。如果潜在的高管拒绝了聘用,那么委托代理关系也是不存在的。只有当潜在的高管接受了合约,成为公司高管时,委托代理关系才能确立。一旦委托代理关系确定,高管的努力与否是由高管本身决定的,而董事会是无法完全掌握的。这时候唯一可以观测的是董事会根据高管的业绩来衡量高管的努力,这就是绩效工资的作用。由于人才的稀缺和金融行业有创造高额利润的潜力,委托代理的双方在工资的反复博弈之后就形成了绩效工资处于高位的情形。

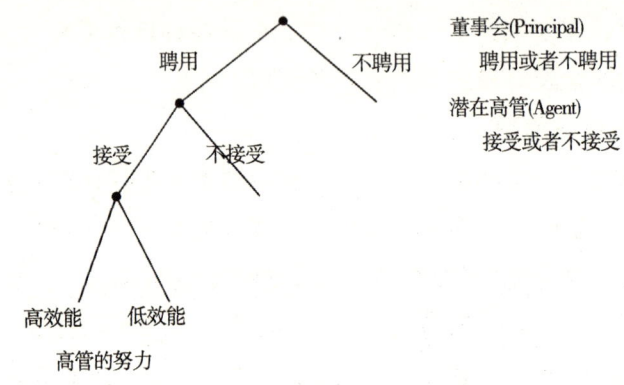

图 4-6 委托代理模型的选择树

资料来源:Hendrikse,2003. 90 加本书翻译和发展

Mirrless (1976),Shavell (1979),杨伟国和高峰 (2009) 通过对外界环境风险的研究,认为当风险加大的时候,应该在薪酬方案中减小激励的强度。他们使用数学推导的方法演示了外界风险和薪酬方案的关系。金融业是具有系统性风险的行业,本书认为这一研究成果可以应用于金融高管和银行的董事会之间。假设金融机构的绩效可以简单地表示为:

$$y = e + \varepsilon \qquad \text{F. PA. 3}$$

其中:

e 是金融高管的努力程度,且 $e \geq 0$。

ε 是均值为 0,方差为 σ^2 呈正态分布的随机变量

根据 Mirrless 等人的研究成果,高管的努力成本为:

$$C(e) = ce^2/2 \qquad \text{F. PA. 4}$$

其中：c 为正值，努力越多，努力成本越高。

高管的保留效用函数为：

$$U(x) = -e^{-rp} \qquad \text{F. PA. 5}$$

其中：$r>0$，为风险系数

委托人的收益表达式为 F. PA. 2，$P = w - C(e) = \alpha + \beta(e + x + \gamma y) - C(e)$

委托人追求：

$$Max(y-w) = Max[y - \alpha + \beta(e + x + \gamma y)] \qquad \text{F. PA. 6}$$

当委托人是风险中性，浮动工资的系数

$$\beta = 1/(1 + rc\sigma^2) \qquad \text{F. PA. 7}$$

因为 r，c，σ^2 都是正数，必然有 $0 < \beta < 1$。σ^2 是呈正态分布的随机变量，表示风险。当 σ^2 有一个较大的值时，β 就变小；当 σ^2 有一个较小值时，β 就变大。σ^2 和 β 成反比。因此，当风险大的时候，激励强度就会减小。

该研究结果对于重新审视金融高管的薪酬设计是很有意义的，尤其是此次金融危机暴露了危机前高管乃至金融行业从业人员薪酬设计潜在的问题。鉴于金融行业风险的内生性，对金融机构的高管不能使用强度过大的激励策略。在此基础上，金融高管的薪酬激励问题也就成为了金融监管的一个重要组成部分。

3. 金融机构内的行为人特征

本节研究作为行为人的金融高管或金融从业人员出于人的本性例如需求、贪婪等，在其决策过程中可能产生的一些影响。根据马斯洛（Maslow，1970）的需求理论，从基础需求到高层次的需求分为五层：生理需求（包括对食物、水和性）、安全需求（包括安全和保护的需求）、社会需求（包括归属感和爱）、尊重需求（自我尊重，认可感和社会地位）和自我实现的需求。见图 4-7。

马斯洛的需求理论把人的需求从低到高进行了分层，一般来说，只有低一级的需求被满足了，才会出现高一级的需求；换句话说，当某一层的需求满足之后，更高级的需求就成为驱动力，金融高管也是符合这

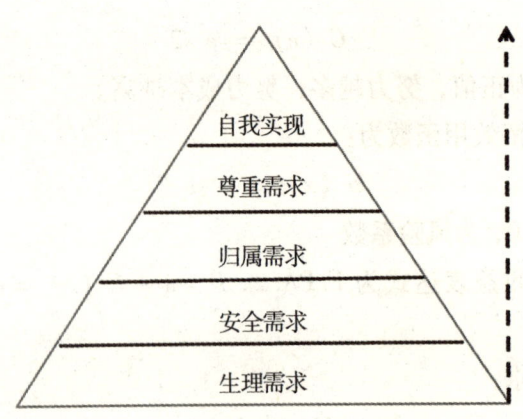

图 4-7 马斯洛（Maslow）的需求理论

资料来源：Maslow, A. H. 1970①

种需求的递增表现的。相对而言，金融高管的追求已经不停留在基础生活上了，他们显然已经满足了生理需要、安全需要和在一定程度上的情感需要。从需求理论上看，剩下的是尊重的需要和自我实现的需要。这两个需求处于高层次，是与个人的成长和发展有紧密联系的。

这两个需求的满足可以考虑应用双因素理论（Two Factor Theory）。双因素理论认为令员工满意的工作本身等方面是"激励因素"，而令员工不满意的方面是"保健因素"（杨岚，2007）。前文所讨论的限制金融高管薪酬指的是限制金融高管从工作中获取的物质报酬，包括基本薪金，各种奖励和绩效薪金。由于这些和高管的趋风险投资具有很大的联系，现在也是各监管当局考虑实施监管控制的重点。可以考虑使部分保健因素具备激励色彩，产生非物质激励。例如作为金融机构高管的社会地位、社会认可和社会尊重等。在一定程度上来说，薪金本身的诱惑力对于很多高管，尤其是成功的高管已经不具备显著性，而声誉、成就感和社会认知度等可能更为重要。

以上，我们对于高管作为行为人的一些特征作了简单的分析，这些都是从监管层面来考虑如何制定更科学的薪酬体系。现在我们应用行为

---

① Maslow, A. H. 1970. *Motivation and Personality*, 2nd ed. Prentice Hall, Inc

金融学理论，从微观上讨论金融高管的心理因素在实际金融体系中所产生的问题。金融从业人员在进行投资操作的时候存在一些影响操作的行为偏差。在讨论"金融监管当局的行为偏差"时，本书引入了一些行为金融学概念。本章再次使用这些心理因素进行分析。

由于认知偏差的存在，金融从业人员对于自己的专业知识和判断过于自信。根据对损失厌恶心理在金融市场的实证分析（Shefrin & Statman，1985；李新路，2006；文凤华等，2007），金融投资者常常倾向于卖出已经账面盈利的金融产品而持有账面亏损的金融产品。因为账面盈利的金融产品在卖出后，这项交易带来利润，交易员获得成就感；而账面亏损的金融产品如果出售，预期损失就变成了损失的事实。这种失败是非常令交易员痛苦的，从而产生了推诿责任的心情。一般来说，金融从业人员会倾向于把失败归结为各种客观原因。同时会把成功的获利归结为自我的主观原因。由于成功的例子使交易员有更美好的回忆和更清晰的记忆，这种成功就变成了自信的源泉，导致从业人员更加自信，随着成功案例的增多，金融从业人员就变得过分自信。这使得金融从业人员在投资收益上的认知出现了大的偏离，认为自己投资的高收益产品总是成功的，从而促使金融从业人员对这种高收益、但是潜在着高风险的金融产品进行追逐。这些心理因素的反复影响和作用，造成了金融从业人员对于高风险的耐受力增强，忽视了产品包含的高风险，并勇于进行风险投资。

4. 薪酬监管的实施

金融危机之后，薪酬监管的问题逐渐成为一个热点问题。FSF（2009）的文献、王欧（2009）、谢平和邹传伟（2010）都有比较系统的论述和总结。主要的监管途径是对薪酬进行限制，例如美国对"受政府救援的金融机构高管设立 50 万美元的年薪上限"[①]（麻健，2009）。研究发现，目前薪酬的主要问题是过分注重短期财务业绩和股价在薪酬激励中所占分量过重。薪酬在危机前的发放标准的主要参考是短期财务

---

① 麻健，2009，美国总统"50 万美元限薪令"的启示，国资委企业分配局，http://www.sasac.gov.cn/n1180/n1566/n259655/n260239/11665573.html 2011.10.22

业绩，这助长了激进的风险承担，而且根据"奖励置前于风险，薪酬发放无法追回"的特征，金融高管可以分享经济繁荣带来的利润，却不用承担经济衰退出现的亏损。

由于人才具有很强的流动性，如果一家机构制定了限制薪酬的规定，那么这家机构的优秀员工自然会流向其他有竞争力的薪酬公司去。因此，薪酬限制在各个机构里需要配合执行。行政性的监管是解决问题的一个有效途径。如果对金融行业的薪酬进行管制，那么现有行业人才是否会流动到其他行业去就是一个有待观察的问题。同理，如果在一个国家实行薪酬限制，在人力资源流动性很强的当今社会，人才很有可能外流到别的国家。由于人才的流动在现实社会中存在成本，所以对薪酬管理的设定不用达到完全一致，但是需要在一个可以接受的范围内。不然对于监管严格的国家来说，人才外流的可能性是非常大的。所以在薪酬的监管上，监管当局必须考虑的是经理人在同行业不同公司的流动、跨行业的流动和跨国界的流动。从这一层面上来说，薪酬管理的有效性必然体现在金融监管国际合作上。

4.3.4 危机背景下的信用证券化及其衍生品实践变革

信用证券化及其衍生品是次贷危机的"导火索"。虽然如此，信用证券化市场不能被完全否定。信用证券化本身的设计是风险转移的平台，通过信用证券化，资产和信用被分离。当银行发放一笔信用贷款时，贷款和贷款所包含的风险被拆分。风险通过证券化的平台被单独销售，而贷款在这个时候就是完全没有风险的。因此放贷银行不用耗费人力物力对受贷企业进行调查。这样，信贷标准显然具有降低趋势，风险承担具有增大趋势，激励银行追求高风险高收益的项目。在此基础上进一步将风险进行各种分类打包，产生了各种复杂的、完全难以琢磨的衍生品，造成衍生品的消费者可能完全没有产品的信息。但是由于信用证券化在分散信用风险上确实起到一定的作用，信用证券化市场还是要继续存在下去的。

信用证券化市场的改革要求信贷发放机构和信用证券化的支持机构至少持有一定比例的信用证券化产品。这样可以促使信贷发放机构对信贷承受方做出应有的调查。信用证券化的支持机构成为最终消费者也不然会对产品产生适当的激励作用。另外一个改革方向是减少过度打包和分级。过度的打包和分级会使信用证券化产品变得越来越不透明。

G20 华盛顿峰会提出了总纲领，匹兹堡峰会在金融改革方面提出了具体的方向。[①] 匹兹堡峰会除了在微观方面的共识，还就如何改革国际机构达成共识，一方面进行国际机构的结构改革，实质性地将新兴经济体在 IMF 的份额提高，在世界银行也至少增加 3% 的投票权。另外一方面是国际机构的能力提升。G20 向 IMF 提供三倍可用资源的承诺，便于 IMF 行使其国际协调和监管的职责（博源基金会，2010，212）。总之，此次金融危机在实践上促进了金融监管国际合作的发展。

4.4　本章小节

虽然国际金融监管机构已经形成一个体系，但是金融危机还是不可避免地发生了。金融危机爆发被指是因为金融监管的认知偏差、监管缺失以及监管不当造成的。其中突出的问题是对于宏观审慎监管没有提到日程上来，微观审慎监管已经完全不能适应整个金融体系的发展了；对于信用证券化及其衍生品的监管缺失；以及衡量金融体系安全的工具失灵。当然，现代金融体系正朝着越来越复杂、越来越不受国界限制的方向发展，这也是金融监管实施的一个难题。

在危机的应急措施中，各国首先采取大量注入流动性的方式解决市场流动性问题。然后先后进行了降低基准利率、为存款提供保险、禁止"裸卖空"、剥离金融机构不良资产、国有化大型金融机构、向实体经济直接注资和实行扩张型财政政策等措施。这些政策缓解了金融危机的冲击和负面影响，有助于各国摆脱金融危机。

宏观审慎监管是金融危机之后的核心改革措施。它要求金融监管当局不拘泥于微观层面，从金融体系的总体运行状况入手，对系统性风险进行监管。宏观审慎监管包括两个维度，从时间维度上着重监管金融系统的总体风险在不同时间的变化；从横截面维度着重考虑在某一时间

[①] G20. 2009. Leaders' Statement：The Pittsburgh Summit. 2009 年 9 月。

点，金融机构和与之相关联的体系的风险。以时间为出发点的宏观审慎监管需要考虑顺周期问题。当经济上行的时候，金融体系起到扩张繁荣的作用，当经济下行的时候，金融体系加速了经济的衰退。横截面的研究点在于两方面金融体系内部金融机构之间的关联和金融体系与各种企业的关联。这种外部关联的存在使得整个金融体系和实体经济紧密地联系起来，所以大型金融机构的财务问题常常可能引起整个社会的动荡，导致政府救援而形成"大而不能倒"的问题，当大型金融机构出现问题时，金融监管当局和政府常常要被迫进行援助。这些金融机构具有很大的外部性，而援助行为又会使金融机构产生道德风险，从而变相激励了这些金融机构去追逐高风险的投资。在金融高度一体化的现代社会，金融风险具有跨越国界、广泛传播的特征，这也就从根源上促使各金融监管当局进行国际合作。

仅仅以资本充足率来检验金融机构是否稳健显然是不够的，对于杠杆率的放松监管造成了各金融机构过度使用杠杆率，这也是造成金融危机的一个主要原因。原有的对于金融高管和金融从业人员的薪酬策略，在很大程度上激励了金融机构涉足各种高风险产品和行业。使用委托代理模型研究薪酬策略，得出对金融机构的高管不应该使用强度过高的激励策略。从马斯洛的需求理论出发，应该考虑在尊重需要和自我实现的需要上对金融机构的高管进行激励。由于信用证券化及其衍生品是次贷危机的"导火索"，危机后的改革重点包括对这类产品的监管，包括使这类产品的复杂度降低，使其透明化。这些都要依靠金融监管的国际合作来推行。

第 5 章　金融监管国际合作的博弈分析

博弈论提供了一个研究理性经济个体在相互交往中战略选择问题的理论依据。博弈是一些个人或组织在一定客观条件和规则下，同时或先后，静态或动态，一次或多次，从各自理性出发，在可以选择的行为或者策略中进行选择并加以实施，从中得出相应结果的过程（谢识予，1997，3）。博弈论是研究在相互影响的过程中，作为理性人的博弈各方为了实现个人利益最大化而进行各自决策。就是参加博弈的一方的选择受到其他各方选择的影响，而反过来其他各方的选择又影响该博弈方的选择的决策问题和均衡问题。由此可知，参加博弈的任意一方的效用函数不仅依赖于自己的选择，而且被其他博弈方的选择所影响。博弈论被广泛使用在能源、环境、制造等行业的国际合作分析上，它对于国际合作的分析有独到之处。在金融监管国际合作中，金融监管当局之间存在着广泛的博弈关系。博弈论提供了一个研究国际合作中其他合作参与者的策略选择工具；在了解合作对手的情况下，有利于本国制定较优的策略。

5.1　危机前金融监管国际合作的博弈

我们希望构建一个博弈模型对金融监管国际合作进行研究，首先从简单入手，考虑静态博弈的情况，即双方只能博弈一次；然后在长期中，考虑动态的关系，以便进一步研究两国的博弈。这两者的主要区别在于，多次动态博弈的博弈双方可以从以前的博弈中获取信息，并可能在后来的博弈中将这些信息进行分析并利用到新的博弈策略选择上。

5.1.1 两国一次博弈

作为研究的前提条件，首先我们需要假设一下应用理论的背景。由于金融危机的发生总是周而复始的，这次金融危机爆发之前也是上次金融危机之后。不过是时间间隔使金融机构和金融监管当局忘却了金融危机的破坏力；或者相对于金融放松可能得到的利益，金融监管当局在某种程度上不再将消除金融危机发生的隐患放在第一位。两国一次博弈模型的建立如下：

博弈双方

金融监管当局显然不具备完整的权利，它只是国家的一个代理人，同时，金融监管当局的体系组成在各个国家都有所不同，而且在有的国家还很复杂，为了研究的便利，我们假设金融监管当局是一个整体，且具有完整的代表权参与到博弈中。假设参加博弈的两个国家是：国家 X 和国家 Y。作为参加博弈的国家，为了严格我们的推导过程，存在以下假设：

◆ 国家 X 和国家 Y 没有强弱势之分，在博弈的过程中不存在绝对的强者；

◆ 两个国家是各自独立的，拥有独立的金融体系；

◆ 商品、资本和人力资源可以完全自由流动（Free movement of goods, capital and people）；

◆ 金融监管当局都以实现自己国家的利益最大化为目的，不考虑另外一个国家；

◆ 一次博弈，只有两种选择，合作（A）和竞争（C），无事先的联盟。

博弈的利益目标

金融监管当局确定的目标为微观审慎监管，追求本国福利的最大化。随着金融业创造的 GDP 所占份额越来越重要，各个国家金融监管当局普遍把提升本国金融行业的竞争力作为一个重要的任务。具体包括：

◆ 维护金融市场稳定，发挥市场机制，为金融市场营造一个公平

竞争的环境;
- ◆ 增强本国的市场活跃程度,提高本国金融业的国际竞争力;
- ◆ 吸引外国直接、间接投资。

两国博弈模型的建立

模型的分析是从宏观角度进行的,但是为了遇到具体问题便于分析,本书选取杠杆率作为研究的对象。因为杠杆率在金融体系中起到非常重要的作用,对金融机构的盈利有直接的影响。在危机前,各国普遍注重的是资本充足率,对于杠杆率的监管空间比较大,同时也是目前在国际范围内需要进行合作的重点问题之一。杠杆率对于本国银行的竞争力具有毋庸置疑的作用,当杠杆率提高,本国银行的资本成本下降,盈利情况变强,本国银行竞争力明显增强;反之,杠杆率下降,资本成本上升,本国银行竞争力减弱。我们可以简单地假设博弈双方的目标是减少资本的成本。根据杠杆率的计算公式,简单地说,杠杆率是资本被放大的比例。λ 为一国对于另外一国杠杆率的变动率。国家 X 相对于国家 Y 的杠杆率的变动(λ_X)为:

$$\lambda_X = (L_X - L_Y)/L_X$$

其中:L_X 为国家 X 的杠杆率
L_Y 为国家 Y 的杠杆率

同理,国家 Y 对于国家 X 的杠杆率的变动(λ_Y)为:

$$\lambda_Y = (L_Y - L_X)/L_Y$$

假设 λ' 为一国对于另外一国杠杆率的预期变动率,那么国家 X 相对于国家 Y 的杠杆率的预期变动率为(λ'_X):

$$\lambda'_X = (L'_X - L'_Y)/L'_X$$

其中:L'_X 为国家 X 的预期杠杆率
L'_Y 为国家 Y 的预期杠杆率

同理,国家 Y 相对于国家 X 的杠杆率的预期变动率为(λ'_Y):

$$\lambda'_Y = (L'_Y - L'_X)/L'_Y$$

当国家 X 提高杠杆率,国家 Y 不变时,国家 X 对于国家 Y 的杠杆率变动率(λ_X)变大,从 λ 的定义可知:

$$0 < \lambda_i < 1, \ i = X, Y$$

同理：

$0 < \lambda'_i < 1$, $i = X, Y$

当杠杆率上升时，资本成本下降；杠杆率下降，资本成本上升。假设资本成本和杠杆率的变动率以及预期变动率之间存在函数关系。当其他条件不变，资本成本（c）的对应杠杆率的关系函数为：

$$C_i = C_0 - \alpha (\lambda_i - \lambda'_i) \qquad \text{F. G. 1}$$

其中：C_0 = 发生改变前，资本的成本

α = 资本成本对杠杆率变动的敏感度

λ_i = i 国杠杆率相对于另外一国杠杆率的变动率

λ'_i = i 国预期的相对杠杆率的变动率

i = X, Y

由于两国的资本可以完全自由流动，所以两国起始时间的资本成本 C_0 是相等的。由于每个监管当局都是以本国福利最大化为目的，希望提升本国金融机构的盈利能力，降低金融资本的成本，因此，出于监管竞争的目的，监管当局在面对控制杠杆率和不控制杠杆率时的倾向性选择是不控制杠杆率。这一政策的隐含意义是金融机构被鼓励试图提高杠杆率。这样，在其他条件不变的情况下，整体盈利增加。所以杠杆率变动的预期方向是增加，以便获得竞争优势。α 是资本成本对杠杆率变动的敏感度，$0 < \alpha < 1$。

假设博弈双方的损失函数为（Barro & Gordon, 1983）：

$$Z_i = C_i^2 + \beta (\lambda_i)^2 \qquad \text{F. G. 2}$$

其中，β 为对体系稳定（杠杆率高，金融体系更加稳定）和资本成本的重视程度，因此 β 为正值。将 F. G. 1 代入 F. G. 2：

$$Z_i = [C_0 - \alpha (\lambda_i - \lambda'_i)]^2 + \beta (\lambda_i)^2 \qquad \text{F. G. 3}$$

在讨论博弈之前，需要强调的是，我们使用的是损失函数，即 Z 的最小值是博弈双方希望达到的。由于博弈双方参加博弈的选择都有两种，这样，博弈存在四种可能的结果：

1) 国家 X 和国家 Y 都选择合作策略，即都不改变杠杆率。此时 $\lambda_i = 0$，且 $\lambda'_i = 0$，代入方程 F. G. 3，可得：

$$Z_X^{A/A} = C_0^2$$

$$Z_Y^{A/A} = C_0^2$$

2) 国家 X 提高杠杆率,同时国家 Y 不改变杠杆率。此时 $\lambda_x \neq 0$,且 $\lambda'_x = 0$,代入方程 F.G.3,得出:

$$Z_X^{C/A} = [C_0 - \alpha(\lambda_x)]^2 + \beta(\lambda_i)^2,$$

展开求导,$\lambda_x = \dfrac{C_0 \alpha}{\alpha + \beta}$,代入求得

$$Z_X^{C/A} = \dfrac{\beta C_0^2}{\beta + \alpha^2}$$

对于国家 Y 来说,此时 $\lambda_y = 0$ 且 $\lambda'_y \neq 0$,

$\lambda'_y = \dfrac{C_0 \alpha}{(\beta + \alpha^2)}$ 代入方程 F.5.3,

$$Z_Y^{A/C} = \dfrac{C_0^2 (2\alpha + \beta)^2}{(\alpha + \beta)^2}$$

3) 当国家 Y 提高杠杆率,同时国家 X 不改变杠杆率时,同理可得:

$$Z_Y^{C/A} = \dfrac{\beta C_0^2}{\alpha^2 + \beta}$$

$$Z_X^{A/C} = \dfrac{C_0^2 (2\alpha + \beta)^2}{(\alpha + \beta)^2}$$

4) 国家 X 和国家 Y 都选择竞争策略,同时提高杠杆率,假设提高的比例一样。此时 $\lambda_X = \lambda_Y \neq 0$,且 $\lambda'_x = \lambda'_y \neq 0$,那么:

$$Z_X = [C_0 - \beta(\lambda_X - \lambda'_X)]^2 + \beta(\lambda_x)^2$$

$$Z_Y = [C_0 - \beta(\lambda_Y - \lambda'_Y)]^2 + \beta(\lambda_i)^2$$

求导,得到损失最小化的条件:

$$\lambda_X = \dfrac{\alpha(C_0 + \alpha \lambda'_X)}{\alpha^2 + \beta}$$

$$\lambda_Y = \dfrac{\alpha(C_0 + \alpha \lambda'_Y)}{\alpha^2 + \beta}$$

因为 $\lambda_X = \lambda_Y \neq 0$,且 $\lambda'_X = \lambda'_Y \neq 0$,联立方程,代入方程 F.G.3,

$$Z_X^{C/C} = Z_Y^{C/C} = \dfrac{C_0^2 (\alpha^2 + \beta)}{\beta}$$

因此可得博弈矩阵：

表 5-1 两个国家（国家 X 和国家 Y）的博弈矩阵

	国家 Y（合作）	国家 Y（竞争）
国家 X（合作）	$Z_X^{A/A} = C_0^2$, $Z_Y^{A/A} = C_0^2$	$Z_Y^{A/C} = \dfrac{C_0^2 + (2\alpha+\beta)^2}{(\alpha+\beta)^2}$, $Z_Y^{C/A} = \dfrac{C_0^2 \beta}{\alpha^2+\beta}$
国家 X（竞争）	$Z_X^{C/A} = \dfrac{C_0^2 \beta}{\alpha^2+\beta}$, $Z_Y^{C/C} = \dfrac{C_0^2 (2\alpha+\beta)^2}{(\alpha+\beta)^2}$	$Z_X^{C/C} = \dfrac{C_0^2 (\alpha^2+\beta)}{\beta}$, $Z_Y^{C/C} = \dfrac{C_0^2 (\alpha^2+\beta)}{\beta}$

β 是金融稳定程度和资本成本重视度的比，监管当局一般对于金融稳定的需求高于对成本的控制，因此 $\beta > 1$。所以：

$$C_0^2 < \frac{C_0^2 (\alpha^2+\beta)}{\beta}$$

比较 $\dfrac{C_0^2 (\alpha^2+\beta)}{\beta}$ 和 $\dfrac{C_0^2 (2\alpha+\beta)^2}{(\alpha+\beta)^2}$ 的大小。两式相除，假设等于 1，那么，比较 β 和 $(\sqrt{2}-1)\alpha^2 \approx 0.4142\beta^2$。

因为 $\alpha < 1$，所以 $\alpha > (\sqrt{2}-1)\beta^2$。那么：$\dfrac{C_0^2 (\alpha^2+\beta)}{\beta} < \dfrac{C_0^2 (2\alpha+\beta)^2}{(\alpha+\beta)^2}$ 有：

$$C_0^2 < \frac{C_0^2 (\alpha^2+\beta)}{\beta} < \frac{C_0^2 (2\alpha+\beta)^2}{(\alpha+\beta)^2} \qquad \text{F.G.4}$$

在博弈的推演中，我们比较的是损失函数，也就是国家 X 和国家 Y 都追求最小损失。虽然选择合作的时候，双方的损失都是最小，也就是说收益最大。但是出于各方理性的选择，"国家 X" 和 "国家 Y" 都会选择竞争。由此可知，由于存在着本国利益最大化的趋势，所以金融监管的国际合作不成功，博弈的结果是两个国家都选择竞争。虽然国家 X 和国家 Y 都知道，如果合作，双方收益更高，但是先选择合作的一方必定要处于竞争弱势。这个时候，国家 X 和国家 Y 就形成了两国间的 "囚徒困境"（prisoner's dilemma）博弈格局，这也与实际情况比较相符。次贷危机之前，金融监管国际合作虽然在资本充足率等方面达成了一致，但是在很多其他领域，竞争是广泛存在的。各国监管当局出于本国福利最大化的追求，国际合作的达成是非常困难的。这也印证了我们在金融监管国际合作理论里阐述的 Bryant（1987）的观点："由于各国处于理性的选择，最终不能达到总体最优状态。"

5.1.2 多次博弈的实验

在长期动态博弈的研究中，我们参考"囚徒困境的实验"博弈研究成果进行分析。为了验证实验对象是否可以找到均衡战略，1950 年，Merrill Flood 和 Melvin Dresher 组织了一次实验（McCain，2006，229—232）。在"Flood-Dresher"实验中进行了 100 次博弈，实验记录了每一次博弈双方选择的战略，而且记录了博弈双方的评价。为了论述的简便，我们代码博弈的双方为"A 方"和"W 方"。实验开始的时候，博弈双方的预期可谓大相径庭，"W 方"本着合作的态度，但是"A 方"却认为"W 方"将会背叛。当"W 方"率先采用触发战略，却被"A 方"认为是混合战略①。渐渐地，"A 方"领悟到了"W 方"的合作意图。但是此时博弈是非对称的，作为受害者的"W 方"认为"A 方"应该在接下来的博弈中允许他不时地采取"不合作"以便弥补先前的损失。在整个博弈过程中，第 83 至 98 回合，双方均采取合作战略，由于这一实验中博弈的次数限定为 100 次，所以在最后一次博弈中，双方都选取了"不合作"战略。

博弈的重复提供给博弈双方更多的信息，在进行博弈的时候，双方有机会利用以前的认知采取更多的分析。"Flood-Dresher"的博弈实验给出了一个"合久必分，分久必合"的总体架构。那么在国与国的博弈中，在外部因素的引诱下，这种双方均采取合作、一方合作另一方竞争、双方都采取合作策略、一方合作另一方竞争的策略将会一直交替演变。在动态博弈的情况下，如果各利益主体完全理性，那么在长期反复的博弈中通过试错的方法，最后趋于达成"合作，合作"的博弈结果，

---

① 或称为"混合策略"，即在博弈中，博弈方的策略内容不是确定的具体策略，而是在两个策略中随机选择的概率分布。

见图 5-1。

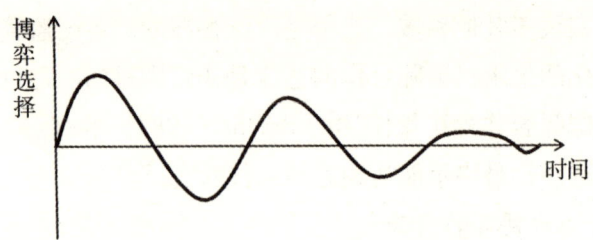

图 5-1 "合作，合作"的动态相位图

但是这种"合作，合作"的博弈结果是具有不稳定性的，当任何一方选择"竞争"策略，那么另外一方的选择会立即转为"竞争"策略。由此可见，博弈双方的选择在多次或者无限期博弈的情况下，趋于一致。那么在长期博弈中，我们假设国家 X 选择"竞争"策略的概率为 ρ[①]。由于我们假设博弈双方仅仅存在两种选择，那么国家 X 选择"合作"策略的概率就是 $1-\rho$[②]。那么对于博弈双方的博弈损失值就是：

$$C_0^2 \left[\frac{(1-\rho) + (\alpha^2+\beta)\rho}{\beta} \right] \qquad \text{F.G.5}$$

双方博弈的结果是希望 F.G.5 的值最小，假设 F.G.5 的最小值是 Δ，那么：

$$\Delta = Min \left\{ C_0^2 \left[\frac{(1-\rho) + (\alpha^2+\beta)\rho}{\beta} \right] \right\} \qquad \text{F.G.6}$$

对 ρ 求导，

$$\frac{\partial \Delta}{\partial \rho} = \frac{-1+\alpha^2+\beta}{\beta} \qquad \text{F.G.7}$$

由于 α 是资本成本对杠杆率变动的敏感度，其值的区间是 [0, 1]；β 是金融稳定程度和资本成本重视度的比值，因为金融监管当局对于金融稳定的需求一般高于对于成本的控制，有 $\beta>1$。因此：

$$\frac{\partial \Delta}{\partial \rho} = \frac{-1+\alpha^2+\beta}{\beta} \geq 0 \qquad \text{F.G.8}$$

[①] 在长期动态博弈中，博弈双方的选择趋于一致，那么国家 Y 选择"竞争"策略的概率也是 ρ。

[②] 同理，国家 Y 选择"合作"策略的概率为 $1-\rho$。

其他条件不变、ρ 取最小值的时候，F.G.5 有最小值。也就是说，当国家 X 选择最少的"竞争"策略的时候，国家 X 和国家 Y 的博弈收益最大。因此在长期博弈的过程中，选择"合作，合作"的博弈策略是最为有利的。这一数学演算过程给出了在长期动态博弈中，博弈双方最终根据利益最大化原则，会选择"合作，合作"的策略。在这一点上，本书认同陈启清（2008）的研究，在长期动态博弈中，博弈双方是可以达成合作策略的。

但是完成长期动态博弈的时间相对过长，在现实社会中常常还不足以达到；同时，又有可能受到外界诱惑的作用而偏离合作策略。当这些诱惑起到决定性作用的时候，"合作，合作"的策略就容易被轻易打破。博弈双方常常放弃长期利益，寻求短期利润最大化。当某一金融监管当局迫于经济压力或者政府压力而选择放松监管的时候，率先采取"竞争"策略，那么另外一个国家也很难继续停留在"合作"策略上。由此"竞争，竞争"策略就形成了。当金融体系再次出现危机信号，由于以前毁坏盟约的行为会被受害者记忆留心，对以往记忆的分析和对以后合作的不确定加大了再次合作的难度。受害者会希望通过后来的博弈补贴一下先前的损失，而受益者可能已经将收益作为既得利益处理。在这种矛盾之下，实现"合作，合作"的策略就更难了。

5.2 金融危机为金融监管国际合作博弈加入的新元素

次贷危机作为一个契机，使各国金融监管当局认识到宏观审慎监管的重要性，在金融监管上各国是很难享有完全独立的，合作是大势所趋。金融危机之后，G20 峰会对金融危机的对抗和金融监管的合作起到了显著作用。在这一基础上，各国金融监管当局纷纷将国际合作确立在重要位置。由于这种改变，金融监管的国际合作出现了新的格局。

在感受到金融危机的破坏力的时候，金融监管当局从主观意愿上更希望达成合作。那么在新的博弈格局里面对于合作的默契明显期望比较强烈。当有这一外在因素存在的时候，原先的博弈形势就有所改变了。

上述两国一次博弈的解是国家 X 和国家 Y 都选择竞争形成非合作均衡。随着金融危机的发生，国家 X 和国家 Y 都有意愿进行合作，那么会有一方首先选择合作策略；从理论上说，另外一方在观察期之后也会对合作的策略进行跟随。

假设国家 X 由于深受金融危机的传导作用危害（例如英国）而率先选择"合作"，即触发战略（trigger strategy）[1]。之后国家 Y 有合作和竞争两个选择。假如国家 Y 选择了合作，那么它在第一阶段的损失 $Z = C_0^2$。第二阶段的时候如果不改变选择，那么国家 X 和国家 Y 的损失依然为 C_0^2。考虑第二阶段和第一阶段的时间因素，使用贴现率 r_f 作为折现因子（McCain，2006，196），那么在整个双方选择"合作"的博弈中，收益 U 的现值就是：

$$U_A = \frac{C_0^2 (1 + r_f)}{r_f} \qquad \text{F.G.9}$$

如果国家 Y 选择的是竞争策略，那么国家 Y 只能在第一阶段得到：

$$Z_Y^{C/A} = \frac{\beta C_0^2}{\alpha^2 + \beta^2} \qquad \text{F.G.10}$$

此后，由于国家 Y 的不合作，国家 X 在很大程度上会选择报复性的更改策略，即不合作的"竞争"[2]策略。那么国家 Y 之后的损失函数的表达式就是：

$$\frac{C_0^2 (\alpha^2 + \beta)}{\beta} \qquad \text{F.G.11}$$

国家 Y 的总收益就是：

$$U_C = \frac{\beta C_0^2}{\alpha^2 + \beta} + \frac{C_0^2 (\alpha^2 + \beta)}{\beta} \times (1 + r_f)^{-1} + \frac{C_0^2 (\alpha^2 + \beta)}{\beta} \times (1 + r_f)^{-2}$$

$$+ \cdots + \frac{C_0^2 (\alpha^2 + \beta)}{\beta} \times (1 + r_f)^{-n}$$

$$= \frac{\beta C_0^2}{\alpha^2 + \beta} + \frac{C_0^2 (\alpha^2 + \beta)}{\alpha r_f} \qquad \text{F.G.12}$$

---

[1] 在博弈中，选择触发战略意味着，一方首先选择"合作"，如果另外一方的选择是"竞争"，那么首选触发战略的博弈方，将报复性选择"竞争"。
[2] 国家 X 也可能执着地采取依旧合作的态度。但是这种单方面的合作是不可能一直延续的。

比较 U_A 和 U_C 的大小。r_f 是贴现率，为无风险收益率；那么 r_f 必然为小于 1 的正数。根据 α，β 的取值区间，因此，$U_A > U_C$ 成立。

所以出于理性考虑，国家 Y 应该选择"合作"，也就达成了"合作，合作"的博弈结果。

两国多次博弈达成稳定的"合作，合作"博弈结果所耗费的时间过长，当"深受金融危机破坏的某个金融监管当局采取了合作的触发战略"时，大大缩短了达成"合作，合作"结果的时间。但是需要阐明的是在两国博弈矩阵中，存在一个诱惑条件：

$$\frac{\beta C_0^2}{\alpha^2+\beta} < C_0^2$$

当人们淡忘了金融危机所带来的破坏，实现本国利益最大化的驱动力变强的时候，某个国家可能率先打破"合作，合作"的博弈方式，进而追求短期更高的本国利益，而另外一个国家会采取报复性的回应。那么"合作，合作"的格局就演变成为"竞争，竞争"了。

金融危机提供给各监管当局一个契机去重新选择策略。金融危机的破坏力其实给了金融监管当局一个激励去选择"触发战略"，达成"合作，合作"的策略。但是这个策略并非长期动态博弈之后的结论，而且随着时间的流逝和对金融危机的忘却，达成"合作，合作"策略的博弈双方很难保持完全理性。

在现实社会中，维持博弈双方选择"合作，合作"的策略需要外部力量或者平台，仅仅依靠两国间的信任而稳定博弈结果在"合作，合作"上是具有一定困难和道德风险的。在实际中，真正达成"合作，合作"的动态博弈耗时过长，成本过大，因此需要外力（例如，国际机构）的维持才能保证完成"合作，合作"的博弈结果。

5.3 金融监管国际合作的多国博弈

两国博弈的格局是一个典型的"囚徒困境"，即在长期的动态博弈过程中，达成"合作，合作"的策略是耗时耗力、非一帆风顺的。当研究更加深入，考虑更加复杂的情况，同时也更符合实际情况，也就是博弈的参与方超过两个国家。新的博弈中就有可能产生联盟现象。这是我们将要研究的金融监管国际合作的多国博弈问题。

5.3.1 多国博弈中的联盟

在博弈中，我们的假设为：所有参与人是可以进行谈判的，通过充分交流，并基于他们拥有的"威胁"和"反击"，最终可以达成一个稳定的结果，所有这些稳定的结果我们称为谈判集[①]。关于多国博弈的联盟，本书参考奥曼和马施勒，以及夏普利的研究成果。[②]

N方博弈的参与人集合为：

$N = \{1, 2, \cdots, n\}$

由 N 中的非空子集 B 组成的集合 $\{B\}$ 是可允许联盟。对于任意 B 有 $B \in \{B\}$，给定数 v(B) 为联盟 B 的值。

在实际情况下，$\{B\}$ 中一方的联盟对研究金融监管的国际合作是没有意义的，因此，所有一方联盟的值均等于 0：

$i \in \{B\}, v(i) = 0$

同时，联盟是具有现实效应的，因此 $v(B) \geq 0, \quad B \in \{B\}$

理论上，我们得到一个支付结构：

$(x_1, x_2, \cdots, x_n; B_1, B_2 \cdots, B_m)$

其中 $(B_1, B_2 \cdots, B_m)$ 是 $\{B\}$ 中不相交的集合。

而且：

$B_j \cap B_k = \phi, j \neq k, \bigcup_{j=1}^{m} = N$

x_i 为实数，且

$\sum_{i \in B_j} X_i = V(B_j), j = 1, 2, \cdots m$

每种支付都代表一种博弈结果的可能，其中参与人分成不同的联盟 $(B_1, B_2 \cdots, B_m)$，在每个联盟中，联盟成员分享联盟收益，也就是联

[①] 奥曼和马施勒：《合作博弈的谈判集》（2002）。见：库恩编著的《博弈论经典》，韩松、刘世军、张倩伟、宋宏业译，中国人民大学出版社2004年11月第一版，第151页。

[②] 夏普利：2002，《n人博弈的值》；奥曼和马施勒：2002，《合作博弈的谈判集》。见：库恩编著的《博弈论经典》，韩松、刘世军、张倩伟、宋宏业译，中国人民大学出版社2004年11月第一版。

盟的值 X_i，$i=1, 2, \cdots n$。在博弈中，每个人都试图得到他认为的能够得到的最大利益，因此，$X_i > 0$ 成立。而 $X_i < 0$ 的情况是不可能发生的，因为每个参与人都会通过寻找一个联盟来保护自己的利益而不是寻求联盟来剥夺自己的利益。这就是联盟理性的假设。对任意 B，

$$B \in \{B\}, B \subset B_j, j=1, 2, \cdots, m$$

$$\sum_{i \in B_j} X_i \geq V(B)$$

那么这个联盟形成的条件就是，"联盟中的某些成员是不可能通过组建其他的可允许的联盟而获得更多利益的"①。在这一联盟中，每个博弈方都试图得到他所期望得到的最大值，同时又倾向于进入一个"安全的"联盟。当一个联盟给博弈各方带来安全，那么这个联盟也就可以长期运作了。在磋商阶段，即联盟形成之前，每个参与人都会尽力使他的合伙人相信他在某种程度上是强者，以便达成趋于利己的联盟。

5.3.2 存在联盟的三方博弈模型

超过两方的博弈模型和两方博弈的最大区别在于前者在博弈的过程中可能会产生联盟。由于三方博弈的研究是可以轻易扩展到多方博弈的，为了研究的便利和应用性，我们演示一个三方博弈的模型②。

博弈的前提

建立博弈的目的是为了考察国际合作的收益，以及建立某种机制以促成我们期望的间接合作或者共谋。美国次贷危机已经证实了金融风险是可以通过业务往来进行有效传递的。根据 Stolz 的模型推导，国家之间的金融体系联系的紧密程度和两国间业务往来的密集度有关，因此可能存在一个特定国家和某些国家的金融关联度高，而和另外一些国家的金融关联度低。在我们的模型中，假设参加博弈的各方的金融关联度都达到了一个值得重视的高度。也就是说，这些博弈方的博弈期望是达成联盟。在这种基础上，假设没有达成任何联盟，那么此次博弈的收益就

---

① 奥曼和马施勒：《合作博弈的谈判集》（2002）。见：库恩编著的《博弈论经典》，韩松、刘世军、张倩伟、宋宏业翻译，中国人民大学出版社 2004 年 11 月第一版，第 153 页。
② 三方博弈的概念和思路参考奥曼和马施勒：《合作博弈的谈判集》（2002）。见：库恩编著的《博弈论经典》，韩松、刘世军、张倩伟、宋宏业译，中国人民大学出版社 2004 年 11 月第一版，第 159—163 页。

等于零。即：v（1）=v（2）=v（3）=0。

博弈三方的确立

我们延续前文对于两国博弈的部分假设。国家1、国家2和国家3是参加博弈的三方。三个国家没有强弱之分。对于每个国家来说，博弈依然只有两种选择，联盟和不联盟。

博弈的利益目标

超过两方的博弈，通常在目的上缺乏一个明晰的定义。因为如果延续在两国博弈中博弈各方仅仅把追求本方利益的最大化作为唯一目标，那么协议是很难真正达成的。因此，多方博弈的目的是"达成某种稳定性"。这种稳定性在某种程度上代表了每个参与人的权利。

三方博弈的模型构建

三方博弈的参与国家集合为：

$N = \{1, 2, 3\}$

首先考虑其中"两两联盟"：

那么 $v(1) = v(2) = v(3) = 0$

$v(12) = a$，$v(23) = b$，$v(13) = c$

$a, b, c \geq 0$

在博弈中将会出现两种情况：

第一种情况是 a，b，c 满足"三角不等式"关系，也就是任意两个参数的和大于第三个参数：

$a \leq b + c \quad b \leq a + c \quad c \leq a + b$

根据定义，谈判集的构成为：

$(0, 0, 0; 1, 2, 3)$

$(\dfrac{a+c-b}{2}, \dfrac{a+b-c}{2}, 0; 12, 3)$

$(\dfrac{a+c-b}{2}, 0, \dfrac{c+b-c}{2}; 13, 2)$

$(0, \dfrac{a+b-c}{2}, \dfrac{c+b-a}{2}, 1, 23)$

第二种情况是 a，b，c 不能满足"三角不等式"关系，存在其中一个参数大于其余两个参数的和。假如 $a > b + c$，那么谈判集为：

$(0, 0, 0, 1, 2, 3)$

$(c \leq x_1 \leq a - b, a - x_1, 0; 12, 3)$

$(c, 0, 0, 13, 2)$

$(0, b, 0, 1, 23)$

在这一基础上考虑三方联盟，则有：

$v(123) = d \geq 0$

此时，联盟包含了所有博弈方，也就不存在反抗。当联盟是理性的，即联盟成立时，x_1，x_2，x_3 满足：

$x_1, x_2, x_3 \geq 0$; $x_1 + x_2 \geq a$, $x_2 + x_3 \geq b$, $x_1 + x_3 \geq c$

$x_1 + x_2 + x_3 = d$

同时，$d \geq a, b, c$，$d \geq (a + b + c)/2$

此时的谈判集为：

$(x_1, x_2, x_3; 123)$

由此可知，当三方联盟的收益至少不小于任何两方联盟所获得的利益时，三方联盟才可能形成。也就是说，三方联盟的收益要大于等于任何两方的收益，否则可能存在反抗，三方联盟不能成立。三方联盟的演算方式可以外推到多国联盟的形式。

5.4 包含国际组织的金融监管国际合作多国博弈

考虑客观事实，国际金融监管组织是现实存在的，而且也有存在的必要。国际组织的概念是各会员国加入，达成某项协议；签订的协议对于成员国是具有约束力的。从国际金融监管组织的架构上来看，目前在国际上尚没有特殊的法律强制力。一般国际金融监管组织的协议是由各国磋商得出的。在磋商过程中，一般经历充分的交流，谈判一旦形成，各国代表在某种程度上达成一致而形成一个稳定结果的时候，对会员国具有约束效应。原因在于，如果某一个国家采取了违反协定的"不合作"策略，那么其他国家有可能进行反击，当其他国家进行联合性的反击且这种联合和一个国家的可抵抗力相比明显处于强势时，"不合作"策略显然是不明智的。

现实中一个比较成功的国际金融监管组织是巴塞尔银行委员会。巴塞尔银行委员会的贡献之一就是资本充足率的协议,它为各国提供一个客观的考量本国银行资本充足率的标准。而其会员国的金融监管当局都以资本充足率8%的最低标准来对本国的银行进行监管。

5.4.1 包含国际组织的三方博弈

在国际社会中,常常遭遇的情况是多国的博弈,根据前文的论述,我们继续使用三方博弈的概念,并考虑在博弈过程中加入国际金融监管组织,那么存在以下三种可能:

第一种:国家1和国家2在初始状态下并非国际金融监管组织3(国际金融监管组织3已经存在,并存在超过一个的签约国)的会员。那么国际监管组织可以看作一个超级大国,从而替换原先的国家3的位置。这时的博弈格局是三方博弈。

第二种:国家1和国家2其中有一个是国际金融监管组织3的成员,而另外一个不是国际金融组织的成员。从这个意义上来说,就回到了前文我们讨论的两方博弈(1和3的博弈)上。只是在博弈地位上来说,国家1和国际金融监管组织3的强弱势不同,也就是谈判地位的不同。谈判地位的不同可能造成博弈的结果更利于国际金融监管组织3所希望的结果。

第三种:国家1和国家2都是国际金融监管组织3的会员。那么国际金融监管组织3对于国家1和国家2来说就是一种协议和平台。在这种协议的基础上,国家1和国家2可以实现"同盟,同盟"的策略。

第三种情况由于博弈结果很明显,我们就不再进行更多的讨论。第二种情况的博弈矩阵基本上和"两个国家的博弈矩阵"相符,只是在力量悬殊的情况下趋于达成强势方的目的。由于国际金融监管组织的章程所限,国际金融监管组织的努力结果就是博弈的最优解,即合作策略。因此,我们只需要考察第一种情况,即国家1和国家2都不是国际金融监管组织3的会员。

博弈三方的确立

博弈三方为国家1、国家2和国际金融监管组织3。为了延续前面的研究，我们可以把国际金融监管组织 3 看作一个超级大国。博弈的选择依然只被简单地设定为两种选择，即同盟（A）和竞争（C）。

博弈的利益目标

国际金融监管组织 3 寻求扩大其影响力，在更为广阔的国际平台上行使其国际监管的作用。如果在此次博弈中没有和另外两个国家取得联盟，那么国际金融监管组织 3 的博弈收益也为 0。国家 1 和国家 2 希望通过国际金融监管组织的平台，得到更好的稳定结果。如果国家 1 和国家 2 没有达成任何同盟，那么在应对外部风险上存在着巨大的危险，因此我们认为，国家 1 和国家 2 从这一博弈中得到的收益是 0。

三方博弈的参与人集合为：

$N = \{1, 2, 3\}$

那么 $v(1) = v(2) = v(3) = 0$

$v(12) = a$，$v(23) = b$，$v(13) = c$，$v(123) = d$

$a, b, c, d \geq 0$

假设 a, b, c 存在三角函数关系，那么博弈矩阵如下：

表 5-2 存在联盟的三方博弈矩阵

	国际组织			
	同盟		竞争	
	国家2		国家2	
	同盟	竞争	同盟	竞争
国家1（同盟）	d	13, 2	12, 3	0, 0, 0
国家1（竞争）	1, 23	0, 0, 0	0, 0, 0	0, 0, 0

根据前文的推导，达成三方同盟的条件是：$d \geq a, b, c$ 和 $d \geq (a+b+c)/2$。在符合这两个条件的情况下，国家 1，国家 2 和国际组织才能各自分配到足够的支付，这样才能达成稳定的三方同盟。在这一角度上，我们支持了朱孟楠（2003）的论点，他认为国际合作达成的条件为"国际合作之后的收益高于合作之前"。

5.4.2 金融监管国际合作的超可加性

超可加性是指"无论有没有交集的两个联盟如何独立行动，结果都不如这两个联盟的联合"①。作为合作博弈,博弈产生的支付需要满足的一个重要属性就是超可加性。超可加性可以使用下列数学表达式:

对于所有的联盟 S, $T \subset N$, $S \cap T = \phi$,

则有 $v(S \cup T) \geq v(S) + v(T)$

重新回顾一下,我们应用博弈论的初衷是为了更好地进行金融监管国际合作,以达成一个安全和稳定的金融体系。因此同盟策略的效益在于获得稳定,扩大区域,在更大范围内形成统一监管。因此增加任何一个国家与国际组织合作,对于国际组织和这个国家来说,所得到的收益都是成倍数增长的。同时,对于一个国家来说,不加入国际组织所带来的政治上和其他方面的损失也成为加入国际金融监管组织的一种收益。综上所述,d 的值应该远大于 a, b, c,以及 a, b, c 三者和的一半。因此,出于理性选择,当国际组织参加博弈之后,参加博弈的各个国家,都趋向于选择成为国际组织的同盟者。这也从博弈的支付上解释了具有广泛国际关系的国际金融组织的会员资格的价值较高。一旦签署协议,成为新会员,那么参与国家都有维持声誉的激励。从长期博弈来看,对于约定的偏离只能获得一期额外收益,那么选择遵循约定就是明智的。若参与合作能给合作各方带来收获,则博弈是理想的:

$$v(N) > \sum_{i \in N} v(\{i\})$$

在具备超可加性的博弈中,效率原则将会导致全面的合作。通过合作,收益将会增加。而且联盟越大,新成员的边际贡献也越大。在我们进行博弈的时候,有一个假设,即参加博弈的各方之间(包括参加博弈的国际组织)存在着紧密的金融联系。那么,根据前文的论述,这些国家中的任何一个出现金融危机,都会很迅速地扩散到其他国家。由此可见,任何一个国家的危机都会成为所有国家的金融灾难。那么假设所有的博弈 N 方中,$N-1$ 个国家成为了联盟,剩余一个国家的新加入边际贡献非常大,就是说博弈是凸的。

由于存在超可加性,加入联盟或者形成一个整体的联盟可以获得更

---

① 蒙特和塞拉:《博弈论与经济学》(2002);张琦译,经济管理出版社 2005 年 4 月第一版,第 185 页。

高的效率。在金融监管国际合作的博弈中，根据金融系统本身的联动性和金融体系具备的外部性特征，这种超可加性是存在于多国博弈中的。超可加性的作用结果必然是联盟趋于扩大，新成员的边际贡献效应变大的同时，成为新成员的收益也趋大。因此，根据效率原则，作为一种有效的合作形式，整体联盟是必然存在于金融和经济具有高度相关性的国家之间的。

5.5 本章小结

本章使用博弈论作为分析的工具研究金融监管国际合作。从危机前的具体情况出发，金融监管国际间合作的主体还是各金融监管当局。以杠杆率为研究载体，设定国家 X 和国家 Y 是博弈的双方。杠杆率和资本成本存在反比关系，即杠杆率下降，资本成本上升。同时由于存在国家之间的资本自由流通，资本成本可以写成由杠杆率的相对变动和预期相对变动率为参数的函数方程。结合以资本成本为参数的效用函数方程，我们可以找到杠杆率变动和预期变动比和效用的函数关系。在此函数方程上讨论国家 X 和国家 Y 的一次博弈，因为两个国家都有两种不同选择，所以可以得到四种不同的博弈结果。由于国家 X 和国家 Y 都会以本国利益最大化为目的进行理性选择，一次博弈的结果是达成非合作均衡的"竞争，竞争"策略，也就是形成"囚徒困境"的博弈模型。在多次动态博弈中，博弈结论在变动中趋于形成"合作，合作"的格局。但是达成合作策略的稳定结果需要很长的试错时间，在现实社会中常常不能被满足。

金融危机的损失会促使某一博弈方首先选择"触发策略"，从而改变原有博弈格局。在使用折现因子的计算之后，可以得出另外一个国家在观测到"触发策略"之后，也会采取跟随策略，这样就达成了"合作，合作"的策略组合。由于这一合作策略不是动态博弈的结果，因此博弈结果具有不稳定因素。当一个国家率先采取"竞争"策略以便获取额外的收益时，另外一方则可能采取报复性的选择，以致重新回到"竞争，竞争"的格局。

从更广阔的空间看，当博弈出现多方时，在博弈的过程中就有可能出现博弈方之间的联盟。借鉴奥曼和马施勒的研究成果，可以以等式的方式表达同盟的收益和同盟产生的条件。当我们假设国际组织成为博弈的一方，根据类推很容易得到同盟的条件为三方同盟的收益要明显高于小范围的同盟。也就是说，三方同盟支付 d 的值应该远大于两两同盟产生的支付 a，b，c，以及 a，b，c 和的一半。当满足这一条件时，国际同盟自然形成。

通过博弈分析，两国一次博弈的结论只能达成"竞争，竞争"的格局；在长期中，两国动态博弈经过多次试错之后，趋于达成合作的最优解，但是在现实社会中，由于达成最优解的耗时通常过长，从时间上来说不经济；金融危机可以促使博弈产生"触发策略"，因此形成合作策略组合，但是这一格局的稳定性不强，很容易被打破；当国际金融监管组织存在于多国博弈中时，可以作为国家间合作的维护平台，促进金融监管国际合作的形成，而在超可加性原则下，最终将形成整体联盟。

第 6 章　金融危机背景下中国的金融监管国际合作

作为一个开放的国家，中国在国际社会的地位日益提高，同时受到国际环境以及经济圈内其他国家的各种影响也越来越多，尤其是对于中国在经济和金融上的各种冲击也越来越多。因此，本章以此次金融危机——次贷危机为背景，考察中国加入金融监管国际合作的必要性，并对中国目前在金融监管国际合作上的现状和问题进行论述，最后提出在金融监管国际合作中，中国应该和可能采取的战略。

6.1　次贷危机与中国加入金融监管国际合作的必要性

次贷危机对于全球经济和金融体系都是具有破坏性的，其对中国的影响并不仅仅局限于美国对中国的直接影响，还包括美国对于其他国家产生影响之后，这些受影响国家反过来对中国进行的影响。当然，影响最快、力度最强的还是来自美国的直接影响。首先，本节简单回顾次贷危机对中国的影响，主要从对中国金融体系和对实体经济两方面进行研究。然后回顾和总结中国采取的应对措施。

6.1.1　次贷危机对中国金融体系的直接冲击

美国爆发的金融危机，席卷了主要发达国家的金融市场，对中国国内金融部门的直接影响反而比较小。这种情况的发生主要是由于中国目前存在着比较严格的资本管制，那么起源于美国的次贷危机通过金融渠道本身传染到中国的力度非常有限。次贷危机的爆发点是信用证券化产品和其衍生品,这些金融创新产品由于预期利润较高,很多欧洲国家(例如英国和德国)购入的比较多以致遭受直接损失。中国监管当局对国内金融机构从事国外业务的限制本身就比较多,对于金融衍生品的交易管理就更严格了。因此,次贷危机对中国造成的直接损失相对而言是有限的。对于次级抵押债券产品,中国国内银行也只有中行、建行、工行、交行、招行和中信银行持有。根据统计数据,中行投资于次级抵押债券的规模最大,损失也最大。投资额约为221.2亿元,损失约为38.5亿元,占其税前利润的4.5%(中国银行年报,2007,2008[①])。从后来的经营及事态发展来看,以中行的实力和盈利能力来衡量次级抵押债券的损失是可以被中行接受和承担的。在2008年欧美银行普遍遭受损失的时候,中国的银行业基本保持稳定发展,在全球千家大银行税前利润5强里,中国银行获取了3席。其中中国工商银行以税前利润244.94亿美元居于榜首(《银行家》,2010)。

  但是由于发达国家的金融体系出现问题,原本投资于中国证券市场的热钱(包括QFII和预期人民币升值而流入中国的投资)不得不流出。这在一定程度上造成了中国证券市场的一部分资金的逃离。同时,由于人们的心理作用在股票市场是非常重要的,当资金外流引起投资人的猜测和怀疑,股票市场整体就会呈现异常波动现象。这在一定程度上影响了中国证券市场的健康发展。

  同时,次贷危机引发了美元币值的下跌。随着经济和金融的进一步传染效应,美元贬值进而拖累了西方其他国家。一直以来,中国外汇储备的重要组成部分就是美元,美元和美国国债在中国外汇储备里占的比重都比较高,通常都稳定保持在1/3以上(国家外汇管理局,2011)。美元相对于其他货币的贬值造成中国外汇储备以其他货币计价的直接减少,造成中国外汇储备国际购买力的下跌。

  在其他国家受到金融和经济方面利空的拖累之后,人民币相对升值,西方主要国家货币相对于人民币币值都处于下行区间。图6-1显示

[①] 中国银行,2012. http://www.boc.cn/investor/中国银行年报

了自 2000 年以来，中国的外汇储备余额逐年上升，而以人民币计算的美元的货币价值却在下跌，人民币对欧元的波动性虽然大一些，但是整体趋势也在下降。

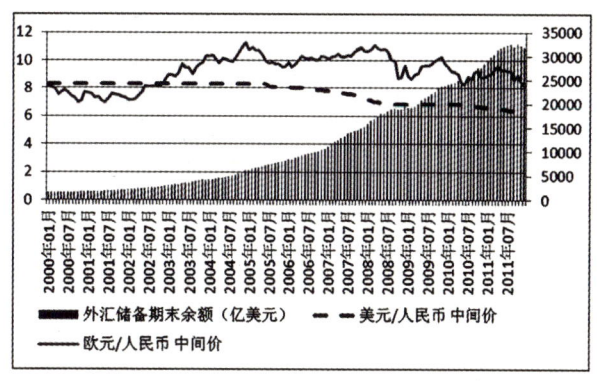

图 6-1　中国外汇储备月末余额和美元/人民币中间价（2000—2011）

数据来源：Wind 资讯，2012

总体来说，中国的金融系统并没有出现大的问题，次贷危机对中国金融部门的直接影响比较有限，损失可以控制，金融运行基本平稳。但是这并不能说明中国的监管体制和监管力度的完美。因为中国的资本市场并没有完全开放，资本还有比较严格的管制，国家对资本的流入流出有比较严格的控制；金融产品业不丰富，虚拟经济和实体经济的比值也比较低。同时长期的外贸盈余使中国的银行具有比较好的流动性，外汇储备也较雄厚，可以应付突发事件。就整体系统性风险来说，次贷危机对中国金融体系的影响比较小，但是对于实体经济的影响就另当别论了。

6.1.2　次贷危机对中国实体经济的横向影响

次贷危机对中国实体经济的影响首先表现在出口上。从经济学上的直接推论就是次贷造成美国国民的可支配收入降低，消费能力下降，对进口的需求减弱。美国是中国重要的贸易伙伴，中国对美国的出口占中国出口总额比重大；次贷危机前，都保持在 20% 以上。见图 6-2。

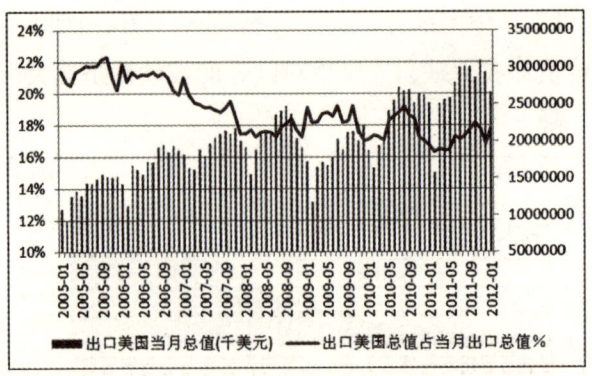

图6-2 中国对美国出口和对美出口占出口总值的比值（2005—2012.1）
资料来源：中经网统计数据库，2012

美国经济不景气继续扩展到其他国家，从世界范围来讲，中国的整体出口下降，见图6-3。同时，美元汇率的下跌进一步拖累了中国的出口。美国是中国除了欧盟以外的最为重要的贸易伙伴，中国出口美国的产品以劳动密集型为主，竞争优势在于价格。随着美元币值对人民币的下跌，以美元计价的中国产品价格上升，这样就减弱了中国产品在美国的市场竞争力。由于竞争力的削弱，中国产品的销量减少，出口需求进一步下跌。在这种交叉作用下，中国的出口总体下跌。

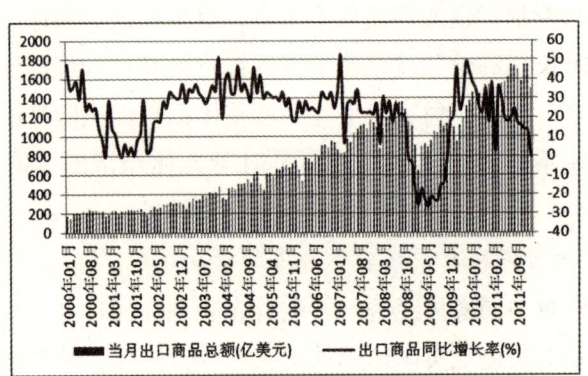

图6-3 中国出口商品总额和出口同比增长率（2005—2012.1）
数据来源：Wind资讯，2012

自2002年第二季度到金融危机之前，中国对外出口增长一直保持在20%左右的水平以上。由于存在金融体系向经济传导以及美国向世界范围传导的时间差和滞后效应，中国出口增长在2008年第四季度出现同比增长大幅下滑，2008年11月和12月出现了同比负增长，分别为-2.22%和-2.93%。自此，中国出口增长一直保持负增长：在2009年1月达到-17.56%的负增长，2009年5月的最低值为-26.51%，直到2009年第四季度才有所好转，到了12月才出现正增长。

出口的下跌对于中国经济的整体影响是不言而喻的。出口对于中国GDP的贡献份额在长期发展中占据重要地位。以出口为导向的中国经济在出口下跌的情况下，GDP增长也随之下跌，在2008年第四季度，跌破了保持多年的两位数增长，见图6—4。同时，美元的贬值也削弱了中国产品的价格竞争力。

中国对美出口的主要产品不具备技术竞争力，产品容易被模仿和替代，竞争壁垒很少，通常就受到其他发展中国家产品的价格竞争。需求的减少加上竞争的进一步加剧，中国的出口型企业已经不堪重负。传统上以美元计价的国际原料由于美元的贬值而持续上涨，进一步打击了中国的出口型企业。这在经济上压缩了中国出口企业的利润空间，造成很多企业无力支撑运营，最后倒闭。这些出口型企业的大量倒闭，又产生了关联性的失业问题。

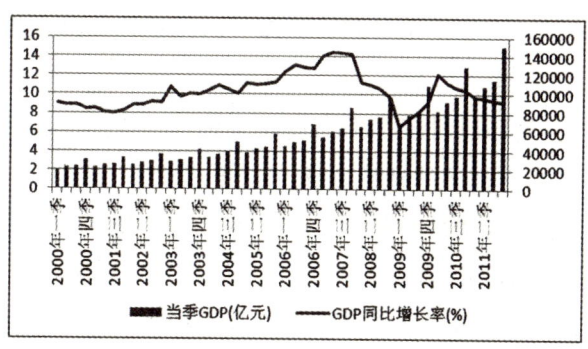

图6-4　中国当季GDP和GDP同比增长率（2000—2011）

数据来源：Wind资讯，2012

由于出口型企业的大量倒闭，同时拖累上下游企业，就业岗位大幅减少。2005年下半年以来保持高位增长的城镇单位就业增长量和城镇单位就业同比增长率从 2008 年第三季度开始出现下滑趋势,到了 2009 年第二季度的时候,城镇单位就业增长仅仅有 84.5 万人(Wind 资讯,2012)。因此,2008 年第四季度城镇失业率上升 0.2 个百分点,2009 年继续上升 0.1 个百分点,失业率达到 4.3,并于 2009 年全年保持这一峰值(国家统计局数据库①,2012)。失业率虽然只是增加了 0.3 个百分点,但是对于社会和经济的影响很大。

从社会方面讲,失业威胁着社会的整体安定,失业家庭的需求和要求得不到满足将严重影响家庭的稳定。家庭的不稳定在某种程度上催化了社会的不稳定,犯罪率也相应有所上升。从经济上来看,失业是一种资源的浪费,失业人员的才能得不到社会的产出而白白浪费掉。根据奥肯定律,失业率每高出自然失业率 1 个百分点,就达到 2 个百分点的 GDP 降低(高鸿业,2005,607)。失业在造成社会动荡的同时,也造成了居民可支配收入随着失业率的上升而减少。

在人民币升值和中国地产升值的双重预期下,美国不少金融机构自 2003 年开始物色、购买中国地产项目。由于当期美国本土的财务状况,这些金融机构期望将其在中国购买的物业变现。这在某种程度上产生了 Stephen Morris & Hyun Song Shin 和 Brunnermeier 模型里阐述的资产抛售状况。2008 年下半年,除了雷曼兄弟公司由于倒闭而出售其在中国拥有的物业之外,还有摩根士丹利、花旗等海外机构相继意向出售地产项目(世华财讯,2008)。当金融机构遇到财务问题,在短时间内集体抛售相同资产时,对于这种资产的市场是一种严重扰乱。

6.1.3 次贷危机下的世界经济重心转移

世界经济正在经历结构转型,其中最为明显的变化是为数不少的、富有活力的新兴市场的崛起(World Bank,2011)。朱民(2011)分析了世界经济重心从发达经济体转移到新兴市场和发展中经济体的趋势及其对全球经济运行产生的重大结构性影响,涉及全球的资源需求、食品需求、制造业生产模式、贸易结构、资本流动和国际治理机制等各个领域。其中国际货币体系所受到的影响在卢锋(2009)、Lin et al.

---

① 国家统计局数据库,2012。http://219.235.129.58/viewReport.do?method=display

（2012）和何淑兰（2012）的研究中得到了分析。根据不同指标综合考察世界经济重心转移的程度和演变趋势，本节分析国际金融危机与世界经济重心转移的关系，研究新兴市场和发展中经济体在经济实力分布上集中性与分散性相结合的特点，总结了发达经济体主导的国际货币体系面临的最主要问题，提出了人民币国际化面临历史性机遇的判断。

金融危机凸显了发达经济体的相对衰落。次贷危机起源于全球经济金融的中心美国，并引发了另一大发达经济体欧元区的债务危机，见发达经济体（advanced economies）的分组（表6-1）。受危机影响，发达经济体经济低迷，增长缓慢，在世界经济中的地位相对下降。

表6-1 发达经济体的分组

主要货币区（major currency areas）	美国、欧元区、日本
欧元区（Euro area）	奥地利、比利时、塞浦路斯、爱沙尼亚、芬兰、法国、德国、希腊、爱尔兰、意大利、卢森堡、马耳他、荷兰、葡萄牙、斯洛伐克、斯洛文尼亚、西班牙
亚洲新近完成工业化的经济体（newly industrialized economies）	香港特区，韩国，新加坡，中国台湾省
主要发达经济体（major advanced economies）	加拿大、法国、德国、意大利、日本、英国、美国
其他发达经济体（other advanced economies）	澳大利亚、捷克、丹麦、香港特区、冰岛、以色列、韩国、新西兰、挪威、圣马力诺、新加坡、瑞典、瑞士、中国台湾省

资料来源：国际货币基金组织：《世界经济展望》，2012年10月

从1980年到2005年，美元计价的发达经济体名义GDP所占世界比重在76.1—83.6%之间浮动（图6-5），其中2005年的比重为76.1%，仍然处于此区间的下限。不过从2006年开始，这一比重不断下降，在2011年已经下降到63.6%。根据2012年10月份国际货币基金组织《世界经济展望》的预测，上述比重将在2017年进一步下降到56.7%。由于国际金融危机在2006—2007年期间已经有所显露，发达经济体名义GDP所占世界比重的下降和国际金融危机的爆

发基本同时发生。在进出口所占世界比重方面，发达经济体的表现与名义 GDP 方面的表现比较接近。

不过其他指标显示，发达经济体的相对衰落早在国际金融危机之前就已经开始，国际金融危机只是进一步强化了上述趋势。在购买力平价 GDP 方面，发达经济体所占世界比重自 20 世纪 90 年代以来就开始持续下降，并将在 2013 年第一次低于 50%，远早于名义 GDP 所占比重低于 50% 的时间。由于一个经济体要么属于发达经济体，要么属于新兴市场与发展中经济体（其中新兴市场是指介于发达经济体与发展中经济体之间的一种状态，其特征是经济增速和工业化水平较高，而发展中经济体则仍然是以农业为主要的产业），发达经济体所占世界比重低于 50% 意味着新兴市场与发展中经济体成为世界经济的重心。这具有历史性的意义。发达经济体的投资及制造业增加值所占世界比重在经历快速大幅下降后，近年来已经与购买力平价 GDP 比较接近。在能源消耗方面，发达经济体所占世界比重在 1980—2002 年期间都是处于 54—60% 的区间，但从 2003 年开始突破此一区间，下降到 53.1%，2006 年第一次低于 50%，远早于购买力平价 GDP 所占比重低于 50% 的时间（2013 年）。2011 年发达经济体的能源消耗比重进一步下降到 42.9%。在钢材生产方面，发达经济体的相对衰落则从 20 世纪 80 年代就已经开始了，从 1980 年的 80.3% 持续大幅下降，2004 年第一次低于 50%，不仅早于购买力平价 GDP 所占比重低于 50% 的时间（2013 年），也早于能源消耗比重低于 50% 的时间（2006 年）。2010 年发达经济体的钢材生产比重进一步下降到 32.3%，从绝对值上也低于同期其他指标所占的比重。可以说，发达经济体在钢材生产方面的相对衰落是最早开始的，也是幅度最大的。钢材生产与工业化密切相关，在发达经济体工业化高潮期间，它们生产了世界上绝大多数的钢材。现在新兴市场和发展中经济体处于工业化高潮，而发达经济体则转向第三产业为主，这两个因素共同导致了发达经济体钢材生产比重的大幅下降。在外汇储备方面，发达经济体经历了和钢材生产类似的快速大幅下降，从 1999 年年底的 63% 下降到 2005 年底的 48.1%，第一次低于 50%，2011 年进一步下降到 33.3%。外汇储备的积累主要来自于经常项目顺差，而经常项目顺差意味着储蓄大于投资。发达经济体外汇储备所占比重的衰落说明它们的净储蓄相对减少。

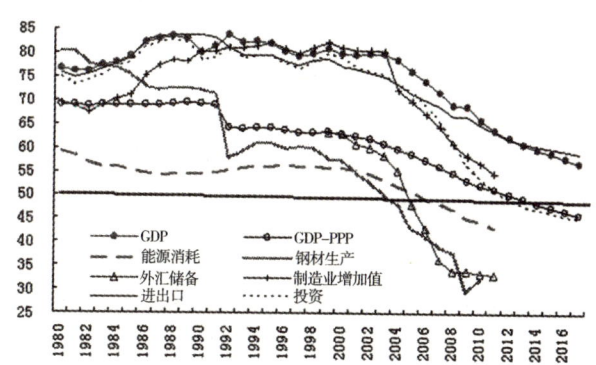

图6-5 发达经济体各指标占世界的比重（1980—2017,%）
资料来源：国际货币基金组织，世界能源统计摘要2012，世界钢铁协会，联合国

上述比较是在总量层面进行的。如果从增量层面来看，发达经济体的衰落则出现得更早。比如在对世界GDP增长的贡献方面，发达经济体所占比重在2002年就第一次低于50%，而根据国际货币基金组织的预测，直到2017年发达经济体GDP总量所占比重仍然超过50%。可见，对于同一指标，总量层面和增量层面的时差在15年以上。对于不同指标而言，总量层面衰落最慢的指标（GDP）在增量层面所占比重低于50%的时间（2002年）也早于总量层面衰落最快的指标（钢材生产）所占比重低于50%的时间（2004年）。

发达经济体对于世界GDP增长贡献较小的主要原因是其GDP增速相对较慢（图6-6）。在国际金融危机爆发后，发达经济体、新兴市场与发展中经济体呈现"双速"复苏，其中前者增长缓慢而后者增长强劲。实际上，上述增速方面的差距在国际金融危机爆发前就已经很明显了。在1999年之前，发达经济体的GDP增速与新兴市场和发展中经济体整体上比较接近，有的年份前者稍高，有的年份后者稍高。但是从2000年开始，发达经济体的GDP增速就一直低于新兴市场和发展中经济体，二者之间的差距平均为4.2个百分点，其中有的年份甚至超过 6 个百分点。与 2000 年之前相比，发达经济体的 GDP 增速基本稳定，而新兴市场和发展中经济体的 GDP 增速则有了明显提升，导致二者差距拉开。

图 6-6　发达经济体、新兴市场和发展中经济体的 GDP 增速（1980—2017,％）

资料来源：国际货币基金组织

新兴市场和发展中经济体的高增速意味着经济增长方面的趋同终于出现。根据新经济增长理论，技术的转移和资本的流动将导致经济发展水平较低的地区出现较高的经济增长，从而不同地区的发展水平差距拉小。但在历史上，经济趋同现象并不明显，这是新经济增长理论面临的重大挑战。随着信息技术的进步和新的经济发展理论的兴起（林毅夫，2012），经济趋同的前提条件终于具备，经济趋同已经开始并将得以持续。新兴市场和发展中经济体将会利用后发优势，长期维持一个远高于发达经济体的经济增速。

除了具有后发优势，新兴市场和发展中经济体的宏观条件也好于发达经济体。国际金融危机使得发达经济体的政府债务大幅上升，未来偿债压力加大，再加上人口老龄化和养老金支出增加带来的财政压力，一些发达经济体的主权信用评级已经开始低于一些新兴市场。新兴市场和发展中经济体不仅政府债务较少，而且人口结构更好、人口总量优势更加明显。根据联合国人口署的数据和预测（图 6-7），发达经济体总人口所占世界比重从 1950 年的 32% 持续下降到 2010 年的 17.9%，并将在 2050 年下降到 14.1%，2100 年下降到 13.2%。发达经济体的低人口比重意味着一旦经济趋同达到一定程度，它们经济总量上的优势也就不复存在。

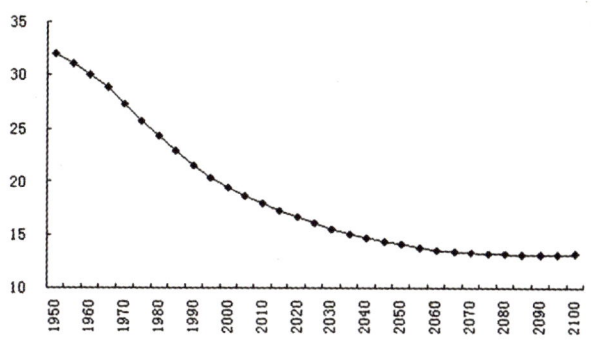

图 6-7　发达经济体总人口占世界比重（1950—2100，%）
资料来源：联合国人口署

　　如果未来发达经济体和全球经济维持 2000 年以来的年均名义增速，那么到 2050 年，发达经济体名义 GDP 所占世界比重将下降到 29.6%，和当前钢材生产方面的比重差不多。从这个角度看，钢材生产方面的比重相当于一个先行指标，预示着未来发达经济体经济总量的衰落。从产业结构的变迁角度看，钢材生产的先行指标作用也是成立的。现在新兴市场和发展中经济体还在经历工业化阶段，所以钢材生产得较多，所占世界比重较高。以后随着经济的进一步发展，新兴市场和发展中经济体将会经历产业结构的变迁，第三产业的比重会增加，在第三产业方面相对于发达经济体的差距将缩小，从而在 GDP 总量方面进一步赶超发达经济体。

　　发达经济体所占世界比重的下降意味着新兴市场与发展中经济体所占世界比重的同样幅度的上升。不过，新兴市场与发展中经济体所包括的经济体数量远大于发达经济体，在经济实力的分布上有可能具有高度集中与高度分散等不同的结构。在高度集中的情况下，各个新兴市场与发展中经济体容易联合起来和发达经济体谈判，从而影响力较大；在高度分散的情况下，各个新兴市场与发展中经济体数量众多而又比较平均，不容易联合，从而影响力较小，这时新兴市场与发展中经济体在经济总量上的优势就不能得到充分的发挥。

表6-2　各新兴市场与发展中经济体（EDE）所占世界比重（1999—2010,%）

	钢材生产	能源消耗	制造业增加值	购买力平价GDP	GDP	进出口
所有EDE的比重变化	25.3	12.8	17.6	12.1	17.3	15.4
阿根廷的比重变化	-0.1	0.0	0.3	0.1	-0.3	0.0
巴西的比重变化	-0.9	0.2	1.1	0.0	1.7	0.5
中国的比重变化	28.9	10.5	11.7	7.4	7.0	6.5
印度的比重变化	1.7	1.5	0.7	1.9	1.2	1.5
印尼的比重变化	-0.1	0.2	0.8	0.2	0.8	0.3
伊朗的比重变化	0.1	0.6	0.3	0.2	0.4	0.3
墨西哥的比重变化	-0.8	-0.1	-0.2	-0.4	-0.2	-0.4
波兰的比重变化	-0.6	-0.2	0.1	0.0	0.2	0.4
俄罗斯的比重变化	-1.8	-1.1	0.9	0.5	2.0	1.3
南非的比重变化	-0.5	-0.1	-0.1	0.0	0.2	0.1
土耳其的比重变化	0.2	0.2	0.1	0.2	0.3	0.3
11国的比重变化合计	26.2	11.8	15.7	10.2	13.2	10.9
11国对于EDE比重提升的贡献	103.5	92.1	89.5	83.9	76.5	71.1
中国对于EDE比重提升的贡献	114.2	82.0	66.6	61.3	40.4	42.3

资料来源：国际货币基金组织，世界能源统计摘要2012，世界钢铁协会，联合国

表6-2和表6-3显示，新兴市场与发展中经济体的崛起既有相当程度的集中性，又有一定程度的分散性，两个特征不可或缺。一方面，中国是新兴市场与发展中经济体的集中代表，新兴市场与发展中经济体的崛起在相当程度上就是中国的崛起；另一方面，除了中国之外，新兴市场与发展中经济体还包括印度、巴西、俄罗斯等重要国家，后者的影响也不容忽视。

表6-3 各新兴市场与发展中经济体（EDE）所占世界比重与贡献率（%）

	钢材生产 2010	能源消耗 2011	制造业增加值 2011	购买力平价 GDP 2011	GDP 2011	进出口 2011
所有 EDE 的比重	67.7	57.1	45.5	48.9	36.4	41.1
阿根廷的比重	0.4	0.7	0.7	0.9	0.6	0.4
巴西的比重	2.3	2.2	2.7	2.9	3.6	1.4
中国的比重	44.6	21.3	20.7	14.3	10.4	9.4
印度的比重	4.8	4.6	2.2	5.6	2.6	2.3
印尼的比重	0.3	1.2	1.8	1.4	1.2	1.0
伊朗的比重	0.8	1.9	0.6	1.3	0.7	0.6
墨西哥的比重	1.2	1.4	1.8	2.1	1.7	1.7
波兰的比重	0.6	0.8	0.7	1.0	0.7	1.1
俄罗斯的比重	4.7	5.6	2.2	3.0	2.6	2.2
南非的比重	0.5	1.0	0.7	0.7	0.6	0.5
土耳其的比重	2.0	1.0	1.1	1.4	1.1	1.0
11 国的比重合计	62.2	41.6	35.1	34.6	25.9	21.6
11 国对于 EDE 比重的贡献	91.8	72.8	77.0	70.7	71.1	52.5
中国对于 EDE 比重的贡献	65.9	37.3	45.6	29.3	28.7	22.8

资料来源：国际货币基金组织，世界能源统计摘要2012，世界钢铁协会，联合国

表6-2是各个经济体所占世界比重的变化值。在钢材生产方面，中国所占世界比重从1999到2010年提高了28.9个百分点，而所有新兴市场与发展中经济体一共提高了25.3个百分点，中国对于后者的贡献率高达114.2%。这意味着，中国比重的提升一方面来自发达经济体比重的下降，另一方面也来自其他新兴市场与发展中经济体比重的下降。表6-2中除了中国之外的10个国家，只有印度比重的变化值显著为正（1.7个百分点），其他国家的比重都基本稳定甚至有所下降。在

能源消耗方面，中国所占世界比重从1999到2011年提高了10.5个百分点，印度提高了1.5个百分点，而所有新兴市场与发展中经济体一共提高了12.8个百分点，中国对于新兴市场与发展中经济体比重提升的贡献率是82%。这个贡献率低于钢材生产方面的贡献率，但也仍然非常高。在制造业增加值和购买力平价GDP方面，中国对于新兴市场与发展中经济体比重提升的贡献率比前两个指标低得多，但仍在60%以上。在GDP和进出口方面，中国对于新兴市场与发展中经济体比重提升的贡献率只有40%左右。这说明，很多新兴市场与发展中经济体都出现了GDP和进出口所占世界比重提升的现象。

表6-3是各个经济体所占世界比重的绝对值，和表6-2中的变化值不同。在表6-3中，中国的贡献率要比表6-2低得多，不同的新兴市场与发展中经济体在分布上更加分散。在钢材生产方面，2010年中国所占世界比重为44.6%，对于新兴市场与发展中经济体的贡献为65.9%。在GDP、购买力平价GDP和进出口方面，2011年中国所占世界比重都不到15%，所占新兴市场与发展中经济体的比重都不到30%。从这些角度看，中国远不是新兴市场与发展中经济体的主体。表6-2里面中国的高贡献率来自高增长，而不是来自高的绝对值。

6.1.4 次贷危机对中国影响评价和中国的应对

美国的次贷危机虽然对中国金融体系的直接影响不大，但是对于中国的出口需求减少比较多，从而产生通货膨胀、失业，以及GDP增长的负面影响还是比较大的。从事后效果来看，中国政府采取了一系列的措施在很大程度上缓解和降低了这场危机的危害。

中国政府从财政政策和货币政策两方面入手，对抗次贷危机。在使用财政政策方面，主要的工具是增加政府支出。实行财政政策的环境是外部需求明显减少，部分产业产能过剩，销售萎缩，利润大幅下降；城镇失业率增加，失业人口上升，农民工返乡现象普遍。同时，这些情况出现了从小企业到大企业然后到行业，从沿海城市到内陆城市的整体扩散情况，中国经济具有了明显的下行趋势。

为了缓解外部需求的减少，中国政府首先做的就是"扩大内需"。作为财政政策的重头戏，"四万亿计划"以"扩大内需"为主要方针，面向重大"民生工程、技术改造、生态环境保护和重大基础设施建设"①。启动的人民币投资计划主要包括:"安居工程的建设,农村基础设施的建设,铁路、公路和机场等大型基础设施的建设,医疗卫生、文化教育事业的促进发展,生态环境建设,自主创新和结构调整,灾区建设,提高城乡居民的收入,在全国各地各行业全面实行增值税改革,减轻企业负担 1200 亿元,加大金融对经济增长的有力支持。财政政策主要以减少企业负担、增加政府开支为主。"

在扩大内需方面,开拓农村市场,推出"家电下乡"措施,包括对于彩电、冰箱、洗衣机和手机进行销售补贴;继"汽车摩托车下乡"之后,又出台了针对城市的"家电以旧换新"和"汽车以旧换新"给予 10% 财政补贴的举措。这些举措带动了钢铁、石油、建材、家电、汽配等关联产业,从而使中国企业景气指数和批发与零售业景气指数在 2009 年第一季度见底之后开始回弹(Wind 资讯,2012)。

应对金融危机的货币政策主要是实行宽松的货币政策。2008 年上半年,中国还实行紧缩的货币政策(中国人民银行,2012②),例如,在 1 月 25 日、3 月 25 日、4 月 25 日,中国人民银行依次提高存款类金融机构人民币存款准备金 0.5 个百分点。到了 6 月,中国人民银行大幅提高人民币存款准备金 1 个百分点。中国货币政策的转折点是雷曼兄弟公司的破产。从雷曼公司的破产开始,货币政策的风向标完全改变了。实行"适度宽松的货币政策",主要是对存贷款利率、商业银行贴现率和存款准备金的调整,见表 6-4。

---

① 温家宝:《1.18 万亿主要用于民生工程等四大方面》,2009。http://lianghui2009.people.com.cn/GB/145749/8957219.html 2009.3.13
② 中国人民银行. 2012. http://www.pbc.gov.cn/publish/main/2954/index.html. 中国人民银行:货币政策. 2012.2.18.

表6-4　中国主要货币政策一览（2008年下半年）

日期（2008下半年）	货币政策	措施
9月16日	下调贷款基准利率	下调人民币贷款基准利率0.27%，同时，下调个人住房公积金贷款利率
9月25日	差别准备金率	工行、农行、中行、建行、交行、邮政储蓄银行暂不下调，其他存款类金融机构存款准备金率下调1%，汶川地震重灾区地方法人金融机构存款准备金率下调2%
10月8日	下调存贷款利率	存贷款利率下调27个基点
10月27日	下调贷款利率	扩大商业性个人住房贷款利率下浮幅度，调整最低首付款比例
10月30日	下调存贷款基准利率	下调金融机构人民币存贷款基准利率
11月27日	下调存贷款基准利率	下调人民币存贷款基准利率1.08%和人民银行对金融机构存贷款利率
12月25日	下调存款准备金率	下调金融机构人民币存款准备金率0.5个百分点
12月23日	下调存款准备金率和再贴现利率	下调金融机构人民币存贷款基准利率和人民银行对金融机构再贷款、再贴现利率
12月27日	实行浮动贷款利率	个人住房贷款利率下限扩大为贷款基准利率的0.7倍

资料来源：中国人民银行，2012

2008年9月16日贷款基本利率的调整是单方面的，只对于贷款的基本利率做出了调整，并未改变存款的基本利率。这一决定和原来央行的通常做法有所不同，等于压缩了银行的利润空间。此时，世界范围内的金融危机开始爆发，10月份各个主要发达国家金融监管当局普遍采取了降息的应对方式（本书4.2危机背景下金融监管国际合作的应急措施和成效），中国央行也实行了降低存贷款基准利率、降低存款准备金率、下调再贷款和再贴现利率等措施。在年底的时候还实行了更为宽松的贷款率的浮动政策。允许金融机构根据对贷款人的具体分析对贷款利率进行"打折"这种灵活的操作方式更大地促进了金融机构操作上的提高。

除了对货币政策工具的应用，在公开市场操作方面，一改上半年以冲销和回收流动性为主的策略。为了应对金融体系流动性偏紧的局面，银行采取了维护金融体系稳定的流动性供给配合宽松的货币政策。在信贷政策方面，2008年8月，央行连同财政部等相关部门采取了刺激金融机构小额担保贷款的信贷宽松政策，之后又取消了对商业银行信贷规模的严厉控制。中国的信贷政策已经由原来的严格控制转变到2008年年末的刺激增长。从实践看，虽然刺激的政策行为在通胀等方面带来一些问题，但是财政政策和货币政策的配合在某种程度上遏制了总体经济下行的危机，取得了一定的成果。

中国政府同时采取了提高部分出口商品出口退税率及降低或免征关税的外贸促进措施，但是外贸政策的效果似乎并不突出。原因在于出口依赖于进口国的经济状况，很多欧美国家还没有从此次金融危机中复苏。同时中国的产品偏于劳动密集型，可替代性比较强。

次贷危机带给我们的不仅是经济和金融方面的负面影响，还有一次宝贵的改革机会。从对中国出口的影响看，中国在出口产品的结构上存在问题，产品的需求弹性较大，应该提高出口产品的技术含量，降低产品的可替代性。同时，长期的出口导向型发展的区域性太强，出口量严重依赖美国和欧洲。应该尝试发展其他的国家，出口产品多样化。同时，中国市场本身非常大，应该加紧从出口导向向拉动内需方面的转化。

6.2 中国参与金融监管国际合作的现状与问题

中国开始参与金融监管国际合作的契机应该说是2001年加入世界贸易组织（WTO）；作为加入WTO的承诺，中国于2002年11月以合格的境外投资者（Qualified Foreign Institutional Investor，QFII）许可的形式开放了中国股票市场。随着QFIIs在中国股票市场拥有的投资权限的扩大和对中国股票市场的影响，中国资本市场已经逐步打开了原先的严格管制，金融业开始对外资开放。而国内银行也获取了走向国际市场的权利，国内企业也开始选择在海外上市。在多重因素的影响下，跨境金融监管和监管的国际合作已经成为保证金融体系平稳运行的必要。因此中国监管当局也广泛参与国际合作工作，同时与国外金融监管当局建立正式和非正式的合作机制。

6.2.1 中国参与金融监管国际合作的现状

中国自开放以来，积极参与金融监管的国际合作工作。根据中国银监会（2012）的公布，截至 2011 年 6 月，银监会与世界主要经济体的 44 个国家和地区的金融监管当局（见附录 2）签订了双边监管合作谅解备忘录和监管合作协议[①]；中国证监会和 41 个国家和地区的监管机构一共签署了 45 个监管合作的谅解备忘录[②]；中国保监会也先后与美、德、新加坡等国家签订了保险监管合作谅解备忘录（保监会，2012）。在跨境金融机构的监管上，中国监管当局与国外金融监管当局就中资金融机构的海外业务和外资金融机构在中国的业务创立了访问制度。

在紧密的区域圈内，中国重视同东南亚、东盟以及整个亚洲区域的金融监管合作。2005 年 5 月，中国、中国香港、中国澳门、日本、韩国、印度、约旦、马来西亚、尼泊尔、巴基斯坦、菲律宾、新加坡、泰国和越南等 14 个国家和地区在北京通过了《亚洲区域保险监管合作北京宣言》，该宣言是保险业亚洲区域监管和合作的良好平台。

在国际方面，中国三大监管机构——银监会、证监会和保监会已分别成为巴塞尔银行委员会（BCBS）、国际证监会组织（IOSCO）、国际保险监督官协会（IAIS）的正式成员。证监会是 IOSCO 执行委员会委员，证监会前主席尚福林连任两届 IOSCO 执委会副主席；保监会于

---

① 银监会. 2012. 银监会签署的双边监管合作谅解备忘录和监管合作协议一览表
http://www.cbrc.gov.cn/chinese/home/docView/20110726D5288A6FF47E8733FF09BF03852CE500.html

② 截至 2009 年，资料来源：中国证券监督管理委员会年报，2009，中国证券监督委员会编. 中国财政经济出版社. 2010 年 5 月出版. 详见附录 3.

2006 年在北京成功主办第 13 届 IAIS 年会①。中国积极参与国际监管合作组织的会议，并参加各监管组织下的常设委员会和工作组的日常工作。中国监管当局在金融监管国际合作组织中正发挥着越来越重要的作用。

6.2.2 中国在金融监管国际合作中存在的问题

在次贷危机中，和实体经济受到的冲击相比，金融业本身遭受的直接冲击比较小。同时，由于发达国家银行所受冲击强度高，损失比较大，中国的几大国有银行在全球银行业总体排名中还有所提升。乐观解读是：中国的银行和世界金融体系之间的"保护网"起到了积极的作用。但是这绝对不意味着"中国银行业具有健全的运作机制和良好的抵御风险的能力"（黄宪、赵征，2009，317）。从根本上来考虑，中国银行业和世界金融体系之间的"保护网"其实是中国金融监管当局加在中国金融体系上的严格保护和严格的金融管制。目前，金融体系没有完全开放，金融管制较多。换句话说，中国银行业由于国际化程度较低、风险识别体系不健全、不敢大力涉足金融创新而形成了小心谨慎的状态。中国银行业的不发达帮助中国幸运地逃过了一次金融危机。从国内的监管框架上来看，三大金融监管机构分行业进行监管，还没有形成覆盖整个金融网络的宏观审慎监管体系。有关金融监管方面的法律制度也没有完善，对投资者和消费者的保护力度也还欠缺。

中国目前的金融发展和欧美国家相比还比较落后，金融创新受到严格管制，风险虽然得以控制，但是金融资源的利用率不足。与高速发展的中国经济相比，金融发展在一定程度上制约了经济的发展。随着整体经济实力的进一步上升，金融发展不仅不能对经济产生制约，反而要维护和促进经济的发展。落后的金融状况和高速发展的经济形势之间的矛盾日益凸显，唯有改变落后的金融状况才符合社会发展的总体趋势。为了维持和保护金融体系的健康发展，金融监管的国际合作就显得非常重要。目前，中国还没有在国际合作的道路上建立一个全方位、多层次的

---

① 中国保险监督委员会. 2006. 国际保险监督官协会（IAIS）2006 年第十三届北京年会准备工作进展顺利. http://www.circ.gov.cn/web/site0/tab456/i31087.htm

监管国际合作的渠道。监管合作的手段集中在加入国际监管组织和签订谅解备忘录上。同时，在很多国际合作的进展上尚停留在贸易等实体经济范畴上，没有金融监管国际合作的实质性举措。

6.2.3 中国在国际金融新秩序重建中的立场

随着中国整体经济实力的提升，国际社会越来越多地瞩目中国，尤其是后金融危机时代。美国、欧盟等国家都希望中国能在重整世界经济中发挥重要作用，中国继续一贯的在国际事务处理中的低调风格，强调保持中国的经济稳定和较快发展本身就是对维护国际金融稳定、促进世界经济发展的重要贡献。中国的选择专注于经济发展，争取国际市场，期望悄然地迈向强国之路。在发达国家居心叵测的施压和同为新兴发展中国家的强势竞争之间，中国在国际金融秩序重建过程中应如何定位呢？对此学界有不同的看法。

中国社科院世界经济与政治研究所所长余永定认为，应当看到美元当前在世界经济体系中的位置，不存在短时间加以改变的可能。作为发展中国家的代表，中国要呼吁加速对国际金融体系的改革，同时也要反映中国本身的利益。北京师范大学经济学院金融系主任贺力平认为，针对当前国际货币金融体系存在的缺陷，中国应提出自己的主张、看法，尤其是代表发展中国家，代表新兴市场经济体提出一些建设性意见；另外，中国要和世界上主要的经济体在宏观经济政策上保持一定的协调、合作，来共同维护全球稳定的经济和金融形式。中央财大银行业研究中心主任郭田勇认为，中国应该协助建立未来新的货币体系，加强国际间金融监管与协作，共同防范金融危机的传递，从而形成一整套有效的金融体系。

本书认为，中国在这场博弈中一个基本的利益点在于，尽管中国不一定非要争取成为这场博弈的主导者，但必须展现出作为一个崛起中大国所具有的责任心和基本领导素质。

作出这一判断的基础是什么呢？我们应当把这场关于建立国际金融新秩序的讨论放在世界全球化的进程和反思的大背景中进行考虑。全球化为各国带来了福祉，中国也是受益者之一，但是必须看到，这场全球化运动也遭致了大量反对的声音，许多欧美精英知识分子大力呼吁要反思全球化。因此，在这一过程中，中国需要体现出自身的责任心和基本的领导素质，向其他国家释放这样一种信号："中国不只注重自身的发展，也高度关注全球经济、金融的发展。"在以上前提下，中国在这场建立国际金融新秩序的博弈中有几个具体的利益所在：

一是维系全球金融体系的稳定性。中国已经是世界上最大的投资国之一，并且，高达50%的国民储蓄率以及日益扩大的经济规模告诉我们，中国在未来相当长时期都将是世界上最大的投资国，将近两万亿美元的外汇储备体现了中国对外投资的巨大规模。显而易见，全球金融的稳定对中国的发展比以往任何时候都重要，直接影响着中国自身金融的稳定和实体经济的发展，更直接关乎中国对外投资的保值增值。因此，全球金融稳定是中国在建立全球金融新秩序谈判中最大的具体利益所在之一。在这一点上，中国与全世界各国应该是高度一致的。

二是在新的国际金融格局下，各主要经济体间的货币汇率相对稳定。各主要货币的汇率不出现大的波动，在适当调整的范围内保持汇率的稳定，对于像中国这样物价调整较慢、经济规模很大的经济体具有直接的积极作用。如果各国政府在此问题上具有共识，就可以在相当程度上化解人民币升值的压力。

因此，由次贷危机引发的全球金融危机使各国对重塑全球金融体系的愿望和呼声日益高涨，中国作为当前世界第二大经济体，应该主动地站出来，承担一个大国应该承担的责任，在建立国际经济新秩序的过程中，采取积极的态度和策略，这不仅仅是建立公正、公平的国际金融新秩序的需要，也是日益强盛的中国经济本身的内在的利益诉求。

中国社科院金融所中国经济评价中心主任刘煜辉认为，对于国际金融新秩序，中国更应该做的是一些扎实的基础性工作，如积极推进经常项目下的人民币计价、人民币结算和人民币支付，积极推进资本项下的人民币离岸市场和人民币债券市场建设。抓住时机，推行人民币国际化、区域化。

王元龙指出了中国推进国际金融体系改革的侧重点。根据上述中国关于改革国际金融体系的目标、基本原则和基本内容，考虑到国际金融体系改革的复杂性和长期性，在未来改革国际金融体系的过程中，中国应当把握的重点主要包括以下几个方面：第一，发挥中国在亚洲金融合作中的作用；第二，与新兴市场国家和发展中国家共同促进改革；第三，提高中国在国际金融市场的定价权；第四，提升人民币在国际货币体系中的地位。

李稻葵认为，应该加强各国及跨国，尤其是发达国家的金融监管和监控。这次金融危机的一个重大教训便是，发达国家的金融体系也不稳定，而且其金融危机的波及面比新兴市场国家更大，因此，中国政府可以联合其他国家一起建议加强对各国尤其是发达国家金融市场的监管和对跨国资本流动的监控；可以考虑建议成立一个国际机构，定期地研究和报告各国金融运行基本情况，向各国政府建议金融监管措施，该组织既可以在IMF的框架下建立，也可以成为一个相对独立的国际条约性组织，它不一定具有约束性，但是具有研究性、建议性和信息性。

在诸多的措施中，本书认为人民币国际化是重中之重。推进人民币国际化，有助于提升人民币和中国在国际金融体系中的地位，也会推动国际货币体系多元化的进程。尽管人民币国际化是一个长期的过程，但是现在确有必要从战略的高度出发，为人民币的国际化创造必要的条件。适时推进人民币的国际化，同时更重要的是要防范这一过程中可能出现的风险，使人民币国际化的进程符合中国经济发展的阶段，服务于中国经济发展的需要。

2008年在美国爆发的"次贷"危机迅速蔓延至全球，时至今日，次贷危机给各国造成的灾难性的影响仍远未消除，甚至有恶化的趋势。本场危机发端于美国，缘何许多国家受害之深反超美国，可以说，本次国际金融危机充分暴露了现行国际货币体系的不合理性和存在的诸多弊端。

当前的国际货币体系是以美元为本位的国际货币体系，简称为"牙买加体系"，从本质上看，美元为本位的国际货币体系是一种无体系的体系。所谓无体系，就是说没有贵金属黄金这一核心，已不能围绕该核心形成体系。所谓体系，是指纯粹的以信用货币美元为中心。国际经济秩序高度依赖于美元，美元在现行的国际货币体系中占据着核心的地位，无论从国际交易货币、国际计价货币还是国际储备货币来看，美元均处在其他货币所难以撼动的地位。该体系正常运转的前提是美国要切实担负起其本国货币作为国际货币的责任，保持稳定的货币政策，维持美元币值的稳定。但现实情况是，没有黄金约束的美元是不负责任的。从而形成了这样一种畸形局面：美元的发行权属于美国，其他国家不能干涉，美国可以长期执行宽松的货币政策，美国可以通过发行美元为其贸易赤字融资，使其高消费、低储蓄、高国际收支赤字的经济模式可以长期维持，美元通过其国际地位向全球释放流动性来维持美国经济的发展，而不是通过实体经济结构的调整来实现。而处于外围的发展中国家，因美元是国际货币，不得不实行盯住美元的汇率制度，美元利率和汇率的变动往往导致其国际资金流向发生变动、游资大进大出，给这些发展中国家的经济金融安全带来了重大威胁，20世纪90年代的亚洲金融危机就是明显的例证。为防范国际金融风险，维持本国货币的信心，这些国家不得不巩固顺差，换取美元，形成了以美元为代表的外汇储备的大规模累积。而累积的大规模外汇储备为了保值增值又投资于美国的资本市场，这又相应地压低了美元的利率，进一步鼓励美国居民寅吃卯粮式的负债消费，更为严重的是，美国资本市场的风吹草动还会使这些美元资产遭受损失。

现行的国际货币体系的权益与责任严重失衡，已经丧失了系统性地调整各国国际收支的有效机制。由于美元的一极独大不但没有起到推动全球经济稳定发展的目标，反而加剧了世界经济的不平衡，世界各国尤其是发展中国家成为美元本位制的国际货币体系下的牺牲品。改革现行国际货币体系的呼声也越来越多，改革的核心是清除或遏制因美元本位制而引发的弊端。要加大对美元的约束，除了改革包括国际货币基金组织在内的国际经济组织外，一个重要的途径就是使国际货币多元化，以改变现行以美元一支独大的国际货币体系格局。在这种背景下，人民币国际化开始正式提上议程，中国政府也开始从官方的角度采取各种措施积极地推进人民币国际化。人民币谋求国际化，是中国谋求与本国经济地位相称的一个内在需要，同时也反映了人民币国际化是改革现行国际货币体系的内在需求，说明人民币在国际市场上的需求越来越大。

6.3 金融监管国际合作与中国战略选择

在金融危机屡次来袭以及中国金融国际化和金融全球化程度保持提高的情况下，国家金融安全成为中国国家安全的重要组成部分（杨国庆，2008，242）。金融安全是通过金融监管国际合作实现的。中国的策略选择将会给中国自身和相关联范围内造成不同的结果。中国应该在新格局下积极开展从自身到外部的一次政策调整，把握时代赋予的机遇，利用金融和经济实力在国际舞台上增加话语权，为中国的稳定发展创造更好的平台。中国的战略选择以国际社会在金融危机之后的实践变革为研究的出发点，在构建中国金融监管目标的基础上，为中国提出国际合作的战略规划和实现的策略。

6.3.1 国际社会金融监管的实践变革与中国金融监管

西方国家应对次贷危机的措施以及危机后的金融改革内容和方向对中国金融监管是具有现实借鉴意义的。本节在第四章研究国际社会在次贷危机之后实践变革的基础上，讨论中国金融监管是否存在相应的问题。在阐述各国金融监管当局的多样性（第三章）时，我们对中国的金融监管当局做过一些简单的介绍。总体来说，中国实行的是分业监管，目前的监管形式主要是"一行三会"，即中国人民银行是央行的宏观政策制定者；证监会、银监会、保监会是政策的具体实施者和监管的具体操作部门。

次贷危机后，宏观审慎监管已经成为全球金融监管当局的头等大事（文中第四章有比较详细的讨论）。在宏观审慎监管上，中国央行的稳定作用和三大监管机构之间的协调问题是亟待解决的问题之一。对应于宏观审慎监管的要求，中国监管当局应该建立一个可以统一覆盖整个金融体系的监管机构，以便于对宏观审慎的监管。中国央行和证监会都提出了加强宏观审慎监管的建议，并且在某些方面已经开始实施。资本充足率虽然被证实不足以维护金融体系的安全，但是对资本充足率的放松要求却一定会加剧金融体系的风险。考虑中国目前的信贷周期情况，明年中国的经济具有比较明显的下行趋势，为了减缓下行趋势和提振经济,应该采取宽松的货币政策,放大贷款总量。如果放大贷款量,资本充足率就会相应下降,那么可能就达不到《巴塞尔协议Ⅲ》的规定。摆在中国政府面前的难题就是要么不执行《巴塞尔协议Ⅲ》,解决信贷缺口,以经济发展为第一任务;要么推行《巴塞尔协议Ⅲ》,但是对于短期内 GDP 增长会起到负面作用。

危机后,欧美各国普遍要求对金融机构高管的薪酬进行监管。在中国,由于银行的属性是国有的,所以国有资产监督管理委员会(国资委)对薪酬方面一直享有监管权。自国资委 2003 年成立之后,对于企业负责人薪酬制度一直采取比较重视的态度。[1] 但是对于非国有银行的高管薪酬问题是没有强制执行力的。财政部在 2009 年 4 月 9 日发布了《关于国有金融机构 2008 年度高管人员薪酬分配有关问题的通知》[2],要求国有金融机构在计算 2008 年度高级管理人员薪酬时,按不高于 2007 年度薪酬 90% 的原则确定。而非国有金融机构则是"比照执行"这一标准。在国有银行中对于薪酬的管理构思比较简单,国资委是其大股东,可以直接做出规定。但是对于非国有银行的薪酬监管就存在着权利的归属问题。银监会只对于银行的业务进行监管,并没有对银行薪酬监管的权利。考虑到中国目前的国情,对应于西方国家薪酬方面的改革,中国不需要做过多的重点考虑。

信用证券化及其衍生产品在中国的监管比较严格,对于衍生品的金融创新管理更为严格,这一类产品无论从规模上,还是数量上都不能对整体金融体系造成风险威胁。加强市场信息的透明化和公开化,通过媒体和机构对信息的披露,切实展现公司营运状态、资产负债和盈利能力,使用真实的数据。建设信息监督的网络平台,网络平台是可以提供实时动态监控的有效工具。网络平台不受信息传导的地域和时间限制,可以更加高效和便捷地为交易的全过程提供监管。由于管理的严格,信用产品证券化及其衍生品的风险在目前的中国还不足以造成威胁。但是

---

[1] 国务院国有资产监督管理委员会:2008. 央企负责人薪酬管理取得积极进展.
http://www.sasac.gov.cn/n1180/n20240/n7291339/11867158.html 2012.2.15
[2] 中国企业风险管理. 2009. 非国企金融高管薪酬拟纳入监管 明年或可形成整体框架.
http://www.sasac.gov.cn/n1180/n2335371/n2335404/n2335555/6716565.html 2011.11.01

随着金融体系的进一步开放以及以后的发展趋势,目前欧美的经营可以被我们引为前车之鉴。

尤其是此次金融危机给西方发达国家的金融系统以沉重的打击,西方国家由实际遭遇入手总结的监管经验特别宝贵,我们可以尝试使用"拿来主义",积极借鉴国外先进的监管经验(邵国华,2007,264)。当然直接照搬恐怕会造成水土不服,应该考察中国的实际情况,对这些监管经验进行本土化。

6.3.2 中国金融监管的目标与金融监管国际合作

中国金融监管的目标基本符合本书在第三章构建的"金字塔形金融监管目标",其三个层次为:中国内部的金融稳定、中国所在的金融圈内的金融稳定和全球的金融稳定。

所谓"攘外必先安内",为了更好地拥有在金融监管国际合作中的地位和获得国际合作的收益,中国有必要先从内部机制和监管水平上提高。中国拥有一个内部的稳定结构和金融实力是确立其金融监管国际合作进程和地位时的坚实的基础,便于寻求自己合适的位置和进一步的发展。在国际合作中,合理的合作地位是建立在平等基础上的,目前中国的监管水平和国际标准还有一定的差距。因此中国的监管当局应该抓紧机会努力学习先进的监管经验,从西方国家应对金融危机的工具和措施上总结优点和缺点,以备不时之需。

在本国宏观金融体系稳定的层面上,在应对金融监管国际化的问题上,中国要从国情和实际出发。中国监管当局的总体框架以分业监管为主,随着金融系统的发展,混业经营的趋势是在所难免的。平安收购深发展之后[①],成为中国混业经营的典型代表。中国监管当局应该着重考虑混业经营的实际情况和分业监管之间的矛盾和协调。当然分业监管通常可以根据本行业的问题和监管重点做出有针对性的安排,这样监管手段和人员也更加专业。当金融行业之间相互融合、业务互相渗透时,监管的跨行业性是在所难免的。所以监管的行业之间的协调是下一步金融

[①] 新浪财经. 2011. 中国平安收购深发展. http://finance.sina.com.cn/focus/pabuysfz/ 2012.2.15

监管当局改革的制度重点。

中国金融体系是以国家资本为背景的大型银行（为了叙述的便利，将这种大型银行称为国有银行）为中心和主要融资渠道，以居民存款为主要融资来源，以国有企业为主要贷款对象（如图6-8）。居民存款占各类存款余额的比重较大[①]，而银行贷款对象的选择又集中在国有企业上。在很大程度上，银行体系以政府为主导。在这种体系的架构下，银行体系的机制和公司治理存在着一些问题，但是对于普通存款人是具有高度稳定性的。国家保证了银行存单的无风险，基本不存在挤兑和挤提（樊纲和张曙光，1990）。所以中国的普通存款者对于银行的信心是牢固的，挤兑风险非常小。就预防挤兑风险来说，中国银行业没有存款保险制是具有历史必然性的。政府担保了中国人民银行具有最后贷款人的职责，社会普遍认为国有银行是安全可靠的。

图6-8 中国金融体系的主流资金链

资料来源：Wind资讯和本书整理

从宏观审慎监管的两个维度上来说，银行对实体经济具有扩散作用而产生风险；同时银行业本身在时间上也累计风险。因为存在顺周期作用，银行业对于实体经济的波动存在放大作用。由于中国的银行的体制是国有银行，对于企业的贷款在很大程度上具有政策性。银行和企业都为国有，那么欠款的最终表现行为也为国家欠债（张杰，2010）。不良资产的剥离当然也都是由政府出资。这种银行业务受到政府行为的影响，同时长期依赖政府注入资金来解决财务问题的形势不利于金融机构的发展，同时孳生了道德风险。金融行业的稳健和高效发展应该依靠两种力量：金融的监管力量和市场力量。这两种力量应该共存，并相互作用。市场的约束力量应该包括市场的监督力量和约束力量（田光伟，

---

① 2008年到2011年之间，居民存款占各类存款余额的比在40%—50%之间（Wind资讯，2012）。

2007）。中国的金融体系在四个方面存在监管：一是"一行三会"的金融监管当局的监管；二是金融机构的内部控制；三是行业的自律；四是依靠相关政府职权部门的监督。其中，行业自律具有市场约束；相关政府职权部门的监督，从法院、税收和审计等的法律和规章性监督上看是不具备市场效力的，但是新闻和各类媒体的报道可以增加信息的透明和公开性。社会公众是市场力量的主体。中国金融行业目前的市场约束有所缺失，这在一定程度上造成危害，产生信用风险并导致银行业的效率低下。应该建立官方手段和市场手段的良性互补，为金融行业的稳健和高效发展提供依靠。

伴随着外资银行在中国业务的开展[①]，中国金融体系越来越多地和世界金融体系联系在一起。虽然国际银行设立的分行或代表处基本集中在北京、上海、深圳、广州等大都市，但是影响是比较广的。同时，外资机构对于参股中国的银行也比较积极，例如汇丰银行分别参股上海银行（2001）和交通银行（2004）；国际金融公司（IFC）参股上海银行（1999）、南京市商业银行（2001）、兴业银行（2003）、西安市商业银行（2004）、民生银行（2004）和哈尔滨市商业银行（2005）（黄宪和赵征，2009，179—180）。依据 Stolz（2002）的模型[②]，通过银行间的传导功能，中国的银行已经和国外的银行产生了对接和紧密联系。

对于开放的中国来说，参加对外金融监管合作是外部因素作用的必然也是内部需求的体现。由于和外部金融往来，就必须加强对跨境金融机构的监管工作。对于进驻中国市场的外资银行，应该和银行的母国金融监管当局建立适宜的联系，增加信息的流通，便于掌握驻华分支机构的内部系统问题。对于中国驻外金融机构，除了要加强对于母公司的监管，还要考虑设定子公司的业务权限，和当地金融监管当局合作，更好地了解驻外机构的真实情况。当然，在这一监管过程中，提高监管水平和监管部门之间的配合是必不可少的。

中国地处亚洲，从地理的优势上来说，和其紧密相连的是东亚金融

---

① 1979 年，日本输出入银行获准在背景开设办事处，也是首家获准在中国建立的外资银行（黄宪和赵征，2009，16）。
② 文中 2.2.3 小节。

合作体①。已有研究（Dell'Ariccia & Marquez，2001；Herring & Litan，1995；邓大鸣，2006）显示，国际合作达成的难易度和国家差异成正比，因此把中国的国际合作分为紧密金融圈内的合作和全球的合作两个层面是符合实际情况的。通过前文的阐述，我们认为区域合作和全球合作之间不存在替代关系，而是并存关系。但是由于区域合作比全球合作更容易达成，因此区域合作可以更早实现。

中国是亚洲的重要国家，同时也是亚洲具有国际影响的发展中国家。随着东亚国家间的贸易自由化推进，可以尝试在一定程度上推进实现东亚的金融统一监管。应该认识到，因为实体经济的频繁交往，这些国家的金融体系早就存在了密切的往来。中国应该发挥大国优势，阐明金融监管合作的必要和优点，敦促贸易圈内的各国首先建立统一的监管模式，以便后期构建金融监管的协调机制。可以参考欧盟的建立模型，将地域相连、文化背景具有共同性的一些国家先吸纳过来，成立一个监管联盟。

日本和韩国是和中国临近并且经济实力比较强的国家，中国应在平等互利的原则下发展和这两国的金融监管合作。可以考虑和这两国共同建立国际监管组织，然后将这一成功模式复制出去，在亚洲地区吸收更多的成员国。这样就可以形成一个东亚地区的金融监管网。在这一监管网上，可以开展信息共享，经验交流，增强货币政策和财政政策的互相协调和合作，这样就可以立足亚洲，以内部网络为平台，积极寻求国际上更为广泛的安全网络。

在有了和中国经济和金融联系紧密的东亚监管网之后，站在全球的视野上，放眼金融监管国际合作的全球构建，这也是我们目标架构中的最高一层。当两个国家金融监管标准不一致的时候，很容易引起金融资产的流动，以致监管竞争。这样的后果就是金融监管严厉的国家要么承

---

① 有些学者（庞德良、张建政，2006）从东亚金融体之中细分出"东北亚"，包括中国、日本、韩国、朝鲜、蒙古和俄罗斯远东地区作为金融合作的载体，这其实是东亚的一个"次区域"。东亚金融合作体包含的国家为：中国（内地）、日本、韩国、中国台湾地区、中国香港地区和东盟十国（印度尼西亚、马来西亚、泰国、菲律宾、新加坡、文莱、越南、老挝、柬埔寨、缅甸）。

担损失，要么也采取放松监管的措施。美国在金融监管改革法案中提出在国际间实现统一、高标准的监管规则。因为在金融全球化的背景下，假如国际间的金融监管标准不一致，金融机构就会选择从监管标准较严的国家或地区转移到监管标准较松的国家或地区。在这种情况下，系统性风险的发源地将一直存在，整体的系统性风险就无法杜绝。英国在其改革白皮书中提到：因为存在监管套利的风险，英国金融监管当局应该与其他国家的金融监管当局进行协调，建立统一的金融监管标准。虽然英、美所构思的这种统一监管标准如何确立和具体细则都包括什么还没有一个成熟的方案，但是建立统一的监管标准是金融监管国际合作的必然。而且非常显然的是，这一标准是建立在合作各方利益上的。因此，在国际合作的范畴中，金融监管标准设定的最终结果是要在国际上达成一致，以便应付和迎接金融监管国际合作的实施。中国的市场和未来发展的前景吸引着世界各国，在把中国作为利益获取地的同时，有些国家更追求长期战略规划。

6.3.3 中国金融监管国际合作的战略规划及实现策略

中国目前的金融体系尚在襁褓之中，因此相对安全稳定，但是加入国际金融监管的迫切性却不容忽视。中国若是希望分享金融监管国际合作的收益，则有必要融入到金融监管的国际舞台中去。中国经济的崛起已经成为一个不争的事实，接踵而来的中国金融的崛起将是对现有国际利益格局的冲击和调整。西方国家目前在金融监管国际合作里拥有决定性地位，作为既得利益的西方强国是不愿放弃其利益和地位的。由于背景的不同，西方强国与中国的价值观存在分歧，利益取向也截然不同。同时，出于习惯性的冷战思维，西方强国对于中国在金融监管国际合作中取得应有地位和尊重的阻力是可以被预知的，中国实现其战略的道路必将是崎岖的。

国内策略：中国金融业的开放应该把握适度

构建有效的金融监管模式应该遵循监管模式要与本国金融发展现状相适应的理念。积极学习西方经验的同时要考虑中国国情，金融业的开放不能盲目，需要把握适度。与中国在国际政治经济秩序中有相同或相近地位的区域性大国（例如：巴西和俄罗斯）对于银行业的开放都保持格外的慎重。即使是发达国家，对外资银行的进入程度也有相应规定①。据研究表明，在 135 个世界贸易组织成员中，对外资银行没有明显限制的仅有 13 个（黄宪和赵征，2009，169）。同时，中国银行资金的主要来源就是居民存款，资金的主要流出是国有企业，国家的信誉在这一过程中起到存款保险的作用。外资银行的入股无一例外地获取了高额股权价值和回报，其中一个原因就是中国的国家资源向国有银行倾斜，外资银行的入股也获取了部分资源红利。同时，维护中国内部金融的安全任务应该明显高于对外开放，促进金融发展上。金融监管的国际合作应该顾及本国银行业发展需要。应该思考的是保持中国银行业的控制力，切忌盲目开放。中国应该考虑适度开展金融创新，以期提高中国金融体系的盈利能力。金融创新虽然是此次危机的根源之一，但是我们不能"因噎废食"。

中国银行业对外开放的政策取值需要考虑 WTO 会员国的最低承诺。由于中国国内银行部门以引入直接投资为主，尚不具备大举开拓发达国家市场的能力，在这种背景下，中国与发达国家就银行业的开放其实是中国的单边开放。中国的开放度首先要高于对于 WTO 的最低承诺。

$r_g \geq r_{WTO}$

其中：r_g = 真实（实际）的开放度，g 是政策取向，有 $r_g \in [0, 1]$

r_{WTO} = 在 WTO 框架内设计的开放度

在考虑中国国家金融安全的基础上，实际的开放度的调整或者说对外开放的政策取值应该可以作为在金融监管国际合作上的谈判筹码。因为中国市场的广阔和经济实力的增强，西方大国希望中国开放金融体系，那么对开放度的调整就可以成为博弈的筹码。

---

① 加拿大法律规定外资银行总资产占银行体系总资产的比重不能超过 8%，或总资产数量不能超过 110 亿加元；挪威政府要求银行管理层主要由本国公民出任；美国对外国银行的歧视性政策也很明显。

东亚战略：大国综合优势与谨慎主导

在东亚战略上，中国需要体现"负责任的大国"[①] 形象和谨慎主导东亚区域内的金融合作。次贷危机以来，中国一直在加强东亚国家的金融合作，共同应对危机。这种加强区域合作、共同应对危机的决心已经在东亚达成共识。2009 年东亚（东盟＋3）《清迈倡议》建立总额为 1200 亿美元的区域外汇储备库，其中中日各出资 384 亿美元，韩国出资 192 亿美元，余下 1/4 由东盟共同出资（龚建忠，2009）。霸权国的存在是有利于促进金融监管国际合作的（程又中，2006，78）。

中国虽然强调的是"和平崛起"，但是随着中国对世界经济贡献越来越大，对周边的经济体的拉动作用越来越明显，某些作为国际秩序既得利益者的大国开始产生防范意识。同时，一些小国出于规模的差异，对大国从本质上存在着担忧。[②] 当霸权国存在，且有促成合作的意愿时，各国的合作更容易产生和维持。一旦霸权国消失，各国之间的纷争状态就会表露出来。冷战时期，美国通过与日本和韩国等盟友的多边合作，在太平洋地区建立了"辐轴体系"，使东亚成为其维护全球霸权的重要环节（赵江林，2010，269）。1997 年亚洲金融危机时，美国在韩国资本市场崩溃之前的"不作为"使东南亚国家对于美国的期望变成了失望情绪。而后来美国的救援是"只有在 IMF 项目下才能提供的金融救援"。这些带有苛刻附加条件的救援逐渐使亚洲国家对美国产生了失望，从而促使了东亚（东盟 10＋3）的金融国际合作发展。进入 21 世纪之后，东亚金融合作的发展有了一定的推进，而美国在亚洲的霸权地位受到了一定的挑战，出现削弱趋势（杨国庆，2008，166—171）。美国对于 1997 年亚洲金融危机的处理方式在一定程度上促使东亚国家更重视区域合作，也就形成了次贷危机处理上的东亚国家希望采取的区域合作形式。

次贷危机之后，美国在对于东亚合作的态度上出现了一些微妙的变化，认为日本已经不能对美国在东亚的领导地位产生威胁，而中国才是

[①] 大国的概念是从人口总量、自然基础和经济基础等方面衡量的（欧阳崚，2011，42）。
[②] 例如，2009 年，新加坡呼吁美国进入亚洲以便制衡中国（张幼文，2011，469）。

美国需要防范的对手。因而，美国由原来对日本"10+6"议案的不支持①演变为现在的支持或不持否定态度。日本的"10+6"议案是支持东亚合作亚太化的，"10+6"的成员容纳了澳大利亚、新西兰和印度（吴心伯，2007，49）。在"10+6"的框架下，日本、韩国和澳大利亚为美国的盟友，印度在中国崛起的问题上基本和美国保持一致意见，那么中国主导东亚合作的构思就很难实现。中国和日本对于东亚合作的主导权问题十分敏感。从合作推行的缓慢和多元路径的选择的背景看，"10+3"还是"10+6"是中国和日本在东亚合作的主导权之争。

东亚的经济体是建立在出口导向之上的。目前还没有哪个经济体有实力可以取代外部市场在东亚出口中的地位，在中国"拉动内需"的主旨下，中国国内市场对于整体东亚逐渐体现出重要性。中国在亚洲金融危机之前是一个出口型"小国"，和东亚一起面对的是一个增长的全球市场；1997年之后，美国等发达国家对东亚的制约力趋于下降；次贷危机之后，全球市场紧缩，而中国市场有较大增长潜力，率先复苏的同时带动周边国家。因此，次贷危机赋予中国在东亚合作中一个利好信号。中国在东亚金融合作中应该表现出"负责任的大国"的形象。责任和权力其实是相互关联的，有承担的责任也必然会带来权力。中国在东亚合作的进程中需要主动担任符合地区大国身份的角色。中国的"拉动内需"其实是将中国从地区生产者向地区消费者转变，这对于在东亚合作的主导权的争夺是具有重要意义的。在博弈论模型的构建中，我们发现如果形成合作的收益大于合作之前，那么合作也易于达成。东亚各国出口导向型经济的一个"瓶颈"就是需要出口的市场。中国市场的潜力以及后续激发，在很大程度上可以对东亚各国产生吸引力。中国是有积蓄和实力获取东亚合作领导权的。中国应该改变传统的"不作为"或者"少作为"的策略，通过更加积极的策略来主导地区合作。

金融监管国际合作策略：全面参与的基础上考虑利益博弈

通过对包含国际组织的金融监管国际合作多国博弈的分析，我们发现国际组织在当代金融体系的作用不可忽视。中国的繁荣和国际社会是

---

① 1997年亚洲金融危机之后，日本提出亚洲货币基金，美国对其持坚决反对态度。

具有同向性的，因此，中国目前也采取了全面参与的国际合作策略。持有参与态度是将策略定位于"非对抗"；作为"后起之秀"，中国是应该以挑战者的姿态出现的，挑战者通常都不被原有组织所欢迎。中国应该是国际制度的参与者、推动者，而不再是挑战者（赵长峰，2006，230）。对现有的国际金融组织条例和制度，不是作为挑战者去推翻它，而是作为建设性的合作者去参与和影响它，进而争取改变其不合理和不利于中国的地方。这样，在实现的过程中的阻力也相对容易处理。

国际合作的过程就是一个谈判以达成相对稳定结论的过程。在国际合作中，虽然不能将合作完全建立在强迫之上，但是国际合作存在被动和主动，有时候也不是完全自愿和互利的。因为在金融监管国际合作之中存在权力，权力是获取利益的基本手段，同时也决定着利益的分配（程又中，2006，73—4），所以对于利益的分割是存在不公平的。在国际社会中，获取利益的大小和拥有权力的大小成正比，因为利益的分割存在不公平，所以金融监管国际合作中也存在着不公平性。目前西方发达国家操纵着金融监管国际组织，因此金融监管的合作明显倾向于发达国家。在进行国际合作的磋商时，发达国家总是将其国家和集团的利益置于首位。例如，20世纪80年代以来的支持金融自由和放松管制的政策就是利于发达国家的大型金融机构对外开展金融活动的，这对大多数发展中国家产生了不利因素，这些因素也在一定程度上解释了发展中国家的多次债务危机和金融危机。利己主义是普遍存在的，中国应该加入金融监管国际组织，争取修改金融监管国际合作规则的权力。

由于历史的原因以及政治观点的不同，中国在融入国际社会的过程中，遭遇了苦难和阻碍。作为全球新兴大型经济体的代表和世界上最大的发展中国家，中国在积极参与国际金融体系的改革中提高自身在国际金融体系中的地位与作用。目前，国际社会已经认识到中国的持续发展和取得的成就，基本接受中国的崛起，中国在一定程度上已经受到认可。例如，IMF（2005）认为中国在宏观经济和金融的国际合作中扮演越来越积极的角色，中国被邀请加入G20等，都说明中国的国际地位得到了肯定。

虽然美国经历"9·11"和次贷危机，但是美国的霸权地位并没有丧失。在西方国家作为主流的国际合作组织中，中国首先应该本着维护国家主权（包括经济主权和金融主权）的坚定立场，抵制任何损害中国国家主权的国际压力，绝不能因为某些利益的诱惑而放弃主权。这也是中国参与金融监管国际合作战略的首要条件。

中国的市场潜力被西方国家所重视，它们在担心失去控制权的同时，也希望分享中国经济高速发展所带来的经济利益。因此，中国对于开放程度的政策取向一直是中国和西方国家谈论的焦点问题。中国拥有的大量外汇储备所包含的巨大购买力，也是国际社会普遍关注的。同时，中国在东亚合作内的话语权都是参加国际合作博弈的筹码。中国应该充分利用这些谈判的筹码，在国际社会中本着全面参与的方针，维护本国主权的基本原则，进行广泛的合作。

第 7 章 结论及研究展望

本书在金融监管和金融监管国际合作的理论基石上，对参加国际合作的主体方，包括金融监管当局和各主要国际机构进行研究。在比较次贷危机前后金融监管国际合作的不同和发展之上，使用博弈论分析金融监管国际合作。最后，将这些研究成果应用到中国。首先，我们对本书的主要脉络和内容进行回顾，然后阐明本书的主要结论，最后提出未来的研究展望。

7.1 本书脉络及内容回顾

本书的基础是理论的建立，以经典经济学的主流学派发展为主线，回顾金融监管经历的自由主义下的去监管时期；大萧条之后的保证安全、严格监管时期；再到滞胀之后的普遍放松监管；到今天次贷危机发生之后的金融监管提高到确保整个经济体系稳定的重要地位上来。目前，金融监管在金融学的发展中已经被主流理论确定为挽救金融危机的必要手段和日常金融机构平稳运行的保障。金融监管是金融体系中不可或缺的一部分。运用宏观审慎监管的理论成果，结合 Morris & Shin 和 Brunnermeier 等人的模型，通过传导效应的推理，我们得出金融监管国际合作也是具有内生性的。Stolz 的传染效应模型从银行破产概率上阐述了金融监管跨越国界的需求，认为国家之间应该加强合作，合作不当可能导致本国监管无效和增加本国金融体系的不稳定。

在对金融监管实践的研究上，国际合作在金融监管体制趋同的国家更容易达成。体制形态直接影响监管当局的组成、监管方式以及监管当局发挥的效用。整体来看，没有哪两个国家的监管体制完全相同，美国的"双层多头"、英国和德国的统一的监管机构、澳大利亚的"双峰式"、中国的"一行三会"监管模式都是各国在长期发展和改革中逐步形成的。应用行为金融学提供的研究工具进行分析，发现在监管中监管者普遍存在过度自信、损失厌恶和归因偏差等几种相互起到循环作用的不当行为。不同国家的金融监管设定的目标可能不同，但是主要核心是金融体系的安全稳定，消费者的合法权益，维护金融机构的稳健运行。在金融危机的传导性作用下，任何一个开放国家想"独善其身"是不可能的。因此，一个理想化的监管目标是首先"善其身"，然后在和本国国际联系紧密的经济圈里督促其他国家"各善其身"，最后在国际上保持一个稳定安全的金融体系和信心。这就需要在国与国之间、地区之内、国际上开展广泛的金融监管合作。为了推动更好的金融监管合作，各国金融监管当局和政府建立了一个金融监管国际合作的体系。虽然在对抗金融危机的过程中，这一体系发挥了一定的作用，但是尚待进一步完善。

  虽然国际金融监管机构已经形成一个数量庞大的体系，但是金融危机还是不可避免地发生了。金融危机爆发被指是因为金融监管的认知偏差、监管缺失以及监管不当造成的。其中突出的问题是宏观审慎监管没有被提到日程上来，对于信用证券化及其衍生品的监管缺失，以及衡量金融体系安全的工具失灵。当然，现代金融体系正朝着越来越复杂、越来越不受国界限制的方向发展，这也是金融监管的一个难题。在危机中，各国首先注入流动性，为市场解决流动性的问题。其次先后进行了降低基准利率、为存款提供保险、对"裸卖空"禁止、帮助金融机构剥离不良资产、国有化、向实体经济注资和实行扩张型财政政策等措施。这些政策缓解了金融危机的负面影响，有助于各国摆脱金融危机。

  审慎监管是金融危机之后的核心改革措施。它要求金融监管当局不拘泥于微观层面，从金融体系总体运行状况入手，对系统性风险进行监管。以时间为出发点的宏观审慎监管需要考虑顺周期问题。当经济上行的时候，金融体系起到扩张繁荣的作用，当经济下行的时候，金融体系加速了经济的衰退。横截面的研究点在于金融体系内部金融机构之间的关联，这种关联的存在使得整个金融体系和实体经济紧密地联系起来，所以大型金融机构的财务问题常常可能引起整个社会的动荡，存在"大而不能倒"的问题。当大型金融机构出现问题，金融监管当局和政府常常要被迫进行援助。因为这些金融机构具有很大的外部性，但是援助行为又会使金融机构产生道德风险。在金融高度一体化的现代社会，金融风险具有跨越国界、广泛传播的特征，这也就从根源上促使各金融监管当局进行国际合作。仅仅以资本充足率来检验金融机构是否稳健显然是不够的，对于杠杆率的放松监管造成了各金融机构过度使用杠杆作用，这也是造成金融危机的一个主要原因。原有的对于金融高管和金融从业人员的薪酬策略，在很大程度上激励了金融机构涉足各种高风险产品和行业。使用委托代理模型研究薪酬策略，得出对金融机构的高管不应该使用强度过高的刺激策略。兼顾马斯洛的需求理论，应该考虑从尊重需要和自我实现的需要方面对金融机构的高管进行激励。由于信用证券化及其衍生品是次贷危机的"导火索"，危机后的改革重点包括对这类产品的监管，包括使这类复杂产品的复杂度降低，使其透明化。这些都要依靠金融监管的国际合作来推行。

博弈论为解决相互影响的选择策略提供了分析工具。博弈模型的构建本着从简单到复杂的脉络。首先建立的是静态两国博弈，假设的博弈双方为"国家 X"和"国家 Y"。当两国从理性出发，都以"本国福利最大化"为唯一目的，博弈的结果是"囚徒困境"。考虑次贷危机对于金融体系的伤害，当两国博弈中的任何一国采取"触发战略"，另外一国在动态博弈的情况下，出于理性将会选择"合作"。这样，博弈的结果就演变为"合作，合作"，从而获取了较好的博弈结果。但是从时间的角度看，当金融危机趋于平静，各国淡忘了危机的破坏或者某国迫于某些力量的压力，为了获取当期利润的最大化而率先移动至"竞争"时，另外一个国家会立即以报复的形式采取"竞争"策略。多次动态博弈的结果并不能稳定在"合作，合作"的策略上。当国际组织被引入金融监管国际合作的博弈中之后，原先简单的两国博弈就演变为多方博弈。当博弈出现多方时，在博弈的过程中就有可能出现博弈方之间的联盟。借鉴奥曼和马施勒的研究成果可以以等式的方式表达同盟的收益和同盟产生的条件。当我们假设国际组织成为博弈的一方时，根据类推很容易得到同盟的条件在于三方同盟的收益要明显高于小范围的同盟。也就是说三方同盟的支付 d 的值应该远大于两两同盟产生的支付 a，b，c，以及 a，b，c 和的一半。当满足这一条件时，国际同盟自然形成。国际组织可以发挥合作的平台和制约作用，可以更好地促使博弈各方选择"合作"的策略。国际组织可以提供金融监管国际合作策略达成的平台，并对合作策略起到积极的促进作用。

虽然中国的金融和资本市场尚没有完全开放，但是次贷危机依然给了中国整体经济一个不小的冲击。次贷危机对于中国金融部门的影响比较有限，主要局限于购买美国金融创新产品的几家银行和美元贬值导致的中国外汇储备购买力的下降，但是对于中国实体经济的影响就比较大了。首先是占中国出口很大比例的美国出口的大幅减少。随着金融危机的扩散，世界其他经济体受到金融危机影响后也减少了进口，导致中国整体出口增长的锐减。出口的减少拖累了出口型企业，并连带了上下游的企业，出现了企业倒闭，造成失业增加，居民可支配收入减少，萎缩了社会整体消费和投资。为了解决这些问题，中国政府采取了货币政策和财政政策双管齐下的策略，在一定程度上缓解了经济的下滑。

从未来的发展趋势和现实的利益损失出发，中国都需要参与金融监管国际合作。首先"善其身"，这也是对外博弈和争取"话语权"的实力积累，同时加强对跨境金融机构的监管，建立信息网络和金融机构另外一方的监管当局互通信息。完善中国金融体系，建立宏观审慎监管。从微观和宏观两个方面对金融业的系统风险进行控制。加强各金融监管部门之间的合作，发挥"一行"的宏观统筹，和"三会"之间的协调和分工。其次，在周边紧密联系的国家中建立东亚金融合作体，维护和督促经济圈内其他国家"各善其身"，最后在国际上寻求稳定安全的金融体系构建。这就需要在国与国之间、地区之内、国际上开展广泛的金融监管合作。中国的金融监管当局，以证监会、银监会和保监会为代表，广泛参加国际金融监管协会，并与多个国家金融监管当局签订了备忘录。

在这一目标的指引下,中国国际合作的战略规划也应该从三个方面考虑:一是国内策略上把握适度开放,切忌盲目;二是在东亚战略上发挥大国综合优势,谨慎地参与到主导合作的工作中去;三是全面参与金融监管国际合作,以利益博弈为出发点,保持参与和推动的态度。依靠中国市场和大型金融体的博弈筹码,利用G20集团的成员国身份参与金融监管国际合作,增加中国的话语权,考虑在主要西方国家把持的金融监管国际组织中如何维护本国利益的基础上,为中国在国际社会中争取合理和应得的地位。

7.2 主要结论梗概

本书通过理论联系实证的方法,以金融和经济学基础为研究主线,将博弈论和行为金融学作为重要的研究工具,追踪前沿科学的发展,得出以下结论:

第一,从理论和实证上推导了金融监管国际合作的必要性。在金融监管国际合作的文献研究上,将 Morris & Shin 和 Brunnermeier 等的传导效应模型以及 Stolz 的传染效应模型进行进一步的推演,本书从理论上得出金融监管存在跨越国界的需求。同时通过对美国和英国宏观经济(GDP 增长)、财政政策(政府支出)和货币政策(利率)进行的数据分析,也证实了国家间存在经济和金融的联动性,因此在考虑追求监管的有效性和金融体系的问题时,需要较强的金融监管国际合作。

第二,对参与金融监管国际合作的国家来说,其目标和实施可以分为三个层次:本国金融体系的稳定、金融圈内(区域)的金融体系稳定和全球金融体系的稳定。从现实出发,目前的金融监管主要还是依靠各国监管当局的权力推进,超主权的金融监管机构在世界范围内还没有形成。依据 Stolz 的模型,金融危机的涟漪作用的大小也和国家间联系的紧密程度成正比;同时吸取 Dell'Ariccia 等的区域合作更容易达成的研究成果,从实践上提出参与金融监管的国际合作可以考虑分为以上三个层次,并且这三个层次是共存的。

第三,此次金融危机的发生提示了各国需要在宏观审慎监管、资本充足率和杠杆率、金融行业高管的薪酬监管、信用证券化及其衍生品等方面重新考虑监管的力度。金融监管不应该拘泥于微观层面，更应该注重宏观审慎的监管，每个单独的金融机构的稳定和安全不足以达成宏观层面的稳定和安全。

第四，以博弈的分析阐明金融监管国际组织存在的必然和必要。当博弈仅有一次时，两国博弈的结果形成"囚徒困境"均衡形式，即使在长期动态博弈中达成"合作，合作"，博弈格局的稳定性也有待商榷。因此，国际金融监管组织的存在可以提供一个良好的合作平台，并将"合作，合作"的格局稳定下来。

第五，中国加入国际组织的策略应该是在坚实中国内部金融稳定的基础上，发挥大国优势，领导东亚区域合作并全面参与金融监管国际合作。中国宏大的国内市场和日益提高的经济实力促使各西方大国希望分享中国的高速发展成果。中国金融业的对外开放应该把握适度，并可以适当考虑将其作为博弈的筹码。利用此次金融危机赋予的时机，改变传统"不作为"和"少作为"的策略，争取东亚合作的主导权。在西方国家控制的金融监管国际组织中，中国应该采取全面参与的策略，以合作的态度去参与而非挑战的态度。

7.3 研究展望

金融监管国际合作是一个复杂的国际关系问题，涉及多个学科的同时又具有很强的实践性。本书是众多探索中的一个，虽然提出了一些论点和取得了一些进展和创新，但是研究是无止境的。

在博弈分析的基础上，结合中国的实际情况，本书提出可以利用加入开放程度的政策作为参加博弈的筹码。在进一步的研究中，我们希望对这种博弈筹码进行量化研究，并利用一些实证进行验证。这就存在一个政策的量化问题，通过一些研究，希望能够对金融监管的质量、金融监管的严格和松懈程度采取一个量化的方法。虽然目前的数据有不可得性，但是未能量化金融监管的质量也是论文的一个缺憾。政策进行量化都存在一定的难度，但是外汇政策通过分类等方法已经有了成功的量化标准。理论是建立在假设和推演的基础上的，而实证研究从实际数据出发，一般可以提供更接近真实的结论。对金融监管国际合作的计量分析将成为我们下一步努力的方向。

本书引入行为金融学作为研究监管当局和被监管者可能存在的行为偏差的工具，比较遗憾的是，未能将行为金融学扩展到金融监管国际合作的层面上来。更深一步的期待研究是利用行为金融学模型化国际组织和国际间的合作，以便更好地构建国际合作的模式。例如，加入国际组织的行为因素里是否含有羊群效应，如何利用行为因素构建更有效的国际合作模式。

金融监管国际合作绝非一个单纯的金融问题，单一地从金融学的角度来研究金融监管国际合作对揭示这一问题的实质和发展规律是远远不够的，必须运用多学科的研究方法对金融监管国际合作进行更细致的讨论。这种交叉学科的思维方式，也将指引下一步的研究工作。

参 考 文 献

［1］ Franklin Allen. 证监会译. 理解金融危机. 中国人民大学出版社. 2010
［2］ McCain. 原毅军，陈艳莹，张国峰等译. 博弈论 战略分析入门. 机械工业出版社. 2006
［3］ Wolf Charles. 谢旭译. 市场或政府：权衡两种不完善的选择/兰德公司的一项研究. 中国发展出版社. 1994
［4］ Wolf Charles. 陆俊，谢旭译. 市场，还是政府：市场、政府失灵真相. 重庆出版社. 2009
［5］ 库恩编著. 韩松，刘世军，张倩伟，宋宏业译. 博弈论经典. 中国人民大学出版社. 2004
［6］ 多恩布什，费希尔和斯塔兹. 范家骧等译. 宏观经济学. 第7版. 中国人民大学出版社. 2000
［7］ 福布斯，威廉. 孔东民译. 行为金融. 机械工业出版社. 2011
［8］ 蒙特和塞拉. 张琦译. 博弈论与经济学. 经济管理出版社. 2005
［9］ Abrams, R. K. and M. W. Taylor 2000. *Issues in the Unification of Financial Sector.* www.imf.org/external/np/pp/eng/2010/041310a.pdf
［10］ Acharya, Viral V., 2001, Competition among banks, capital requirements and international spillovers, *Economic Notes-Review of Banking, Finance and Monetary Economics* 30, 337-359. http：//onlinelibrary.wiley.com/doi/10.1111/1468-0300.00062/pdf
［11］ Acharya, Viral V. 2003. Is the International Convergence of Capital

Adequacy Regulation Desirable? *The Journal of Finance*. Vol. 58, No. 6. Dec. , 2003. pp. 2745-2781

[12] Akerlof, G. A. 2002. Behavioral Macroeconomics and Macroeconomic Behavior. *American Economic Review*. 92. 3. 411. 33

[13] Akerlof, G. A. 2007. The Missing Motivation in Macroeconomics. *American Economic Review*. 97. 1. 5-36.

[14] Alexander, Kern. 1997. The International Supervisory Framework for Financial Services: An Emerging International Legal Regime. *Working Paper*. No. 81, University of Cambridge

[15] Alexander, Kern. 2001. The Need for Efficient International Financial Regulation and the Role of a Global Supervisor. *Journal of Money Laundering Control*. Vol. 5 No. 1 pp. 55-65

[16] Amel, Dean F. 1997. Antitrust Policy in Banking: Current Status and Future Prospects. *Proceedings of the 33rd Annual Conference on Bank Structure and Competition*, p. 166-79. Chicago: Federal Reserve Bank of Chicago

[17] APRA. 澳大利亚审慎监管局。2012. http://www.apra.gov.au/Pages/default.aspx

[18] ASIC. 2012. http://www.asic.gov.au/asic/ASIC.NSF/byHeadline/Events

[19] Ball, L. 1999. Efficient Rules for Monetary Policy. *International Finance*. 2. 1. 63-84

[20] Barro&Gordon, 1983. Rules, discretion and reputation in a model of monetary policy. *Journal of Monetary Economics*. Vol. 12

[21] Beltran, Daniel O. ; Kretchmer, Maxwell; Marquez, Jaime; Thomas, Charles P. (2012) . Foreign Holdings of U. S. Treasuries and U. S. Treasury Yields, *International Finance Discussion Papers Number 1041*, Board of Governors of the Federal Reserve System, January 2012.

[22] Berger, Allen N, Rebecca S. Demsetz, and Philip E. Strahan. 1999.

The Consolidation of the Financial Services Industry: Causes, Consequences, and Implications for the Future. *Journal of Banking and Finance*. February 1999, 135-94.

[23] Berger, Allen N., and David B. Humphrey. 1990. Measurement and Efficiency Issues in Commercial Banking. *Federal Reserve Board Finance and Economics Discussion Series*. no. 151, December 1990.

[24] Bhattacharya, Sudipto, Arnoud W. A. Boot, and Anjan V. Thakor. 1998. The economics of bank regulation, *Journal of Money, Credit and Banking*. vol. 30, No. 4, 1998. Nov., 745-770.

[25] BIS. 2006. http://www.bis.org/list/wpapers/from_ 01012006/index.htm

[26] BIS. 巴塞尔银行监管委员会。2012. http://www.bis.org/bcbs/index.htm. Basel Committee on Banking Supervison Regorms-Basel Ⅲ. http://www.bis.org/bcbs/basel3/b3summarytable.pdf

[27] Bmuner K., Meltzer F. Monetary Theory. *Journal of Political Economy*. 1972, 80 (5): 837–51

[28] Bolton, Patrick, and Xavier Freixas, 2000, Equity, bonds and bank debt: Capital structure and financial market equilibrium under asymmetric information, *Journal of Political Economy*. 108, 324-351.

[29] Borio, Furfine & Lowe. 2001. Procyclicality of the financial system and financial stability: issues and policy options. http://www.bis.org/publ/bppdf/bispap01a.pdf

[30] Borio, C. 2003. Towards a Macroprudential Framework for Financial Supervision and Regulation? *CESifo Economic Studies*. Vol. 49. 2003

[31] Boyd, John, and S. Graham. 1998. Consolidation in U.S. Banking: Implications for Efficiency and Risk. In *Bank Mergers and Acquisitions*, edited by Y. Amihud and G. Miller, pp. 113-35. Norwell, Mass. Kluwer Academic Publishers, 1998

[32] Brunnermeier, M., Crocket, A., Goodhart, C., Hellwig, M., Persaud, D., Shin, H.. 2009. The Fundamental Principles of Financial

Regulation. Preliminary Conference Draft. *Geneva Report on the World Economy.* Jan. 6, 2009

[33] Bullard, J. B. and Mitra, K. 2002. Learning about Monetary Economics. *Journal of Monetary Economics.* 49. 6. 1105-29.

[34] Burrell, O. K. 1951. Possibility of an Experimental Approach to Investment Studies. *The Journal of Finance.* Vol. 6. no. 2. Jun., 1951 pp. 221-9

[35] Business Economics. 2004. Managing Exchange Rates: To Achieve Global Re-balancing or As Evidence of Global Co-Dependency? *Business Economics.* June 2004.

[36] Carmine Di Noia & Giorgio Di Giorgio, 1999. Should Banking Supervision and Monetary Policy Tasks Be Given to Different Agencies? *Center for Financial Institutions Working Papers* 00-11, Wharton School Center for Financial Institutions, University of Pennsylvania. http://ideas.repec.org/p/wop/pennin/00-11.html

[37] Chaillous et. al. 2008. Central Bank Response to the 2007-08 Financial Market Turbulence: Experiences and Lessons Drawn. *IMF Working Paper.* Sep. 2008

[38] Chinn, Menzie D. and Ito, Hiro 2006. What Matters for Financial Development? Capital Controls, Institutions, and Interactions, *Journal of Development Economics.* Volume 81. Issue 1. Pages 163-192 (October)

[39] Cline, William R. (2012). Updated Estimates of Fundamental Equilibrium Exchange Rates, *Policy Brief.* Peterson Institute of International Economics, Number PB12-23, November 2012

[40] Davies & Green. 2008. *Global Financial Regulation: The Essential Guide.* Polity Press Ltd. Cambridge

[41] Dell'Ariccia, Giovanni and Marquez, Robert S., 2001. Competition Among Regulators, *IMF Working Paper*, (May 2001). Vol., p. 1-25, 2001. http://ssrn.com/abstract=879580

[42] Diamond, W., Dybvig H.. 1983. Bank Runs, Deposit Insurance, and Liquidity, *Journal of Political Economy.* Vol 91, No 3

[43] Dickens, W. T. et. al. 2007. How Wages Change: Micro Evidence from the International Wage Flexibility Project. *Journal of Economic Perspectives.* 21. 2. 195 – 214.

[44] Dowing, P. J., Schuler, R. S., 1990. *International Dimensions of Human Resource Management.* PWS-Kent Publishing Company. USA

[45] Eatwell, J. and Taylor, L. 2000. *Global Finance at Risk. The Case for Internatinal Regulation.* Polity Press. 2000 May

[46] Edwards, Sebastion & Khan, Mohsin S (1985). Interest Rate Determination in Developing Countries: A Conceptual Framework. *IMF Staff Papers.* September, 1985: 377-403

[47] Emran & Stiglitz, 2009. Financial Liberalization, Financial Restraint and Entrepreneurial Development, *Working Papers* 2009-02. The George Washington University. Institute for International Economic Policy

[48] Enterprise Institute American Enterprise Institute, http://www.aei.org

[49] EU. 欧盟. 2012. http://europa.eu/pol/index_en.htm

[50] European Central Bank. 欧洲央行. 2012. http://www.ecb.int/home/html/index.en.html

[51] Evans, G. W. and Honkapohja, S. 2001. *Learning and Expectations in Macroeconomics.* Princeton University Press.

[52] Fama, Egnene F 1991, Efficient Capital Market II, *Journal of Finance.* Vol 46, No. 5, p1575 – 1617

[53] Fama, Egnene F, 1969. Efficienct Capital Markets: A review theory and empirical work, *The Journal of Finance.* Vol. 25, No. 2, Papers and Proceedings of the Twenty-Eighth Annual Meeting of the American Finance Association, New York, N. Y. December, 28-30, 1969, p. 383-417 May 70, Vol 25, Issue 2, p384-417

[54] Fama, Eugene F. 1965, Random walks in stock market prices, *Financial Analysis Journal*. January-February, p75-78

[55] Fed. 美联储. 2012. http：//www.federalreserve.gov/

[56] Feldstein, Martin & Horioka, Charles (1980). Domestic Saving and International Capital Flows. *The Economic Journal*. 1980 (90), No. 358: 314-29

[57] Filardo, A. 2004. Monetary Policy and Asset Price Bubbles: Calibrating the Monetary Policy Trade-offs [J]. *BIS Working Paper*. 2004. 155. 1-30

[58] Fisher. I, 1933. The Debt Deflation Theory of Great Depress, *Econometrical*. 1933, 1 (4): 337-57

[59] Fred Bergsten, John Williamson, 2003. "How Long the Strong Dollar?" Institute for International Economics: Washington, 2003

[60] Friedman M, Schwartz A J. A. *Monetary History of the United States*: 1867-1960, Princeton Press for the National Bureau of Economic Research, Princeton, 1963

[61] Froot, Kenneth A., David S. Scharfstein, and Jeremy C. Stein. 1993. Risk management: Coordinating Corporate Investment and Financing Policies. *Journal of Finance*. 48, 1629-1658

[62] FSB. 金融稳定理事会. 2012. http：//www.financialstabilityboard.org/index.htm

[63] FSF. Financial Stability Forum. 2008. *Report of the Financial Stability Forum on Enhancing Market and Institutional Resilience*. 7 April 2008

[64] G20. 2008. *Declaration: Summit on Financial Markets and the World Economy*. 2008 Nov.

[65] G20. 2009. Leaders' Statement: The Pittsburgh Summit. 2009 Sep.

[66] Garry J. Schinasi. 2004. Defining Financial Stability. *IMF Working Paper*

[67] Glaeser, Edward L. and Shleifer, Andrei. 2003. The Rise of the

Regulatory State. *Journal of Economic Literature.* Vol. 41, No. 2, Jun., 2003

[68] Gorton, Gary, and Andrew Winton. 1999. Liquidity provision, the cost of bank capital, and the macro-economy, *Working Paper.* University of Minnesota

[69] Gorton. 1988. Banking Panics and Business Cycles. *Oxford Economic Papers.* 1988. 40

[70] Greenwald, Bruce and Stiglitz, J. E. 1986. Externalities in Economies with Imperfect Information and Incomplete Markets. *Journal of Economics.* 1986. Vol. 101. No. 2 (May).

[71] Haldane, Andrew. 2004. *Defining Monetary and Financial Stability.* London: Bank of England. 2004 February.

[72] Hellmann, Thomas F., Kevin C. Murdock, and Joseph E. Stiglitz. 2000: Liberalization, moral hazard in banking, and prudential regulation: Are capital requirements enough? *American Economic Review* 90 147-165.

[73] Hendrikse, George. 2003. *Economics and Management of Organizations: Co-ordination, Motivation and Strategy.* McGraw-Hill Eduction Berkshire UK

[74] Holthausen, Cornelia and Roende, Thomas, 2004. Cooperation in International Banking Supervision (March 2004). *ECB Working Paper* No. 316; EFA 2002 Berlin Meetings Presented Paper. http://ssrn.com/abstract=301961

[75] Holthausen, Cornelia, and Thomas Roende. 2002. Cooperation in international banking supervision: A political economy approach. *Working Paper*, European Central Bank.

[76] IADI. 国际存款保险机构协会. 2012. http://www.iadi.org/aboutIADI.aspx

[77] IAIS. 国际保险监督官协会. 2012. http://www.iaisweb.org/Organisational-Structure-33

[78] IMF. 2009. Global Financial Stability Report—Navigating the Financial Challenges Ahead. October 2009

[79] IMF. 国际货币基金组织. 2012. http：//www.imf.org/external/index.htm. IMF Members' Quotas and Voting Power, and IMF Board of Governors http：//www.imf.org/external/np/sec/memdir/members.aspx

[80] IMF's Strategy, Policy and Review Department (2010). *Reserve Accumulation and International Monetary Stability*：*Supplementary Information*. April 13, 2010

[81] IOSCO. 2012. List of Signatories to the IOSCO Multiateral Memorandum of Understanding Concerning Consultation and Cooperation and the Exchage of Information. http：//www.iosco.org/library/index.cfm? section = mou_ siglist 2012.2.22

[82] IOSCO. 国际证监会组织. 2012. http：//www.iosco.org/about/ http：//www.iosco.org/about/index.cfm? section = structure

[83] James A. Hanson, Patrick Honohan, Giovanni Majnoni. 2003. The International Bank for Reconstruction and Development/The World Bank 1818 H Street, NW

[84] Joint Forum. 联合论坛. 2012. http：//www.bis.org/bcbs/jfhistory.htm http：//www.bis.org/bcbs/jointforum.htm

[85] Kamps, Annette 2006. The Euro as Invoicing Currency in International Trade, *European Central Bank Working Paper Series*. NO. 665

[86] Kane E. J. 1984. Technological and Regulatory Forces in the Developing Fusion of Financial Services Competition. Ohio State University Columbus (84-85). http：//www.nber.org/papers/w1320.pdf? new_ window = 1

[87] Kane E. J. 1994. A Market Perspective on Financial Regulation. CATO, Vd. 13：333-338.

[88] Kane, Edward. 1991. *Tension between Competition and Coordination in International Financial Regulation*, *Innovations in Financial Mar-*

kets and Institutions. Volume 5, II, 33-55

[89] Karunaratne, N. D. 1994. Growth and Trade Liberalization in Australia: a VAR Analysis. *International Review of Economics and Business.* 1994, (41): 625-643.

[90] Klein, M. & Olivei, G. (1999). Capital Account Liberalization, Financial Depth and Economic Growth. *NBER Working Paper* No. 7384, 1999

[91] Kraay, Aart (1998). *In Search of the Macroeconomic Effects of Capital Account Liberalization.* unpublished; (Washington: The World Bank), 1998

[92] Kregel A. 1997. Margins of Safety and Weight of the Argument in Generating Financial Fragility, *Journal of Economics Issues.* Vol XXXI. No. 2 June. 1997

[93] Krueger Anne. 1974. The Political Economy of the Rent-Seeking Society. *American Economic Review.* 1974. 64 (3). p46-87

[94] Licht, Amir N. 1997. Regulatory Arbitrage for Real: International Securities Regulation in a World of Interacting Securities Markets. http://www.law.harvard.edu/programs/olin_center/papers/pdf/219_2.pdf

[95] Lin, Yifu Justin; Fardoust, Shahrokh; Rosenblatt, David 2012. Reform of the International Monetary System: A Jagged History and Uncertain Prospects, *Policy Research Working Paper* 6070, Office of the Chief Economist, Development Economics Vice Presidency, The World Bank, May 2012

[96] Lumpkin, S. 2002 Supervision of Financial service in OECD area. http://www.oecd.org/dataoecd/29/0/2089622.pdf

[97] Mankiw, N. G. and Reis, R. 2002. Sticky Information versus Sticky Prices. *Quarterly Journal of Economics.* 117. 4. p1295-1328

[98] Maslow, A. H. 1970. *Motivation and Personality.* 2nd ed. Prentice Hall, Inc.

[99] Mckinnon, Ronald I. (2007). Book Review on Global Imbalances and the Lessons of Bretton Woods, *Journal of Economic Literature.* Vol. 45, No. 4 (Dec., 2007), p. 1038-1042

[100] Meissner, Christopher M. (2010). Systemic Changes in the International Monetary System and the Need for Coordination, Cooperation and Enforcement, Prepared for a conference at the Chatham House, London A Twenty-First Century International Monetary System: Proposals for Reform, January 15. 2010 (www.econ.ucdavis. edu/faculty/cmm/chatham_ house-final.pdf)

[101] Meltzer, A. H. 1967. Major Issues in the Regulation of Financial Institutions. *The Journal of Political Economy.* Vol. 75, No. 4, 1976.

[102] Meltzer, A. H. 2009, *Keep the Fed Away from Investment Banks.* Regulation Usually Fails, American

[103] Michael Bordo, Harold James. 2000. The Past and Future of IMF Reform: A Proposal from Building an International Monetary and Financial System for the 21st Century: Agenda for Reform

[104] Minssky HP. 1982. *The Financial Instability Hypothesis: capitalist process and the behavior of the economy in Financial Crises: Theory, history and policy,* Cambridge University Press, Cambridge.

[105] Mirrlees A. James. 1974. Notes on Welfare Economics, Information, and Uncertainty. In *Essays on Economic Behavior Under Uncertainty* (M. Balch, D. McFadden and S. Wu, eds), 1974, p. 243-258

[106] Mirrlees A. James. 1976. The Optimal Structure of Incentives and Authority Within an Organization [J]. *Bell Journal of Economics.* 1976. 7 (1), p. 105-131

[107] Mishkin. 2001. Financial Policies and the Prevention of Financial Crises in Emerging Market Economies [R]. NBER, *Working Paper* 8087, 2001.

[108] Nicholas Lardy and Morris Goldstein. 2005. Breaking Up Is Hard To Do: Global Co-Dependency Collective Action, and the Challenges of

Global Adjustment. 2005. *CESifo Forum*, Quarter 1

[109] Oates, Wallace E. and Robert M. Schwab, 1991. The Allocate and Distributive Implications of Local Fiscal Competition. *Competition among State and Local Governments: Efficiency and Equity in American Federalism*. The Urban Institute Press.

[110] ONS. 英国国家统计局. 2012. http://www.ons.gov.uk/ons/rel/elmr/gdp-and-the-labour-market/2011-q3—november-gdp-update/gdp-and-labour-market.html; http://www.ons.gov.uk/ons/rel/elmr/gdp-and-the-labour-market/2011-q4—january-gdp-update/sum-gdp-and-the-labour-market-gdp-update.html2012.1.10

[111] Oxford Dictionary. 2012. http://english.oxforddictionaries.com/definition/regulation. 2012.2.7

[112] Peek, Joe, and Eric S. Rosengren, 1997. The international transmission of financial shocks: The case of Japan. *American Economic Review*. 87, 495-505.

[113] Peek, Joe, and Eric S. Rosengren. 2000. Collateral damage: Effects of the Japanese bank crisis on real activity in the United States. *American Economic Review*. 90. 30-45.

[114] PeltznIm S. 1976. Toward a More General Theory of Regulation. *The Journal of Law and Economics*. 1976. 19. 212-218

[115] Picciotto, Sol and Haines, Jason. 1999. Regulating Global Financial Markets. *Journal of Law and Society*. Vol. 26, No. 3 (Sep., 1999) p. 351-368

[116] Quinn, D. (1997). The Correlates of Change in International Financial Regulation, *American Political Science Review* 1997. (91): 531-551

[117] Rajan, Raghuram G. 2005. Global Current Account Imbalances: Hard Landing or Soft Landing. *IMF Discussion Paper*. 2005 March

[118] Reinhart, V. R. 2008. *The Perils of Paulson*. American Enterprise Institute. http://www.aei.org

[119] Rochet, J. C., and Tirole, J. 1996. Interbank Lending and Systemic Risk [J]. *Journal of Money.* Credit and Banking 28. 1996. 733-76

[120] Sanjaya, Albaladejo, 2004. Manuel China's Competitive Performance: A Threat to East Asian Manufactures Exports. *World Development.* 2004. Vol 32. No 9. 1441-6

[121] Security First Network Bank. 2012. http://www.casebriefs.com/blog/law/commercial-law/commercial-law-keyed-to-lopucki/other-consumer-payment-systems/security-first-network-bank-v-c-a-p-s-inc/

[122] Shavell Steven. 1979. Risk Sharing and Incentives in the Principal and Agent Relationship. *Bell Journal of Economics.* 1979. 10 (1). p. 55. 73

[123] Shefrin, Hersh and Meir Statmn. 1985. The Disposition to Sell Winners too Early and Ride Losers too Long: Theory and Evidence. *Journal of Finance.* 1985. 40. 777-790

[124] Stigler G. J. 1971. The Theory of Economic Regulation. *The Bell Journal of Economic and Management Science.* V01. 2: 3-21

[125] Stephen Morris and Hyun Song Shin. 2008. Financial Regulation in a System Context. *Brooking Papers on Economic Activity.* Fall 2008. www.brookings.edu/economics/bpea/bpea.aspx

[126] Stigler G. J. 1961. The Economics of Information. *Political Economy.* 1961. 69: p213-25

[127] Stigler, George, 1971. The Economic Theory of Regulation. *Bell Journal of Economics* 2. p3-21.

[128] Stiglitz J. E. Andrew Weiss, 1981. Credit Rationing in Market with Imperfect Information. *American Economic Review.* 73 (3): 393–410.

[129] Stiglitz, Joseph E. & Alberto Russo. 2008. Financially Constrained Fluctuations in an Evolving Network Economy. *NBER Working Papers* 14112. National Bureau of Economic Research, Inc.

[130] Stolz. 2002. Banking Supervison in Integrated Financial Markets: Implicatiions for the EU. *CESifo Working Paper* No. 812. Dec. 2002 Supervision. IMF Working Paper. no. 213.

[131] Taylor, M. 1995. *Twin Peaks: A Regulatory Structure for the New Century.* Center for the Study of Financial Innovation. London. 1995. Dec.

[132] The Action of Observe and Direct Execution of Someone or Something. http://english.oxforddictionaries.com/definition/supervision 2012.2.7

[133] Tiebout, Charles M. 1956. A Pure Theory of Local Expenditures, *The Journal of Political Economy.* Vol. 64. No. 5. (Oct., 1956). p. 416-424

[134] Trachtman, J. P. 1993. International Regulatory Competition, Externalization, and Jurisdiction. President and Fellows of Harvard College. *Harvard International Law Journal.* Winter. 1993

[135] U. S. Government Accountability Office. 2012. http://www.gao.gov/browse/date/week

[136] Wallison, P. J. 2008. *For Financial Regulation, the Era of Big Government Really Is Over.* American Enterprise Institute. http://www.aei.org.

[137] White, Eugene N.. 1982. The political economy of banking regulation. 1864-1933. *Journal of Economic History* 42. p33-40

[138] World Bank 2011. *World Development Horizons.* Washington DC: World Bank

[139] World Bank. 世界银行. 2012. http://www.worldbank.org/

[140] 白钦先, 剑眉. 论政策性金融与商业性金融的相互关系. 上海金融. 2005 (1)

[141] 保监会. http://www.circ.gov.cn/web/site0/tab3150/i175322.htm. 2012.1.2

[142] 博源基金会. 国际金融监管: 问题　改革. 社会科学文献出版

社. 2010. 11

[143] 陈柳钦. 金融危机背景下美国金融监管框架改革剖析. 湖北经济学院学报. 2009（5）

[144] 陈启清. 竞争还是合作：国际金融监管的博弈论分析. 金融研究. 2008（10）

[145] 陈四清. 国外金融监管介绍（上册）. 中国金融出版社. 2010（7）

[146] 陈轶，陈群. 人民币汇率的价格传递效应. 中南财经政法大学研究生学报. 2009（3）

[147] 陈勇. 美国次贷危机的演变趋势及其启示. 财经理论与实践. 2009（3）

[148] 陈雨露，汪昌云. 金融学文献通论（宏观金融卷）. 中国人民大学出版社. 2006. 11

[149] 程又中. 国际金融合作：一种权力与利益的分析. 世界知识出版社. 2006. 11

[150] 邓大鸣. 金融监管的区域合作. 西南交通大学出版社. 2006. 12

[151] 丁一凡. 谁监管全球金融货币体系? CFO World

[152] 丁志杰. 汇改下一步：提高中间价灵活性. 第一财经日报. 2012. 04（16）

[153] 董志勇. 行为金融学. 北京大学出版社. 2009. 8

[154] 鄂志寰. 资本流动与金融稳定相关关系研究. 金融研究. 2000（7）：80—87

[155] 樊纲，张曙光等. 公有制宏观经济理论大纲. 上海三联书店，上海人民出版社. 1994. 9

[156] 芬著；陈尚霖，雷达译. 北京：商务印书馆. 1997

[157] 改革视野. 为何经济学家不能预测危机——12名英国社会科学院会员给女王的信. 2009（10）

[158] 高国华，潘英丽. 我国商业银行资本充足率顺周期效应研究. 经济与管理研究. 2010（12）

[159] 高鸿业. 西方经济学. 中国人民大学出版社. 2005. 5

［160］葛永波，苑壮．国际金融危机频繁爆发的行为金融学解读．经济研究．2010（6）

［161］龚建忠．世界金融危机对亚洲地区的影响及中国在促进地区经济发展与稳定中的作用．上海论坛2009共识．2009

［162］郭玉洁．债券市场产品的国际比较及其多维度改进．改革．2011（6）

［163］国家统计局数据库．http：//219．235．129．58/viewReport．do？method＝display．2012

［164］国家外汇管理局．http：//www．safe．gov．cn/．2009

［165］国家外汇管理局．http：//www．safe．gov．cn/model_safe/index．html．2011

［166］国务院国有资产监督管理委员会．央企负责人薪酬管理取得积极进展．http：//www．sasac．gov．cn/n1180/n20240/n7291339/11867158．html．2012．2．15

［167］何淑兰．新兴经济体崛起与国际货币体系改革．国际经济合作．2012（10）

［168］和悦．G20峰会为重建国际金融秩序开启大门．改革与开放．2009（4）

［169］胡维波．金融监管的理论综述．当代财经．2004（3）

［170］黄宪，赵征．开放条件下中国银行业的控制力与国家金融安全．中国金融出版社．2009．9

［171］汇金公司．http：//www．huijin－inv．cn/．2012

［172］姜波．商业银行资本充足率管理．中国金融出版社．2004．11

［173］蒋万进等．人民币国际化的时机、途径及其策略．中国金融．2006（5）

［174］李成．金融监管理论的发展演进及其展望．西安交通大学学报（社会科学版）．2008（4）

［175］李路阳．分享澳大利亚金融监管成功经验．国际融资．2010．7．p．8－10

［176］李新路．后悔厌恶心理对投资者行为影响的实证分析．河北经

贸大学学报. 2006. 3（27）

[177] 李志辉，樊莉. 金融危机背景下的宏观审慎监管. 太平洋学报. 2011. 10. Vol. 19，No. 10

[178] 廖子光. 中国出路：全球债务危机与中国应对策略. 中央编译出版社. 2010. 7

[179] 林俊国. 金融监管的国际合作机制. 社会科学文献出版社. 2007. 5

[180] 林毅夫. 用新结构经济学看未来全球和中国的经济增长. 新金融评论. 2012（2）

[181] 刘蕾. 华尔街进入监管新时代——美国金融监管改革法案正式立法. 中国金融家. 2010（8）. 130-131

[182] 刘沛. 金融稳定的制度分析. 南方金融. 2002（12）. 23—25.

[183] 刘师慧. 从金融危机看待金融创新与金融监管. 大众商务. 2009. 6

[184] 刘毅. 金融监管问题研究. 经济科学出版社. 2006. 5

[185] 卢锋. 追赶—危机—变革：国际货币演变历史透视与现实改革. CCER 中国经济观察. 2009 年春季（总第 17 期）

[186] 陆前进. 论国际金融体系的改革和人民币国际化战略. 社会科学. 2009（4）. p. 33-41

[187] 路研. 金融危机后的国际金融监管合作及中国的政策选择. 管理世界. 2011（4）

[188] 麻健. 美国总统"50 万美元限薪令"的启示. 国资委企业分配局. http：//www. sasac. gov. cn/n1180/n1566/n259655/n260239/11665573. html. 2011. 10. 22

[189] 马骏. 不需要等 5—10 年才开放资本市场. 新浪财经. 2012. 02. 27

[190] 倪权生，潘英丽. G20 国家资本账户开放度比较研究——基于改进的约束式测度法. 世界经济研究. 2009（2）

[191] 欧阳峣. 大国综合优势. 上海人民出版社. 2010. 2

[192] 庞德良，张建政. 东北亚区域金融合作研究. 吉林人民出版社.

2006. 5

[193] 彭汀波,张丽. 差别化金融调控与金融稳定的买单机制. 济南金融. 2004 (7): 27. 29

[194] 彭信威. 中国货币史. 上海人民出版社. 1965

[195] 祁斌. 美国金融监管改革法案: 历程、内容、影响和借鉴. 金融发展评论. 2010 (9)

[196] 祁敬宇,祁绍斌. 全球化下的金融监管. 首都经济贸易大学出版社. 2011. 6

[197] 齐俊妍. 全球经济失衡中的美国贸易逆差及其调整生产力研究. 2007 (9)

[198] 祈敬宇. 金融监管学. 西安交通大学出版社. 2007. 9

[199] 乔海曙. 国际金融稳定与国内金融安全研究. 中国人民大学学报. 1999 (5): 25-29.

[200] 尚洁. 公允价值会计的顺周期效应与金融稳定. 经济论坛. 2011 (3)

[201] 邵国华. 金融体系协调论. 中国财政金融出版社. 2007. 12

[202] 盛松成等. 协调推进利率汇率改革和资本账户开放. 2012. 04. 17. 财经网

[203] 石建勋. 国际金融体系改革与中国的战略选择. 中国金融. 2009 (8) p. 40-41

[204] 石岳,刘博,徐洁勤. 金融危机背景下国际金融监管体制的改革动向及启示. 南方金融. 2009 (9). p. 29-31

[205] 史锦华. 金融开放对金融监管有效性影响研究. 中国财政经济出版社. 2007. 4

[206] 史树中. 金融经济学十讲. 世纪出版集团. 上海人民出版社. 2005. 4

[207] 世华财讯. http://info.yidaba.com/zxzx/cjzx/gncj/9319863.shtml. 2011. 11. 1

[208] 孙飞,刘春成. 中国地方政府间竞争优化研究. 重庆国际信托投资有限公司. http://wenku.baidu.com/view/fb73e2d028ea81c

758f578f9. html. 2004

[209] 孙洪庆，邓瑛. 华尔街金融风暴与政府救市——对道德风险假说的实证检验. 广东商学院学报. 2008. 6

[210] 谭小芳，孟耀. 金融危机背景下中美经济失衡面临的新矛盾与化解之策. 现代财经——天津财经大学学报. 2009（3）

[211] 陶昌盛. 次贷危机下的国际金融体系改革及中国的角色. 经济与管理研究. 2009（4）

[212] 陶艳艳. 三大金融监管机构"换帅". 银行家. 2012（1）

[213] 特里芬. 在第 87 届国会经济联合委员会上的发言. 黄金与美元危机. 1959

[214] 田光伟. 金融监管中的市场约束研究. 中国法制出版社. 2007. 10

[215] 王广谦. 20 世纪西方货币金融理论研究：进展与评述. 经济科学出版社. 2010. 10

[216] 王欧. 华尔街薪酬体制的演变及其在危机中的作用. http：//www. csrc. gov. cn/pub/newsite/yjzx/sjdjt/jrwjztyj/200908/t20090806_ 119858. htm. 2011. 12. 12

[217] 王倩，何志鹏. 从国际金融危机反思国际金融秩序. 北华大学学报（社会科学版）. 2009（2）

[218] 王书林等. 基于 VAR 模型的美国货币政策及其传导效应研究. 商业研究. 2010（5）

[219] 王小乔. 资产证券化艰难重启. 南方周末. 2012. 10. 27

[220] 魏晨. 王维华. 金融危机、美元霸权与国际金融新秩序的构建. 安康学院学报. 2009（2）

[221] 温家宝. 1.18 万亿主要用于民生工程等四大方面. http：//lianghui2009. people. com. cn/GB/145749/8957219. html. 2009. 3（13）

[222] 文凤华，黄德龙，兰秋军，杨晓光. 过度自信、后悔厌恶对收益率分布影响的数值模拟研究. 系统工程理论与实践. 2007（7）

[223] 吴芳. 浅谈企业薪酬机制与管理. 企业家天地（理论版）.

2008. 1

［224］吴晓灵. 对未来国际金融改革的五点建议. http：//news. xinhua-net. com/fortune/2009 – 05/20/content_ 11405669. htm. 2009

［225］吴心伯. 美国与东亚一体化. 国际问题研究. 2007（5）

［226］夏普利. 韩松，刘世军，张倩伟，宋宏业译. n 人博弈的值. 见：库恩. 博弈论经典. 中国人民大学出版社. 2004. 11

［227］肖崎. 基于行为金融理论对次贷危机的探析. 金融发展研究. 2011（6）

［228］谢平，邹传伟. 金融危机后有关金融监管改革的理论综述［J］. 金融研究. 2010（2）：1. 17

［229］谢平，邹传伟. 中国金融改革思路：2013-2020. 中国金融出版社. 2013. 4

［230］谢识予. 经济博弈论. 复旦大学出版社. 1997

［231］辛乔利. 影子银行：揭秘一个鲜为人知的金融黑洞. 中国经济出版社. 2010. 1

［232］新浪财经. 中国平安收购深发展. http：//finance. sina. com. cn/focus/pabuysfz/. 2012. 2. 15

［233］新浪财经. 全球应对金融危机. http：//finance. sina. com. cn/money/usstock/cidai0915. shtml. 2012. 2. 20

［234］徐明棋. 论国际金融体系改革与布雷顿森林机构重塑. 国际金融研究. 2006. 1. p. 54-60

［235］许荣. 金融稳定性研究的新进展——信用风险转移视角的理论综述. 教学与研究. 2008（7）

［236］杨国庆. 危机与霸权：亚洲金融危机的政治经济学. 上海人民出版社. 2008. 6

［237］杨伟国，高峰. 委托代理理论下高管薪酬研究的新进展. 理论探讨. 2009（2）

［238］易丹辉. 数据分析与 EViews 应用. 中国人民大学出版社. 2008. 10

［239］银行家. 全球 1000 家银行排名. 2010（7）

[240] 于永宁. 澳大利亚金融监管法律述评及其借鉴. 法制与社会. 2010. 2

[241] 余永定. 进一步开放资本项目不是当务之急. 2013. 3. 12

[242] 张斌. 学者建议人民币汇率年波幅扩至 7.5%. 财新网. 2013. 2

[243] 张德亮. 关于宏观审慎监管的文献综述. 南腔北调. 2011（1）. http://www.qikan.com.cn/Article/nqbd/nqbd201101/nqbd20110192.html. 2011

[244] 张健华, 张雪春. 美国次贷危机与金融制度重构. 金融研究. 2008（12）

[245] 张杰. 中国经济增长的金融制度原因：主流文献的讨论. 金融评论. 2010（5）

[246] 张立坤. 浅论 IMF 的缺陷及改革. 经济与管理. 2006（2）

[247] 张倩. 金融危机对我国金融监管的警示. 现代乡镇. 2009. 8

[248] 张伟. 金融监管的国际协作效应探索. 云南财贸学院学报. 2005. 10

[249] 张幼文. 金融危机后的世界经济：重大主题与发展. 人民出版社. 2011. 7

[250] 张智勇. 美国次贷危机的成因及其对国际金融秩序的影响. 东北亚论坛. 2009（1）

[251] 赵长峰. 国际金融合作：一种权力与利益的分析. 世界知识出版社. 2006（11）

[252] 赵江林. 东亚经济增长模式：转型与前景. 社会科学文献出版社. 2010（12）

[253] 中国保险监督委员会. 国际保险监督官协会（IAIS）2006 年第十三届北京年会准备工作进展顺利. http://www.circ.gov.cn/web/site0/tab456/i31087.htm. 2006

[254] 中国人民银行金融稳定分析小组. 中国金融稳定报告. 中国金融出版社. 2011（5）

[255] 中国企业风险管理. 非国企金融高管薪酬拟纳入监管, 明年或

可形成整体框架. http://www.sasac.gov.cn/n1180/n2335371/n2335404/n2335555/6716565.html. 2011.11.01

[256] 中国人民银行. 货币政策. http://www.pbc.gov.cn/publish/main/2954/index.html. 2012.2.18

[257] 中国银监会. 银监会签署的双边监管合作谅解备忘录和监管合作协议一览表. 2012

[258] 中国银行. http://www.boc.cn/investor/. 中国银行年报. 2012

[259] 中国证券监督委员会. 中国证券监督管理委员会年报. 中国财政经济出版社. 2010.5

[260] 中宏网. 美国放开利率管制的过程. http://www.macrochina.com.cn/zhzt/000039/004/20010424002111.shtml. 2001

[261] 周小川. 在宏观审慎政策亚洲视角高级研讨会上致开幕辞. http://finance.jrj.com.cn/2010/10/2115238384991.shtml. 2012.1.10

[262] 周宇. 试论国际金融体系改革. 世界经济研究. 2009 (5)

[263] 朱孟楠. 金融监管的国际协调与合作. 中国金融出版社. 2003.2

[264] 朱民, 边卫红. 危机挑战政府——全球金融危机中的政府救市措施批判. 国际金融研究. 2009.2

[265] 朱民. 世界经济结构深刻变化和新兴经济新挑战. 第一财经日报. 2011.9.28.

[266] 朱小平. 金融危机中的美国、中国和世界. 新星出版社. 2009.6

[267] 主父海英, 白钦先. 国际金融危机中的金融负外部性考察. 上海金融. 2010 (1) p. 21—21

主要数据来源

1）Wind 资讯金融终端. 中文（2012）
2）国家统计局数据库. 中文（2012）
3）中经网统计数据库. 中文（2012）
4）OECD. stat（2012）
5）OECD ilibrary（2012）
6）Bankscope（2012）
7）World databank. World Development Indicators（WDI）& Global Development Finance（GDF）（2012）

附录1 计量检验结果

单位根检验结果

原序列不差分（level） Null Hypothesis：CPI1 has a unit root

Exogenous：None

Lag Length：0（Automatic based on SIC，MAXLAG = 9）

		t-Statistic	Prob.*
Augmented Dickey-Fuller test statistic		-1.041734	0.2625
Test critical values：	1% level	-2.632688	
	5% level	-1.950687	
	10% level	-1.611059	

*MacKinnon (1996) one-sided p-values.

Null Hypothesis：CPI2 has a unit root

Exogenous：None

Lag Length：4（Automatic based on SIC，MAXLAG = 9）

		t-Statistic	Prob.*
Augmented Dickey-Fuller test statistic		1.721827	0.9768
Test critical values：	1% level	-2.641672	
	5% level	-1.952066	
	10% level	-1.610400	

*MacKinnon (1996) one-sided p-values.

Null Hypothesis：G1 has a unit root

Exogenous：None

Lag Length：9（Automatic based on SIC，MAXLAG = 9）

		t-Statistic	Prob.*
Augmented Dickey-Fuller test statistic		2.318899	0.9934
Test critical values：	1% level	-2.656915	
	5% level	-1.954414	
	10% level	-1.609329	

* MacKinnon (1996) one-sided p-values.

　　Null Hypothesis: G2 has a unit root

　　Exogenous: None

　　Lag Length: 0 (Automatic based on SIC, MAXLAG = 9)

	t-Statistic	Prob. *
Augmented Dickey-Fuller test statistic	2.242210	0.9928
Test critical values: 1% level	-2.632688	
5% level	-1.950687	
10% level	-1.611059	

* MacKinnon (1996) one-sided p-values.

　　Null Hypothesis: GDP1 has a unit root

　　Exogenous: Constant, Linear Trend

　　Lag Length: 0 (Automatic based on Modified AIC, MAXLAG = 9)

	t-Statistic	Prob. *
Augmented Dickey-Fuller test statistic	-1.127069	0.9079
Test critical values: 1% level	-4.284580	
5% level	-3.562882	
10% level	-3.215267	

* MacKinnon (1996) one-sided p-values.

　　Null Hypothesis: GDP2 has a unit root

　　Exogenous: Constant, Linear Trend

　　Lag Length: 0 (Automatic based on Modified AIC, MAXLAG = 9)

	t-Statistic	Prob. *
Augmented Dickey-Fuller test statistic	-1.257406	0.8804
Test critical values: 1% level	-4.273277	
5% level	-3.557759	
10% level	-3.212361	

* MacKinnon (1996) one-sided p-values.

　　Null Hypothesis: I1 has a unit root

Exogenous: Constant, Linear Trend

Lag Length: 2 (Automatic based on SIC, MAXLAG = 9)

		t-Statistic	Prob.*
Augmented Dickey-Fuller test statistic		-1.325853	0.8636
Test critical values:	1% level	-4.262735	
	5% level	-3.552973	
	10% level	-3.209642	

*MacKinnon (1996) one-sided p-values.

Null Hypothesis: I2 has a unit root

Exogenous: Constant, Linear Trend

Lag Length: 2 (Automatic based on SIC, MAXLAG = 9)

		t-Statistic	Prob.*
Augmented Dickey-Fuller test statistic		-1.337573	0.8604
Test critical values:	1% level	-4.262735	
	5% level	-3.552973	
	10% level	-3.209642	

*MacKinnon (1996) one-sided p-values.

一阶差分 (1st difference)

Null Hypothesis: D (CPI1) has a unit root

Exogenous: Constant, Linear Trend

Lag Length: 3 (Automatic based on SIC, MAXLAG = 9)

		t-Statistic	Prob.*
Augmented Dickey-Fuller test statistic		-5.416589	0.0006
Test critical values:	1% level	-4.284580	
	5% level	-3.562882	
	10% level	-3.215267	

*MacKinnon (1996) one-sided p-values.

Null Hypothesis: D (CPI2) has a unit root

Exogenous: Constant, Linear Trend

Lag Length: 3 (Automatic based on SIC, MAXLAG = 9)

		t-Statistic	Prob.*
Augmented Dickey-Fuller test statistic		-5.421392	0.0006
Test critical values:	1% level	-4.284580	
	5% level	-3.562882	
	10% level	-3.215267	

*MacKinnon (1996) one-sided p-values.

Null Hypothesis: D (G1) has a unit root

Exogenous: Constant

Lag Length: 8 (Automatic based on SIC, MAXLAG = 9)

		t-Statistic	Prob.*
Augmented Dickey-Fuller test statistic		-4.525771	0.0014
Test critical values:	1% level	-3.711457	
	5% level	-2.981038	
	10% level	-2.629906	

*MacKinnon (1996) one-sided p-values.

Null Hypothesis: D (G2) has a unit root

Exogenous: Constant

Lag Length: 0 (Automatic based on SIC, MAXLAG = 9)

		t-Statistic	Prob.*
Augmented Dickey-Fuller test statistic		-7.079753	0.0000
Test critical values:	1% level	-3.639407	
	5% level	-2.951125	
	10% level	-2.614300	

*MacKinnon (1996) one-sided p-values.

Null Hypothesis: D (GDP1) has a unit root

Exogenous: Constant

Lag Length: 1 (Automatic based on SIC, MAXLAG = 9)

		t-Statistic	Prob.*
Augmented Dickey-Fuller test statistic		-3.423421	0.0172
Test critical values:	1% level	-3.646342	
	5% level	-2.954021	
	10% level	-2.615817	

*MacKinnon (1996) one-sided p-values.

 Null Hypothesis: D (GDP2) has a unit root

 Exogenous: Constant

 Lag Length: 7 (Automatic based on SIC, MAXLAG = 9)

		t-Statistic	Prob.*
Augmented Dickey-Fuller test statistic		-3.760178	0.0087
Test critical values:	1% level	-3.699871	
	5% level	-2.976263	
	10% level	-2.627420	

*MacKinnon (1996) one-sided p-values.

 Null Hypothesis: D (I1) has a unit root

 Exogenous: Constant

 Lag Length: 1 (Automatic based on SIC, MAXLAG = 9)

		t-Statistic	Prob.*
Augmented Dickey-Fuller test statistic		-6.132916	0.0000
Test critical values:	1% level	-3.646342	
	5% level	-2.954021	
	10% level	-2.615817	

*MacKinnon (1996) one-sided p-values.

 Null Hypothesis: D (I2) has a unit root

 Exogenous: Constant

 Lag Length: 1 (Automatic based on SIC, MAXLAG = 9)

	t-Statistic	Prob.*
Augmented Dickey-Fuller test statistic	-5.204436	0.0002
Test critical values: 1% level	-3.646342	
5% level	-2.954021	
10% level	-2.615817	

* MacKinnon (1996) one-sided p-values.

滞后阶数的确定

VAR Lag Order Selection Criteria

Endogenous variables: DGDP1 DGDP2 DI1 DG1 DG2 DI2

Exogenous variables: C

Date: 03/13/12 Time: 09:20

Sample: 2003Q1 2011Q4

Included observations: 32

Lag	LogL	LR	FPE	AIC	SC	HQ
0	-734.0717	NA	4.93e+12	46.25448	46.52930*	46.34558
1	-689.7738	69.21543*	3.07e+12	45.73586	47.65964	46.37354
2	-653.1714	43.46535	3.81e+12	45.69821	49.27094	46.88247
3	-597.7023	45.06867	2.46e+12*	44.48139*	49.70308	46.21223*

* indicates lag order selected by the criterion

LR: sequential modified LR test statistic (each test at 5% level)

FPE: Final prediction error

AIC: Akaike information criterion

SC: Schwarz information criterion

HQ: Hannan-Quinn information criterion

Johansen 协整检验结果

Date: 03/13/12 Time: 09:17

Sample (adjusted): 2004Q2 2011Q4

Included observations: 31 after adjustments

Trend assumption: Linear deterministic trend

Series: DGDP1 DGDP2 DI1 DG1 DG2 DI2

Lags interval (in first differences): 1 to 3

Unrestricted Cointegration Rank Test (Trace)

Hypothesized No. of CE (s)	Eigenvalue	Trace Statistic	0.05 Critical Value	Prob.**
None*	0.960310	197.1649	95.75366	0.0000
At most 1*	0.722194	97.13837	69.81889	0.0001
At most 2*	0.581330	57.43262	47.85613	0.0049
At most 3*	0.418873	30.44180	29.79707	0.0421
At most 4	0.328204	13.61543	15.49471	0.0941
At most 5	0.040562	1.283624	3.841466	0.2572

Trace test indicates 4 cointegrating eqn (s) at the 0.05 level

　* denotes rejection of the hypothesis at the 0.05 level

　** MacKinnon-Haug-Michelis (1999) p-values

Unrestricted Cointegration Rank Test (Maximum Eigenvalue)

Hypothesized No. of CE (s)	Eigenvalue	Trace Statistic	0.05 Critical Value	Prob.**
None*	0.960310	100.0266	40.07757	0.0000
At most 1*	0.722194	39.70576	33.87687	0.0090
At most 2	0.581330	26.99082	27.58434	0.0594
At most 3	0.418873	16.82637	21.13162	0.1803
At most 4	0.328204	12.33180	14.26460	0.0988
At most 5	0.040562	1.283624	3.841466	0.2572

Max-eigenvalue test indicates 2 cointegrating eqn (s) at the 0.05 level

　* denotes rejection of the hypothesis at the 0.05 level

　** MacKinnon-Haug-Michelis (1999) p-values

VAR 模型参数估计值

Vector Autoregression Estimates

Date: 03/12/12　Time: 21: 45

Sample (adjusted): 2003Q4 2011Q4

Included observations: 33 after adjustments

Standard errors in ( ) & t-statistics in [ ]

	DGDP1	DGDP2	DI1	DG1	DG2	DI2
DGDP1(-1)	0.237057	0.232380	-0.063709	1838.879	1596.090	-0.081252
	(0.21690)	(0.29734)	(0.12465)	(1376.63)	(4426.94)	(0.10148)
	[1.09294]	[0.78152]	[-0.51109]	[1.33578]	[0.36054]	[-0.80069]
DGDP1(-2)	-0.358755	-0.317604	-0.193114	1165.637	1526.718	-0.191772
	(0.17815)	(0.24423)	(0.10239)	(1130.72)	(3636.14)	(0.08335)
	[-2.01375]	[-1.30044]	[-1.88612]	[1.03088]	[0.41987]	[-2.30080]
DGDP2(-1)	0.757085	1.005227	0.126593	-1232.232	873.4807	0.114300
	(0.16818)	(0.23056)	(0.09666)	(1067.44)	(3432.66)	(0.07869)
	[4.50153]	[4.35992]	[1.30971]	[-1.15438]	[0.25446]	[1.45262]
DGDP2(-2)	-0.099103	-0.354027	0.118782	-1017.127	-5321.156	0.168079
	(0.20406)	(0.27974)	(0.11727)	(1295.13)	(4164.87)	(0.09547)
	[-0.48566]	[-1.26555]	[1.01285]	[-0.78534]	[-1.27763]	[1.76055]
DI1(-1)	0.095588	0.648406	0.002527	2274.725	-986.1056	-0.127292
	(0.60276)	(0.82631)	(0.34641)	(3825.63)	(12302.4)	(0.28200)
	[0.15858]	[0.78470]	[0.00730]	[0.59460]	[-0.08016]	[-0.45138]
DI1(-2)	0.510562	0.492059	-0.386824	5475.457	-9629.145	-0.515101
	(0.57132)	(0.78322)	(0.32834)	(3626.10)	(11660.7)	(0.26730)
	[0.89365]	[0.62826]	[-1.17810]	[1.51001]	[-0.82577]	[-1.92709]
DG1(-1)	5.97E-05	1.45E-05	3.42E-05	-0.622755	-0.313969	3.38E-05
	(3.5E-05)	(4.8E-05)	(2.0E-05)	(0.22259)	(0.71581)	(1.6E-05)
	[1.70162]	[0.30083]	[1.69779]	[-2.79772]	[-0.43862]	[2.05962]
DG1(-2)	5.56E-07	-1.91E-05	3.37E-05	0.011064	-0.944755	2.25E-05
	(3.4E-05)	(4.7E-05)	(2.0E-05)	(0.21854)	(0.70279)	(1.6E-05)
	[0.01615]	[-0.40434]	[1.70531]	[0.05063]	[-1.34430]	[1.39840]
DG2(-1)	-8.91E-06	-1.77E-05	-1.03E-06	0.026658	-0.094646	2.42E-06
	(1.1E-05)	(1.5E-05)	(6.1E-06)	(0.06747)	(0.21698)	(5.0E-06)
	[-0.83858]	[-1.21172]	[-0.16597]	[0.39510]	[-0.43620]	[0.48743]
DG2(-2)	8.04E-06	2.93E-06	-7.30E-06	0.043229	0.362002	-3.49E-06
	(9.9E-06)	(1.4E-05)	(5.7E-06)	(0.06265)	(0.20146)	(4.6E-06)
	[0.81467]	[0.21659]	[-1.28650]	[0.69005]	[1.79692]	[-0.75492]
DI2(-1)	-0.109009	-0.763099	0.114717	-432.3980	14379.35	0.465292
	(0.73096)	(1.00206)	(0.42009)	(4639.29)	(14918.9)	(0.34198)
	[-0.14913]	[-0.76153]	[0.27308]	[-0.09320]	[0.96383]	[1.36058]

续表

	DGDP1	DGDP2	DI1	DG1	DG2	DI2
DI2(-2)	-0.437307	-0.519479	-0.347722	-2683.155	16502.23	-0.121117
	(0.70759)	(0.97003)	(0.40666)	(4491.01)	(14442.1)	(0.33105)
	[-0.61802]	[-0.53553]	[-0.85506]	[-0.59745]	[1.14265]	[-0.36586]
C	-0.063281	0.047787	-0.111929	1869.708	5024.989	-0.118775
	(0.14807)	(0.20299)	(0.08510)	(939.810)	(3022.22)	(0.06928)
	[-0.42736]	[0.23541]	[-1.31526]	[1.98945]	[1.66268]	[-1.71448]
R-squared	0.832503	0.779908	0.498129	0.458301	0.370058	0.574877
Adj. R-squared	0.732004	0.647853	0.197006	0.133281	-0.007906	0.319804
Sum sq. resids	6.568575	12.34451	2.169561	2.65E+08	2.74E+09	1.437784
S. E. equation	0.573087	0.785637	0.329360	3637.311	11696.80	0.268122
F-statistic	8.283748	5.905926	1.654240	1.410070	0.979082	2.253772
Log likelihood	-20.19050	-30.60059	-1.912255	-309.1292	-347.6755	4.876204
Akaike AIC	2.011545	2.642460	0.903773	19.52298	21.85912	0.492351
Schwarz SC	2.601079	3.231993	1.493306	20.11251	22.44866	1.081885
Mean dependent	-0.040973	-0.090461	-0.066261	1449.653	4257.576	-0.068009
S. D. dependent	1.107023	1.323914	0.367549	3906.980	11650.83	0.325098
Determinant resid covariance (dof adj.)	5.03E+11					
Determinant resid covariance	2.49E+10					
Log likelihood	-675.9501					
Akaike information criterion	45.69394					
Schwarz criterion	49.23114					

DGDP1、DG1、DI1 对于 DGDP2 标准差新息的脉冲响应

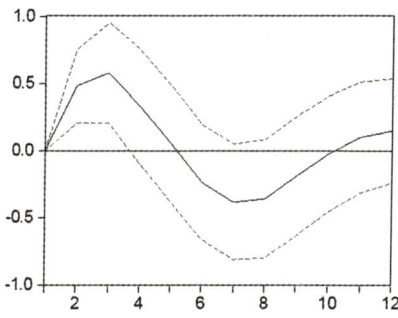

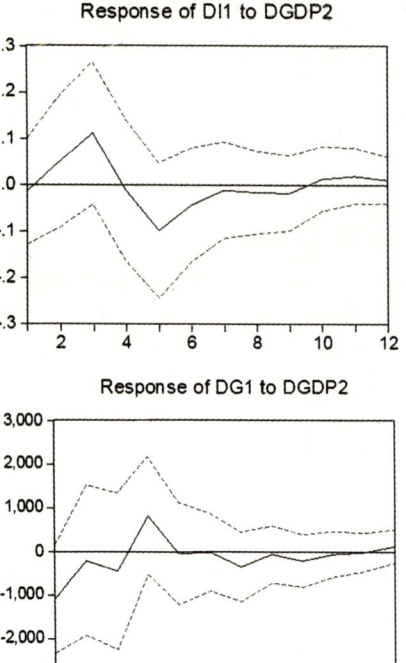

附录2　中国银监会签署的双边监管合作谅解备忘录和监管合作协议一览表

（截至 2011 年 6 月）

机构名称	Overseas Regulators	Country/Region	生效时间
1. 澳门金融管理局	Monetary Authority of Macao	Macao SAR	2003 年 8 月 22 日
2. 香港金融管理局	Hong Kong Monetary Authority	Hong Kong SAR	2003 年 8 月 25 日
3. 英国金融服务局	Financial Services Authority	U. K.	2003 年 12 月 10 日
4. 韩国金融监督委员会	Financial Supervisory Commission	Korea	2004 年 2 月 3 日
5. 新加坡金融管理局	Monetary Authority of Singapore	Singapore	2004 年 5 月 14 日
6-1. 美联储/ 美国货币监理署/ 美国联邦存款保险公司/	Board of Governrns of the Federal Reserve System（FED）/ Office of the Comptroller of the Currency（OCC）/ Federal Deposit Insurance Corporation（FDIC）/	U. S.	2004 年 6 月 17 日
美联储/ 美国货币监理署/ 美国联邦存款保险公司/ 美国储蓄机构监理署	FED/OCC/FDIC/Office of Thrift Supervision（OTS）		2007 年 3 月 20 日
6-2. 美国加利福尼亚金融厅	California Department of Financial Institutions		2007 年 11 月 6 日
6-3. 美国纽约州银行厅	New York State Banking Department		2009 年 5 月 7 日
7. 加拿大金融机构监管署	Office of the Superintendent of Financial Institutions Canada	Canada	2004 年 8 月 13 日
8. 吉尔吉斯共和国国家银行	National Bank of the Kyrgyz Republic	Kyrgyzstan	2004 年 9 月 21 日
9. 巴基斯坦国家银行	State Bank of Pakistan	Pakistan	2004 年 10 月 15 日
10. 德国联邦金融监理署	Federal Financial Supervisory Authority（BaFin）	Germany	2004 年 12 月 6 日
11. 波兰共和国银行监督委员会	Commission for Banking Supervision of the Republic of Poland	Poland	2005 年 2 月 27 日
12. 法兰西共和国银行委员会	Commission Bancaire	France	2005 年 3 月 24 日
13. 澳大利亚审慎监管局	Australian Prudential Regulation Authority	Australia	2005 年 5 月 23 日
14. 意大利中央银行	Banca d'Italia	Italy	2005 年 10 月 19 日
15. 菲律宾中央银行	Bangko Sentralng pilipinas	Philippines	2005 年 10 月 18 日

续表

机构名称	Overseas Regulators	Country/Region	生效时间
16. 俄罗斯联邦中央银行	Central Bank of the Russian Federation	Russia	2005 年 11 月 3 日
17. 匈牙利金融监管局	Hungaian Financial Supervisory Authority	Hungry	2005 年 11 月 21 日
18. 哈萨克斯坦金融监管署	Agency of the Republic of Kazakhstan on Regulation and Supervision of Financial Market and Financial Organizations	Kazakhstan	2005 年 12 月 14 日
19. 西班牙中央银行	Banco de Espana	Spain	2006 年 4 月 10 日
20. 泽西岛金融服务委员会	Jersey Financial Services Commission	Jersey	2006 年 4 月 27 日
21. 土耳其银行监管署	Banking Regulation and Supervision Agency of Turkey	Turkey	2006 年 7 月 11 日
22. 泰国中央银行	Bank of Thailand	Thailand	2006 年 9 月 18 日
23. 乌克兰中央银行	National Bank of Ukraine	Ukraine	2007 年 1 月 30 日
24. 白俄罗斯国家银行	National Bank of the Republic of Belatus	Belatus	2007 年 4 月 23 日
25. 卡塔尔金融中心监管局	Qatar Financial Centre Regulatory Authority	Qatar	2007 年 5 月 11 日
26. 冰岛金融监管局	Icelandic Financial Supervisory Authority	Iceland	2007 年 6 月 11 日
27. 迪拜金融服务局	Dubai Financial Services Authority	Dubai	2007 年 9 月 24 日
28. 瑞士联邦银行委员会	Swiss Federal Banking Commission	Switzerland	2007 年 9 月 29 日
29. 荷兰中央银行	De Nederlandsche Bank	Netherlands	2007 年 12 月 25 日
30. 卢森堡金融监管委员会	Commission de Surveillance du Secteur Financier	Luxemburg	2008 年 2 月 1 日
31. 越南国家银行	State Bank of Vietnam	Vietnam	2008 年 5 月 5 日
32. 比利时金融监管委员会	Banking Finance and Insurance Commission of Belgium	Belgium	2008 年 9 月 25 日
33. 爱尔兰金融服务监管局	Irish Financial Services Regulatory Authority	Ireland	2008 年 10 月 23 日
34. 尼日利亚中央银行	Central Bank of Nigena	Nigena	2009 年 2 月 6 日
35. 马来西亚中央银行	Bank Negara Malaysia	Malaysia	2009 年 11 月 11 日
36. 台湾金融监督管理机构	Taiwan Financial Regulatory Agency	Taiwan	2009 年 11 月 16 日
37. 捷克中央银行	The Czech National Bank	Czech Republic	2010 年 1 月 5 日
38. 马耳他金融服务局	The Malta Financial Services Authority	Malta	2010 年 2 月 2 日
39. 印度尼西亚中央银行	Bank of Indonesia	Indonesia	2010 年 7 月 15 日

续表

机构名称	Overseas Regulators	Country/Region	生效时间
40. 南非储备银行	The Bank Supervision Department of The South African Reserve Bank	South Africa	2010年11月17日
41. 塔吉克斯坦国家银行	National Bank of Tajikistan	Tajikistan	2010年11月25日
42. 印度储备银行	Reserve Bank of India	India	2010年12月16日
43. 古巴中央银行	Central Bank of Cuba	Cuba	2011年6月5日
44. 智利银行和金融机构监理署	The Superintendency of Banks and Financial Institutions of Chile	Chile	2011年6月9日

资料来源：中国银监会．2012．http：//www．cbrc．gov．cn/chinese/home/docView/20110726D5288A6FF47E8733FF09BF03852CE500．html

附录3 中国证监会双边监管合作谅解备忘录

序号	时间	境外机构	备忘录名称	签署地
1	1993年6月19日	香港证券暨期货事务监察委员会	监管合作备忘录	
2	1994年4月28日	美国证券与交易委员会	关于合作、磋商及技术协助的谅解备忘录	北京
3	1995年7月4日	香港证券暨期货事务监察委员会	有关期货事宜的监管合作备忘录	北京
4	1995年11月30日	新加坡金融管理局	关于监管证券和期货活动的相关合作与信息互换的备忘录	新加坡
5	1996年5月23日	澳大利亚证券委员会	证券期货监管合作谅解备忘录	堪培拉
6	1996年10月7日	英国财政部、证券与投资委员会	证券期货监管合作谅解备忘录	北京
7	1997年3月18日	日本大藏省	谅解备忘录	北京
8	1997年4月18日	马来西亚证券委员会	证券期货监管合作谅解备忘录	北京
9	1997年11月13日	巴西证券委员会	证券监管合作谅解备忘录	北京
10	1997年12月22日	乌克兰证券与股市委员会	证券监管合作谅解备忘录	北京
11	1998年3月4日	法国证券委员会	证券期货监管合作谅解备忘录	北京
12	1998年5月18日	卢森堡证券委员会	证券期货监管合作谅解备忘录	北京
13	1998年10月8日	德国联邦证券监管委员会	证券监管合作谅解备忘录	法兰克福
14	1999年11月3日	意大利国家证券监管委员会	证券期货监管合作谅解备忘录	罗马
15	2000年6月22日	埃及资本市场委员会	证券监管合作谅解备忘录	邮寄方式
16	2001年6月19日	韩国金融监督委员会	证券期货监管合作安排	北京
17	2002年1月18日	美国商品期货交易委员会	期货监管合作谅解备忘录	华盛顿
18	2002年6月27日	罗马尼亚国家证券委员会	证券期货监管合作谅解备忘录	北京
19	2002年10月29日	南非共和国金融服务委员会	证券期货监管合作谅解备忘录	比勒陀利亚
20	2002年11月1日	荷兰金融市场委员会	证券期货监管合作谅解备忘录	邮寄方式
21	2002年11月26日	比利时银行及金融委员会	证券期货监管合作谅解备忘录	北京
22	2003年3月21日	加拿大证券监督机构初始参与成员	证券期货监管合作谅解备忘录	邮寄方式
23	2003年5月22日	瑞士联邦银行委员会	证券期货监管合作谅解备忘录	邮寄方式
24	2003年12月9日	印度尼西亚资本市场监管委员会	关于相互协助和信息交流的谅解备忘录	雅加达
25	2004年2月20日	新西兰证券委员会	证券期货监管合作谅解备忘录	惠灵顿
26	2004年10月14日	印度尼西亚商品期货交易监管局	期货监管合作谅解备忘录	北京
27	2004年10月26日	葡萄牙证券市场委员会	证券期货监管合作谅解备忘录	蒙特利尔
28	2005年6月14日	尼日利亚证券交易委员会	证券期货监管合作谅解备忘录	北京
29	2005年6月27日	越南证券委员会	证券期货监管合作谅解备忘录	北京

续表

序号	时间	境外机构	备忘录名称	签署地
30	2006年9月15日	印度共和国证券交易委员会	证券期货监管合作谅解备忘录	北京
31	2006年9月20日	阿根廷国家证券委员会	证券期货监管合作谅解备忘录	上海
32	2006年9月20日	约旦证券委员会	证券期货监管合作谅解备忘录	上海
33	2006年9月26日	挪威金融监管委员会	证券期货监管合作谅解备忘录	奥斯陆
34	2006年11月10日	土耳其资本市场委员会	证券期货监管合作谅解备忘录	伊斯坦布尔
35	2006年11月21日	印度远期市场委员会	商品监管合作谅解备忘录	新德里
36	2006年12月6日	阿联酋证券商品委员会	证券期货监管合作谅解备忘录	邮寄方式
37	2007年4月12日	泰国证券交易委员会	证券期货监管合作谅解备忘录	孟买
38	2008年1月15日	列支敦士登金融管理局	证券期货监管合作谅解备忘录	北京
39	2008年1月24日	蒙古金融监督委员会	证券监管合作谅解备忘录	北京
40	2008年8月8日	俄罗斯联邦金融市场监督总局	证券期货监管合作谅解备忘录	北京
41	2008年9月27日	迪拜金融服务局	证券期货监管合作谅解备忘录	迪拜
42	2008年10月23日	爱尔兰金融服务监管局	证券期货监管合作谅解备忘录	北京
43	2008年10月30日	奥地利金融市场管理局	证券期货监管合作谅解备忘录	邮寄方式
44	2009年10月6日	西班牙国家证券市场委员会	证券期货监管合作谅解备忘录	巴塞尔
45	2009年11月16日	中国台北金融监督管理委员会	海峡两岸证券及期货监督管理合作谅解备忘录	邮寄方式

资料来源：中国证券监督管理委员会年报．2009．中国证券监督委员会编．中国财政经济出版社．2010．5

跋

本研究成文成书的基础在于我的博士学位论文,论文完成于去年的5月,随着金融监管国际合作的理论发展和突破,今年又添加了些许对于金融监管国际合作的新认识。金融监管国际合作是一门交叉学科,本来对我来说是枯燥无味,并非我的强项。同时又是命题作文,本是被迫为之,不想钻研之下,渐入佳境。

值此毕业一年之际,遥想当初入学面试的情景,依然历历在目。本书得题于我的博士生导师贝多广教授;成文之时,正是贝老师特别繁忙的时候,感谢贝老师在百忙之中利用休息时间阅读了论文的雏稿,使之最后可以成稿。

我的父母是无论我做得好与坏,无论是否取得成就都毫无保留支持我的那两位。在此,感谢我的父母,感谢他们给予我无限的爱和支持,他们在赐予我生命后又倾其所能地照顾和帮助我。希望他们健康快乐每一天,我也将倾吾所有以尽"反哺之情"。

本书写作是我真正开始使用汉语写作的一个开始,就写作本身来说也是一个学习过程。正是写了这一万到五万、五万到十几万、十几万到二十几万字之后,我才有了从痛苦码字到随感而发的经历。在此,我希望读者能感受到我写作的快乐,并与我同乐!

赵然

2013年8月